中华文化公开课

民俗文化十讲

杨丰源 著

当代世界出版社
THE CONTEMPORARY WORLD PRESS

图书在版编目（CIP）数据

民俗文化十讲 / 杨丰源著 . -- 北京：当代世界出版社 , 2018.11
（中华文化公开课）
ISBN 978-7-5090-1359-5

Ⅰ . ①民… Ⅱ . ①杨… Ⅲ . ①风俗习惯—中国 Ⅳ . ① K892

中国版本图书馆 CIP 数据核字 (2018) 第 125767 号

民俗文化十讲

作　　者：	杨丰源
出版发行：	当代世界出版社
地　　址：	北京市复兴路 4 号（100860）
网　　址：	http://www.worldpress.org.cn
编务电话：	（010）83907528
发行电话：	（010）83908409
	（010）83908377
	（010）83908423（邮购）
	（010）83908410（传真）
经　　销：	新华书店
印　　刷：	天津旭丰源印刷有限公司
开　　本：	710mm×1000mm　1/16
印　　张：	16
字　　数：	300 千字
版　　次：	2018 年 11 月第 1 版
印　　次：	2018 年 11 月第 1 次
书　　号：	ISBN 978-7-5090-1359-5
定　　价：	46.80 元

如发现印装质量问题，请与承印厂联系调换。
版权所有，翻印必究；未经许可，不得转载！

PREFACE 前言

我国是历史悠久的文明古国，在长期的历史发展进程中，中华民族创造了丰富多彩、弥足珍贵的灿烂文化遗产，孕育了丰富悠久而有深度的民族文化，形成了独特的民俗习惯。

在漫长的生产和生活过程中逐渐积淀起来的中华民俗，具有广泛的社会性、集体性和传承性。如今，面对西方文化的涌入，如何来承继发扬我们的传统文明，这是摆在我们面前的问题。当代人生活的变化对传统民俗知之渐少，我们如何选择一条简便而易行的方法来传承我们的民俗文化，这是我们要认真思考的问题。

面对众多的民俗，我们无法取舍，但是基于内容与版面的限制，我们只选取了中华民俗极富特色的一部分来做简要介绍，以便大家在休闲阅读之时，偶然捧起此书能有种如获至宝之感。

本书是一本普及民俗知识、增添生活趣味、开拓审美视野的文化读物。它从不同的方面展示了中华民族五彩缤纷的民俗风情画卷，我们在轻松阅读故事的同时，真正能感受到中国千年的历史。通过本书的阅读，我们可以更加清晰地看到一个民族的文化及其历史，与其所生存的自然环境有着多么重要的联系。

本书采用生动活泼的历史掌故和神话传说，浅显易懂，阅读起来轻松活泼。同时配以丰富的插图，图文并茂，使我们能够在欣赏大量优美图片的同时，对中华民俗文化有一个更加形象的感悟。

  阅读本书，我们可以领悟到中华民族的自信、乐观、自由、执着、真诚、坦荡、理智；阅读本书，在与历史交流中，成就自己的民俗情怀，历史的气度，高洁的品质；阅读本书，在轻松娱乐中享受千年的积淀，在含英咀华中熏陶渐染，提升个人品质。带着一份宁静致远的心来阅读此书，读后一定会受益匪浅。

  走进民俗，一览风俗无限风光，人间万种风情；

  走进民俗，品味历史传承文化，尽展绵邈画卷；

  走进民俗，欣赏千年风云变幻，雄浑壮美交响。

  民俗，翱翔知识的世界。

  民俗，放飞梦想的心灵。

目录
CONTENTS

第一讲　民间神灵篇

⊙玄穹高上玉皇大帝/2
⊙瑶池金母王母娘娘/4
⊙大道至尊太上老君/6
⊙南无本师释迦牟尼佛/8
⊙大慈大悲观世音菩萨/10
⊙当来下生弥勒尊佛/12
⊙大愿地藏王菩萨/14
⊙消灾延寿药师佛/16
⊙文武财神和五路财神/18
⊙福星、禄星和寿星/20
⊙送子观音和碧霞元君/22
⊙海神娘娘妈祖/24

第二讲　神话传说篇

- ⊙盘古开天/28
- ⊙女娲造人/30
- ⊙精卫填海/32
- ⊙刑天舞戚/34
- ⊙女娲补天/36
- ⊙夸父逐日/38
- ⊙后羿射日/40
- ⊙八仙过海/42
- ⊙劈山救母/44
- ⊙白蛇传/46
- ⊙董永与七仙女/48
- ⊙梁山伯与祝英台/50
- ⊙人间活佛济公/52
- ⊙歌神刘三姐/54

第三讲　古代节日篇

- ⊙正月十五闹花灯/58
- ⊙二月二，龙抬头/60
- ⊙三月三，遍地歌舞欢/62
- ⊙清明时节雨纷纷/64
- ⊙端午节吃粽子赛龙舟/66
- ⊙七月七，牛郎见织女/68
- ⊙中国鬼节中元节/70

- ⊙月到中秋分外明/72
- ⊙九九重阳菊花香/74
- ⊙十月一，烧寒衣/76
- ⊙冬至到，数九始/78
- ⊙喝了腊八粥，年年大丰收/80
- ⊙腊月二十三，欢喜过小年/82
- ⊙爆竹声声辞旧岁/84
- ⊙傣族新年泼水节/86
- ⊙东方狂欢夜火把节/88
- ⊙蒙古族那达慕盛会/90

第四讲　传统游戏篇

- ⊙老鹰捉小鸡与捉迷藏/94
- ⊙踢毽子、打陀螺与滚铁环/96
- ⊙抖空竹与放风筝/98
- ⊙斗蟋蟀与斗鸡/100
- ⊙雅俗共赏的酒令文化/102
- ⊙围棋与象棋/104

第五讲　生肖文化篇

- ⊙子鼠咬天/108
- ⊙丑牛耕地/110
- ⊙寅虎啸天/112
- ⊙卯兔弄月/114
- ⊙辰龙腾云/116

⊙巳蛇乘雾/118

⊙午马行空/120

⊙未羊开泰/122

⊙申猴无邪/124

⊙酉鸡有吉/126

⊙戌狗旺财/128

⊙亥猪送福/130

第六讲　礼俗禁忌篇

⊙跪拜礼/134

⊙尊师之礼/136

⊙尊老之礼/138

⊙祭天之礼/140

⊙诞生礼/142

⊙寿诞之礼/144

⊙成年礼仪/146

⊙结婚礼仪/148

⊙丧葬仪式/150

⊙宴饮之礼/152

⊙饮茶之礼/154

第七讲　民族婚俗篇

⊙汉族婚俗/158

⊙佤族婚俗/160

⊙土家族婚俗/162

⊙ 黎族婚俗/164

⊙ 傣族婚俗/166

⊙ 瑶族婚俗/168

⊙ 维吾尔族婚俗/170

⊙ 白族婚俗/172

⊙ 苗族婚俗/174

⊙ 蒙古族婚俗/176

第八讲　民族服饰篇

⊙ 华夏霓裳汉族服饰/180

⊙ 自然纯朴的黎族服饰/182

⊙ 五色斑斓的瑶族服饰/184

⊙ 素雅轻盈的朝鲜族服饰/186

⊙ 盛世华衣羌族服饰/188

⊙ 雍容华贵的满族服饰/190

⊙ 瑰丽多彩的苗族服饰/192

⊙ 清新典雅的土家族服饰/194

第九讲　中华民居篇

⊙ 北京四合院/198

⊙ 黄土高原窑洞/200

⊙ 草原蒙古包/202

⊙ 古色古香的吊脚楼/204

⊙ 绿荫中的傣家竹楼/206

⊙ 古黟桃花源西递/208

- ⊙千年渔港石塘/210
- ⊙江南第一村张谷英村/212
- ⊙客家围屋/214
- ⊙潮汕传统民居/216
- ⊙乔家大院/218
- ⊙王氏庄园/220

第十讲　民族工艺篇

- ⊙中国剪纸/224
- ⊙中国版画/226
- ⊙中国年画/228
- ⊙景德镇陶瓷/230
- ⊙文房四宝/232
- ⊙岫岩玉雕/234
- ⊙福州脱胎漆器/236
- ⊙潍坊风筝/238
- ⊙凤翔泥塑/240
- ⊙洛阳宫灯/242
- ⊙中国结/244

第一讲
民间神灵篇

玄穹高上玉皇大帝

> 玉皇大帝全称"昊天金阙无上至尊自然妙有弥罗至真玉皇上帝",又称"昊天通明宫玉皇大帝""玄穹高上玉皇大帝",居住在玉清宫。道教认为玉皇为众神之王,上掌三十六天,下握七十二地,掌管一切神、佛、仙、圣和人间、地府之事。中国民间对玉皇大帝的信仰由来已久,内涵丰富。

玉皇大帝对我们来说并不陌生,在《西游记》和其他神话传说中我们会经常看到这位统领三界的天神。但是这些仅限于小说、神话和影视剧中的情景,那么,我们对于他又了解多少呢?下面我们就来一起认识这位被人类敬拜的天界最高神灵。

玉皇大帝的来历

关于玉皇大帝的来历,在民间有着不同的传说。大约在唐宋之际成书的重要道经《高上玉皇本行集经》(简称《玉皇经》),详细叙述了玉皇的出身和来历。很久以前,有个光严妙乐国,国王净德和王后宝月光老年无子,于是令道士举行祈祷。王后梦到太上老君抱一婴儿赐予她,梦醒而有孕。怀胎一年,于丙午岁正月九日午时诞下王子。太子长大后继承皇位,不久去普明香严山中修道,功成超度。经过三千劫才成金仙,又超过亿劫成为玉帝。

在民间关于玉皇大帝还有一个"平民升天"的传说。自盘古开天辟地以来,天地间一切祥和,后来诸神开始争斗,人间的人荒淫无度,使得天、地、人三界大乱,太白金星于是下凡寻找德才兼备的人来做三界大帝。太白金星化身成为乞丐,四处寻找。到了张家湾,太白金星发现有个寨主名叫张友人,又称张百忍,他将寨内治理得非常和睦,并且为人和善慈悲,因此带他到了天庭做天帝。后来三界众神仙纷纷陈请共同推崇张百忍为"终身天帝",共称"玉皇",又

◆ 石家庄市毗卢寺壁画中的玉皇大帝

◆ 玉皇大帝

因玉皇是三界的总皇帝，因此加称为"玉皇大帝"或"玉皇上帝"。

民间奉祀

玉皇大帝是道教三清的化身，他总执天道，掌天地人之均轴。三清还有四位尊神来辅助，又称四辅或四御，他们是中天紫微北极大帝、南极长生大帝、勾陈上宫大帝、承天效法后土皇地祇。紫微北极大帝又称"北极星君"，执掌天地经纬；南极长生大帝又名"玉清真王"，执掌人间健康长寿；勾陈上宫大帝又称"天皇大帝"，执掌天、地、人三才，主人间兵革；后土皇地祇又称"后土娘娘"，执掌阴阳生育、大地山河。天地万物、阴阳造化无不在玉皇大帝所掌之中。

传说在每年的腊月二十五这一天，玉皇要亲自降圣下界，巡视察看各方情况，依据众生道俗的善恶良莠来赏善罚恶。旧时道观和民间都要烧香念经，迎送玉皇大帝。正月初九为玉皇圣诞，俗称"玉皇会"，传言天上地下的各路神仙在这一天都要隆重庆贺，玉皇在其诞辰日的下午返回天宫，此时道教宫观内道士和道教信徒均要举行隆重的庆贺仪式，祭拜玉皇，行"斋天"大礼，以祈福延寿。

民间自初九凌晨开始，一直到天亮为止，全家人必须斋戒沐浴，以庄严敬畏的心情举行祭拜，家家户户在正厅前面放置八仙桌，搭起祭坛，供桌上备神灯、五果（柑、橘、苹果、香蕉、甘蔗）、六斋（金针、木耳、香菇、菜心、豌豆、豆腐），另设清茶三杯。到了时辰，全家整肃衣冠，按尊卑挨次上香，行三跪九叩礼拜，然后烧天公金（纸）。有的地方还唱戏娱神。这一天也要遵守一些禁忌，不得曝晒女人的衣裤、不得倾倒便桶等，以免玉皇大帝看到了触犯大不敬之罪；祭品中的猪、羊、鸡不能用母的，要用阉的或公的。

延伸阅读

道教及三清

道教是中国主要宗教之一，东汉时形成，到南北朝时盛行起来。道教徒尊称创立者之一张道陵为天师，因而又叫"天师道"，后又分化为许多派别。道教奉老子为教祖，尊称他为"太上老君"。道教诸天界中最高尊神是三清，即元始天尊、灵宝天尊、道德天尊，实际上是"道"的一体三位。"三清"的说法始于六朝，但此时"三清"多是指"三清境"，即太清境、玉清境和上清境，分别为神宝君、天宝君、灵宝君三位大神居住之地。后来，"三清"才逐渐作为元始天尊、灵宝天尊、道德天尊的通行代称。

瑶池金母王母娘娘

> 中国古代民间传说中王母娘娘原是掌管灾疫和刑罚的怪神，后逐渐女性化与温和化，而成为年老慈祥的女神。相传王母住在昆仑山的瑶池，园里种有蟠桃，食之可长生不老，因此也被称为"金母""瑶池金母""西王母"。

王母娘娘的形象，我们在电视剧中见得很多了，但是在历史记载中的王母娘娘却与我们在电视剧中见到的大相径庭，而且与我们熟知的玉皇大帝也并非夫妻。

传说中的王母娘娘

西王母的神话故事历经了两次演化。汉代是西王母神话传说演化的第一个阶段。这个时期，西王母居住在今天的昆仑山的石洞中，是一个人面兽身的怪物形象。山上有长着牛角、满身豹纹、声音如犬吠的怪兽狡，还有长着红色羽毛、喜好食鱼的青鸟。在《山海经》中，西王母是这样的形象：西王母的外形像人，长着一条像豹子那样的尾巴，一口老虎那样的牙齿，很会用高频率的声音吼叫，满头乱发，还戴着一顶方形帽子，是上天派来负责传布病毒和各种灾难的神。可见西王母外形很恐怖，而且是一位散发灾疫的煞神！

魏晋南北朝时期，是西王母神话传说演化的第二个阶段。此时，人们把西王母神话传说和周穆王西征、汉武帝西巡的历史事实联系起来，西王母形象人格化、神化传说故事化，其中周穆王和西王母在瑶池相会的故事广为流传，影响很大。原来的西王母住在西方与世隔绝的洪荒之地，只有天界神仙和个别部落领袖及封建帝王才能偶然短暂地与之接触，一接触却发现西王母是一位彬彬有礼、能歌善舞且富感情的妇女。在《穆天子传》中，西王母变成了一个雍容平和、能唱歌谣、熟谙世情的妇人。在《汉武帝故事》中，西王母又变成了一个年约三十、容貌绝世的女神。

◆ 王母娘娘

在后世的文学作品中，多有对西王母的描绘，称她是"瑶池金母"，开种蟠桃，三千年一成熟，每逢蟠桃成熟，西王母大开寿宴，诸仙前来为她祝寿。

与玉帝的关系

在我们的记忆中，王母娘娘与玉皇大帝是夫妻，并育有七仙女。实际却不是这样的，西王母由先天阴气凝聚而成，是所有女仙之首，掌管昆仑仙岛。所有男仙之首为先天阳气凝聚而成的东王公，其掌管蓬莱仙岛。而玉皇为群仙之首，众神之主。西王母的出现比玉皇要早，所以他们并不是夫妻。只有中国民间的故事和小说，才认为玉皇大帝和王母娘娘是夫妻。

民间奉祀

在民间，西王母是仁慈、至尊的神明，有很多奉祀西王母的寺庙。在寺庙中，除了西王母的神像之外，左右有六位夫人，有两名夫人负责送子，两名负责催生，两名负责治瘟疹。道教和民间一直将西王母作为长寿的象征，以西王母作为金箓延寿道场的主神。每逢西王母神诞之日，道教徒，特别是女性教徒常聚集在道观内，为西王母建祝诞道场，同时祈求健康长寿。

青海省西宁市湟源县被认为是西王母故里，历史上有祭拜西王母的风俗，祭拜地点在扎藏寺及东科尔寺。每到七月十八日西王母诞辰，人们穿着节日的盛装，手捧哈达，带着青稞炒面、酥油、五谷包(青稞、小麦、豌豆、玉米、蚕豆)、白酒、糖果等祭品，诵经祈祷，法号声声，以此表达对西王母的敬意。2009年8月21日至8月25日，青海省西宁市湟源县还举办了"中华首届西王母祭拜大典"。

◆ 王母庆寿图 清 王文亭

延伸阅读

野三坡上的立儿石

在河北省涞水县野三坡龙门天关小溪河东侧，有一块很大的石头，叫"立儿石"。石面上方有长二尺、宽一尺、深一寸的石坑，离立儿石十五丈以外的崖壁上是一座石刻的如来佛像。传说在很早以前，育有七女的王母娘娘仍想要个儿子，于是祈求如来佛传授生儿之道。如来说："要想生男儿须执三块石子，去立儿石试试。三块石子全部投中即儿女满堂，有两块落入只生男儿，你已有女儿了，注定不会投中两块，有一块投中只生女儿，如无一块投中即为绝户之命，当然这个也不会发生在你身上。"王母领命而行，结果投中一块，便扫兴而去，立于望儿岭上，仰天感叹不已，说："我求儿不得，只好寄于女儿身上了！"后来，野三坡一带的人们每到正月十五，新婚夫妇便成双结队地来到立儿石前，投上三颗石子，求儿盼女，就这样形成了一种风俗，一直传到现在。

大道至尊太上老君

> 太上老君是道教最高神明之一，它的原型老子是先秦最著名的思想家之一，老庄学派的开创人，被奉为道教的鼻祖。不管是老子还是太上老君，都彰显了道教在中国民间的强大影响力。

道教把太上老君尊称为至尊天神，太上老君不仅是天地万物的创造者，宇宙的主宰者，而且他常分身降世，无世不存。在《西游记》中我们更是见识了这位集道教精神于一体的老者风范。

太上老君的原型

在庄严肃穆的道教三清大殿中，通常供奉着神态端庄的三位尊神，这就是道教的

◆ 三清道祖

最高尊神"三清祖师"。站在三清大殿大门看，玉清元始天尊神像居中间，上清灵宝天尊神像居右，太清道德天尊神像居左。

在民间，相传太上老君的原型为老子。老子生活在春秋末期，著有五千字的《道德经》，此书被视为道家的开创之作及道教的经典。汉代之前的老子还只是以思想家的面孔出现，而他被神圣化开始于东汉。东汉时的张陵（后来的张天师）创立了五斗米道，为了与佛教对抗，便抬出老子为祖师，并且尊称为"太上老君"。后来人们称老子为"太上道德天尊"。

从老子到老君

东晋葛洪的《神仙传》汇集群书所见之老子传记，或称老子先天地生，或称其母怀孕七十二年生，生而白发，故称"老子"。也有称其母于李树下生，生而能言，指树而姓李。据东汉延熹八年（165年）陈相边韶的《老子铭》，老子"离合于混沌之气，与三光为终始"，"道成化身，蝉蜕度世"。

在早期道教中，老子是最高的神，之后降为正规道教中三清的第三位。由老子演变而来的太上老君受到非常高的崇奉，各地都有宫观奉祀。因为号"太清太上老君"，因此主祀他的宫观庙殿称为"太清宫""太

◆ 太上老君

清殿""老君殿"或"老君庙"。

唐代皇室，以老子李耳为同姓，崇奉太上老君，累加尊号。唐高宗尊太上老君为"太上玄元皇帝"，唐玄宗三上尊号，称"大圣祖高上大道金阙玄元天皇大帝"。全国各级地方官府为讨好皇帝，普遍建立玄元庙，奉祀老君像，老君达到了至尊极盛。到了明代，民间信仰的老君可与玉皇大帝比肩而论，并从上天请到了民间，普遍建庙祭祀。

传说二月十五日为老君诞辰，十四日夜四乡百姓到大殿坐守一夜，称为"坐香"。十五日百姓纷纷举行老君庙会，在各老君庙举行宗教活动，祭祀朝拜，同时还举办商品物资交易活动。

太上老君度化尹喜

在民间，老子被称为"太上老君"。尹喜建立了以老子为祖师的道门，张陵大规模发展道徒，建立以老子为教主的道教，后人又把道教推向世界。那么，尹喜和老子有何渊源呢？

原来，春秋末年，老子骑青牛，拖一架木板车，向函谷关而去。函谷关守吏尹喜平日里喜好道学，颇有些道根。老子来之前，尹喜观星象、望气，就看见一股紫气从东方冉冉而来，他推算出必有真人要来。当老子驾牛车过关时，尹喜认定老子就是他心中的真仙，就强留老子住了几天，并召来一些同事，共同聆听老子讲经说道。老子讲道后还给尹喜留下了五千余字的文章，就是后来著名的《道德经》。

老子临别时告诉尹喜：要他一千天后，去成都青羊肆找他。后来尹喜准时在青羊肆等待老子，只见老子骑着一头青羊从空中而下。传说老子就在那里度化尹喜得道成仙，并带他一起到西域传道去了。

延伸阅读

骊山老君殿

在陕西省临潼县城南的骊山西绣岭第三峰上，有一座著名的道教宫观老君殿。老君殿原为唐代华清宫之长生殿所在地，相传唐玄宗曾两次在此遇见太上老君降临，故称之为"降圣阁""朝元阁"。后殿内供奉太上老君，故名"老君殿"。古时殿内所奉太上老君白玉雕像，造型细腻，刀法简练，神态逼真，栩栩如生，为唐代西域著名雕塑家元兄迦之作，今珍藏于陕西省博物馆内。现在殿内供奉的太上老君塑像，为近代所塑立。老君殿内窗明几净，环境清幽，殿外景色秀美，风光迷人。

南无本师释迦牟尼佛

> 释迦牟尼佛（约前1027年至前949年）本是古印度迦毗罗卫国（今尼泊尔境内）的太子，属刹帝利种姓。父为净饭王，母为摩耶夫人，佛为太子时名叫乔达摩·悉达多，意为"一切义成就者"。后舍弃王位专心佛道，并被世人称为释迦牟尼佛。

释迦牟尼是佛教的始祖，诞生于三千年前的中印度，后舍弃王位后一心理佛，给人类留下了丰富的精神财富，并成为中国民间传说中的圣人。

释迦牟尼成佛记

中土印度迦毗罗卫国王后摩耶夫人夜梦六牙白象后怀有身孕，尔后生下一子。太子出生后取名"悉达多"，意译为"一切义成、一切事成"。王后摩耶夫人在太子出生后七天便去世了，太子由姨母摩诃波阇波提夫人精心照料和养育。太子天资聪颖，幼年就通达五明、四吠陀（古印度传统思想），并且相貌英伟，具足三十二相，八十种好，无人能及。17岁时，娶表妹耶输陀罗为妃，生下儿子罗睺罗。

虽然王族的生活优裕而舒适，但太子却并不贪恋这些世间的享受，太子曾由城之四门出游，见到生、老、病、死等现象以及修道的沙门，深感人生之苦痛与无常，遂萌出家修道之志。19岁，太子夜出王宫，自脱衣冠为沙门。初访毗舍离国求教，复至王舍城求道，但都没有得到解脱之境，遂至摩揭陀国伽耶南方的优楼频罗村苦行林，开始六年的苦行生活，净饭王派了五位侍者与太子一起修行。苦修期间，太子日食一麻一麦，虽至形体枯瘦，心身衰竭，但始终未能成道，遂出苦行林。当时，共修的五位侍者，误以为太子退失道心，遂舍之而去。

太子来到尼连禅河沐浴，接受牧女乳糜的供养。恢复体力后，至伽耶村毕钵罗树下，以吉祥草敷金刚座，东向跏趺而坐，端

◆ 南无本师释迦牟尼佛

身正念，静心默照，降伏诸魔，入诸禅定。四十九日后，于十二月八日破晓时分，豁然大悟，成就无上正等正觉。世人尊称为"佛陀"，佛号"释迦牟尼"。

释迦牟尼传教弘法

释迦牟尼成佛后，就以大慈悲的心情，博大精深的智慧，不畏艰苦的精神，开始了40年不间断的弘扬佛法、教化众生的活动。

释迦牟尼传教的区域，主要在恒河流域的中印度。大致是北到他的故乡迦毗罗卫，南到摩揭陀国的王舍城，东到瞻波国，西到乔赏弥国。其直传弟子的活动地区和影响所及，东至恒河流域下游，南至高达维利河畔，西至阿拉伯海沿岸，西北至怛叉义尸罗等地区。佛陀居住时间最长的是拘萨罗国的舍卫城和摩揭陀国的王舍城。前者有富商须达多和太子祇陀捐赠的祇园精舍，后者有竹林精舍，为释迦牟尼对众人说法布教的重要场所。跋耆、鸯伽、末罗、伽尸等国，释迦牟尼也曾居留说法。

释迦牟尼传教的方式，是随机的施设，不拘一格。他用偈颂、散文、故事、譬喻、直叙、问答等各种形式，在不同的场合，针对不同的对象，宣说不同的内容。对僧众谈论出离生死、证得无上正觉，对俗人谈论道德的行善。他准许弟子可不用规范化的梵语，而用地区方言进行说教，这就使得他的思想学说在社会上得到广泛的传播。

民间奉祀

释迦牟尼佛具足圆觉智慧，能雄镇大千世界，因此佛弟子尊称他为大雄。一般的寺庙里大雄宝殿都供奉释迦牟尼佛，释迦牟尼佛两旁是阿难、迦叶尊者，十八罗汉分列两排。

农历二月初八为释迦牟尼佛出家日，在此纪念日里，心中有佛的人士去寺院里拜佛、念经、打坐、放生、布施、忏悔。

农历二月十五日为释迦牟尼佛涅槃日，在此纪念日里修法及任何善行功德，为平日之万倍、亿倍，心中有佛的人士放生、礼拜、念经、印经、吃素、持戒皆有不可思议之效果。

农历四月初八日为释迦牟尼佛圣诞日，又称"佛诞节"，从求福灭罪的一种宗教要求传衍而来，其中的浴佛、斋会、结缘、放生和求子在过去广为流行。佛诞节流传到民间又形成了庙会，每年四月初八日要举办天佛庙会，祭祀佛祖，人山人海，热闹非凡。

农历十二月初八日，即腊月初八，为释迦牟尼佛成道日，各寺院都要举行诵经，煮粥敬佛。民间有一些放生、祈福活动。

延伸阅读

菩提树

菩提树为桑科榕属植物，树干笔直，树皮为灰色，树冠为波状圆形，具有悬垂气根。分布于中国西南部以及东南亚中南半岛。菩提树可用作寺院、街道、公园行道树。佛教的菩提意为觉悟，菩提树似乎天生就与佛教渊源颇深。

在还是迦毗罗卫王国王子时，年轻的悉达多为摆脱生老病死轮回之苦，解救受苦受难的众生，毅然放弃继承王位和舒适的王族生活，出家修行，寻求人生的真谛。经过多年的修炼，终于在菩提树下静坐了7天7夜，战胜了各种邪恶诱惑，在天将拂晓、启明星升起的时候，获得大彻大悟，终成佛陀。所以，后来佛教一直都视菩提树为圣树，印度则定之为国树。

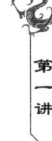

第一讲　民间神灵篇

大慈大悲观世音菩萨

> 观世音菩萨,是对观音佛祖的尊敬称呼。观世音菩萨是佛教四大菩萨之一,又称"观音大士""观音""观世音",观音菩萨相貌端庄慈祥,经常手持净瓶杨柳,具有无量的智慧和神通,大慈大悲,普救人间疾苦。因此,观音崇拜在中国民间久盛不衰。

观世音菩萨在中国家喻户晓,妇孺皆知。"家家有弥陀,户户有观音",这句古今流传的俗语,就充分说明了中国民众崇敬供奉观音的盛况。在佛教中,观世音菩萨是西方极乐世界教主阿弥陀佛座下的上首菩萨,同大势至菩萨一起,是阿弥陀佛身边的胁侍菩萨(修行层次最高的菩萨),并称"西方三圣"。

观音形象

观世音菩萨是梵文的意译,在中文佛典中的译名有好几种,竺法护译为"光世音",鸠摩罗什的旧译为"观世音",玄奘的新译为"观自在",中国通用的则为鸠摩罗什的旧译"观世音"。唐朝时因避唐太宗李世民的讳,略去"世"字,简称"观音"。观世音的名字蕴含了菩萨大慈大悲济世的功德和思想。

观世音大约是在公元1世纪的三国时期传入中国的,到6世纪各寺庙都供有观世音菩萨像。在当时,观世音还是个威武的男子。甘肃敦煌莫高窟的壁画和南北朝时的雕像,观音皆作男身,嘴唇上还长着两撇漂亮的小胡子。在我国唐朝以前观世音的像都属于男像,印度的观世音菩萨也属男像。

佛教经典记载,观音大士周游法界,常以种种善巧和方便度化众生,众生应以何身得度,即化现之而为说法,即是三十三应(一说三十二应)。在观音的诸多化身中,自然会有一些女身,其女性形象可能由此而来。以后观世音不再亦男亦女,而固定为女性菩萨,这一改变深受俗众欢迎。观音的女性形象也可能与观音菩萨能够"送子"有关,并且是大慈大悲的化身。

千手观音的传说

到了北宋,中国人又创造了新的关于

◆ 观音塑像

观音身世的故事。有一位妙庄王,生了3个女儿名妙因、妙缘、妙善。女儿都到了出嫁的年龄,大女、二女高高兴兴嫁出去了,三女儿妙善死也不肯出嫁,执意出家。庄王大怒,把妙善赶出王宫。妙善就到深山修行,成为香山仙长。后来庄王得了重病,危在旦夕,需要亲人的一只手、一只眼来作药引子。大姐、二姐都不肯作出牺牲,只有出家修行的妙善献出了自己的手眼,救了父亲的命。佛祖被其孝心感动,便赏她一千只手,一千只眼,使之成为千手千眼的观世音。

民间信仰

《法华经·观世音菩萨普门品》云:"众生被困厄,无量苦逼身,观音妙智力,能救世间苦,具足神通力,广修智方便,十方诸国土,无刹不现身,种种诸恶趣,地狱鬼畜生,生老病死苦,以渐悉令灭。"观音菩萨以其无限慈悲,救拔无边众生的苦恼,受到法界众生的敬仰和崇拜。

从隋唐以来,民间便形成了广泛的观音信仰,并逐渐形成了以敬奉观音为主的三个宗教节日:农历二月十九为观音诞生日,农历六月十九为观音成道日,农历九月十九为观音出家日,民间有的将这三日并称为"观音菩萨圣诞"。节日这天,大家聚在一起吃斋,有的地区是要先交钱给庙主做好了饭来吃,所捐的钱数目在100元以上就把你的名字刻在庙外的石碑上。每逢这三个节日,寺院均要举行庆祝仪式,其一般祝仪是:唱《香赞》,诵菩萨名、《大悲咒》,唱《观音大士赞》《观音菩萨偈》,念观音圣号,拜愿,三皈依毕。这种仪式可以让人

◆ 敦煌壁画中的观世音

沐浴佛法梵音,净化心灵。

观音崇拜在中国民间历久不衰,不仅在寺院,在中国很多普通百姓的家里,都供着观音像,早晚一炉香,这也是对善的希望和追求。

延伸阅读

莲花座

据传释迦牟尼和观世音菩萨颇爱莲花、用莲花为座,因此所有寺院里的佛像都是以莲花为宝座,称之为"莲花座"。佛教莲花座都做六角形,下部做一个须弥座,其上枋、下枋都做三重或做四重,束腰部分每面雕刻一门,上下做仰莲与伏莲。在转角之部位还做出束腰柱,束腰柱有瓶形、有莲瓣形,在束腰部分还用力士支顶,上下枋都绘制彩云,如同梁枋式样。在这个须弥座的顶部,再做一层大莲瓣座。莲瓣座分为四层,莲瓣除每瓣边缘处,绘制白、红、白三条曲线勾边。每个莲瓣的外表还绘制图案,有的莲座在仰莲处不绘制花朵,而只渲饰色彩,勾边图案。在佛塔上也有莲花座,但不是很普遍。佛塔即是佛的变体,佛塔本身即是佛。

当来下生弥勒尊佛

> 弥勒佛又称"当来下生弥勒尊佛""南无当来下生弥勒尊佛"。当释迦世尊成佛以后,弥勒曾在释迦座下为弟子,在世尊当时的弟子中,他是一位杰出而鼎鼎有名的大菩萨,世人都称他"弥勒菩萨"。在中国民间信仰中,弥勒佛则象征着欢喜、慈爱、宽容和真诚。

弥勒佛是中国民间普遍信奉、广为流行的尊佛,常怀慈悲之心,笑口常开,大肚包容,使人见之皆大欢喜,在处世做人方面,给人们以莫大的启示。弥勒佛被唯识学派奉为鼻祖,深受中国佛教大师道安和玄奘的推崇。其实,弥勒并没有成佛,他是一位菩萨,为佛教"五大菩萨"之一。称他佛,那是释迦牟尼佛曾"授记"(预言)他将继承释尊之位成佛,是未来佛。佛寺一般将弥勒佛供于前殿大王殿大概正是此意。

当来下生弥勒尊佛的由来

弥勒菩萨,在释迦世尊尚未示寂之前就回到自己的家园,在原来他出生的地方结跏趺坐入灭,当时身现紫金色,光明艳丽,世所罕见,舍此色身,乃上升兜率陀天。兜率就是"知足"的意思,生在此天的天众对于五欲之乐皆能满足。可是弥勒菩萨在天宫是当教主,度化天界众生,不是贪图享受天福。兜率依空而居,在此天一昼夜的时间等于我们地球的人间四百年那么久,兜率天一岁就是人间十四万年。弥勒菩萨的天寿是四千岁,合算成地球的时间要经过五十六亿七千万年,还有那么久远的时间,他才能下生人间成佛。所以现在的佛教徒都尊称弥勒菩萨为当来下生弥勒尊佛。

弥勒的传说

弥勒在兜率天内,不动本际,应现十方,若凡若圣,不可限量。传我国六朝齐梁时傅翕、五代梁唐时布袋和尚是弥勒的化身。傅翕(497—569年),号善慧,浙江义乌林乡人。布袋,五代时明州(今浙江宁波)奉化县人,世人不清楚他的姓氏,但称他为"长汀子布袋和尚"。布袋和尚笑容满

◆ 白玉招财弥勒佛

◆ 弥勒菩萨

面，心量广大，给人们一种皆大欢喜的享受，这正是慈心观的体现。

其实，中国人最早的菩萨信仰不是观世音菩萨，而是弥勒菩萨。早在汉代，有关弥勒佛的佛经被大量翻译成汉语。在新疆，出土了用吐火罗语写的剧本《弥勒会见记》，这是维吾尔族第一部戏剧文学，讲述弥勒成佛的故事。《弥勒会见记》剧本流行于中国唐代，它比戏曲繁荣的宋、元要早得多。

唐朝初年，弥勒信仰依然盛行。著名的诗人寒山是一个僧人，写过这样的诗："南无佛陀耶，远远求弥勒。"玄奘从一开始就是信仰弥勒净土的，他是虔诚的弥勒信徒。非常推崇玄奘的武则天、唐高宗，也都是弥勒信徒。这就是玄奘为什么要去印度求《瑜伽师地论》的原因。

唐朝白居易也是弥勒信徒，他组织了一个学会，叫一时上升会，希望大家共同上升到弥勒境界。为了往生弥勒，白居易写过一份决心书："仰慈氏形，称慈氏名，愿我来世，一时上升。"慈氏就是弥勒，弥勒是音译，慈氏是意译。白居易的大意是：我敬仰慈氏菩萨的身形，我呼唤慈氏菩萨的名字，希望来世的我，一定要上升到弥勒菩萨的身边。应该说，在唐朝以前，信仰弥勒的人占佛教信徒的主要部分。

弥勒佛的形象寓意

笑容满面，代表皆大欢喜。弥勒佛的笑容，充满了无尽的慈爱，无论男女、老少，不分国籍、信仰，人人只要一看到弥勒佛的笑容，自然就跟着笑了！

长长耳垂，代表慈爱无限。弥勒佛慈耳善听善解一切言语，纵使人家骂来也不生气。

圆圆大肚代表慈心无量。弥勒佛大肚能容天下一切事，无论智、愚、贤、不肖，都慈心宽容，不执着分别。

袒胸露腹代表赤子心怀。弥勒佛真诚无欺、平等不二。

弥勒布袋代表大慈大爱与妙法无边。布袋能装天地间一切至宝，能带给世人幸福光明，亦能解决一切污秽脏乱。因此很多人在公司、酒楼、客厅等场所都供奉弥勒佛神像。

延伸阅读

男戴观音女戴佛

中国传统佩饰是有讲究的，有"男戴观音女戴佛"的说法。男戴观音，主要是因为过去经商的、赶考的都是男子，常年出门在外，并且男子往往性格较为暴躁，而汉传佛教的观音菩萨都是女身，是慈悲柔和的象征，男戴观音则是希望男子能够柔和。女戴佛的"佛"并不是佛陀释迦牟尼，而是弥勒菩萨，并且是大肚弥勒菩萨的造型像。因为古人认为女人比较小心眼，而大肚弥勒菩萨的造型像是笑脸大肚，寓意快乐有度量，因此女戴佛则是希望女人能够多一些平心静气，豁达心胸。

大愿地藏王菩萨

> 地藏菩萨是佛教四大菩萨之一，与观音、文殊、普贤一起，深受世人敬仰。因其"安忍不动如大地，静虑深密如秘藏"，故名"地藏"；以其"久远劫来屡发弘愿"，故被尊称为"大愿地藏王菩萨"。

中国熟知的四大菩萨，在名号上皆加一赞词，如大智文殊菩萨，大行普贤菩萨，大悲观世音菩萨，大愿地藏王菩萨。可见地藏菩萨的愿力是特别深广的，地藏菩萨的大愿是：令一切众生皆成佛道，然后自己才成佛，然众生无尽，地狱也难以度尽，这样就成为不成佛道的大愿菩萨。"地狱不空，誓不成佛！"这是地藏王菩萨的坚定佛语。地藏王菩萨与释迦牟尼佛、观世音菩萨常于娑婆世界度化众生，被佛教徒称为"娑婆三圣"。

地藏菩萨的传说

据《地藏菩萨本愿经》讲，过去无量劫前，有一位婆罗门种姓的女子，"其母信邪，常轻三宝"，不久命终，魂神堕在无间地狱。婆罗门女知母生前不积善因，死后必堕恶趣，于是变卖家宅，供养佛寺。后来受觉华定自在王如来指点，以念佛力来到地狱，见到鬼王无毒，得知因自己供养佛寺并念佛之功德，使自己的母亲以及其他地狱的罪人得以脱离地狱之苦，超拔升天。婆罗门女便在觉华定自在王如来像前立弘誓愿："愿我尽未来劫，应有罪苦众生，广设方便，使令解脱。"当时的婆罗门女，就是现在的地藏菩萨。

在经中，释迦牟尼佛又为我们讲述了地藏菩萨的种种行愿。地藏菩萨恒以"地狱未空，誓不成佛"为誓愿，使众生只要念诵其名号，礼拜供奉其像，就能得到无量功德、获得救度。

据说唐代时，新罗国僧人金乔觉，泛舟渡海，来到中国，见九华山峰峦叠起，是修道的好去处，于是在山中择地而居，潜心修行。那时他虽已60岁，但身体异常健壮。他

◆ 地藏王菩萨

选择东崖岩石，终日坐禅诵经，后被山民诸葛节发现，民众大为感动。其事迹传开后，得到本地闵姓山主等人的捐助，于是建寺庙，辟道场。金乔觉去世后，葬于神光岭的真身宝殿，俗称"肉身塔"。

因金乔觉生前笃信地藏菩萨，而且传说其容貌酷似地藏瑞相，人们便认定他是地藏菩萨转世，九华山也就被认为是地藏菩萨道场。每年农历七月三十日，是地藏菩萨诞辰之日，各地前来九华山朝拜的信徒络绎不绝。

深信因果的地藏菩萨

在中国佛教寺院中，地藏菩萨形象很有特点，一般菩萨现头戴宝冠、身披天衣、璎珞装饰（璎珞是用珠玉串成的装饰品，多用为颈饰）的天人相。而地藏菩萨则多现光头或是头戴毗卢冠、身披袈裟的出家僧人之相。他一手持锡杖，一手持莲花，或是手持幡幢、宝珠等。地藏菩萨像还常有以一头形似狮子的狗为坐骑，其名号曰"谛听"或"善听"。

地藏菩萨根据秽土众生恶习根深多造罪业的特点，着重宣传因果报应说，并从业感差别的角度，列举了二十三种因果报应，说明如是因必感如是果，业感缘起、自作自受的道理。在由因感果的问题上，说得非常具体和入理。地藏菩萨的用意，是将因果关系说清楚，使人们都能对自己的思想和言行负责，由少造恶业到不造恶业，这对个人和社会来说，都有着积极意义。

地藏菩萨说因果报应，很少有神秘色彩，只是说明事物的性质和由此而引发的

◆ 地藏王菩萨

必然后果。这二十三条的内容，包括社会、家庭、个人等诸多道德范畴，十分有益于社会、人心，这也是"诸恶莫作，众善奉行，自净其意，是诸佛教"至理的深意所在。

延伸阅读

地藏菩萨的故事

在过去久远不可说劫前，地藏菩萨曾为大长者子。彼时有佛名为狮子奋迅具足万行如来，长者子见佛相好庄严，心生敬慕。问佛作何行愿而得此相？佛答：欲得此相，为当久远济度一切苦恼众生。长者子遂发大愿，我从今日至未来劫，悉令一切苦恼众生脱离苦海，然后我方成就佛果。佛相好是功德庄严、具足万行的体现，地藏菩萨于久远劫前行菩萨道，说明他是果位很高的大菩萨，为度众生，故于秽土现声闻身。这给我们的启示是：一个人相貌长得好坏，是其思想与行为如何的集中表现。今人不察，不在行为美、思想美上狠下功夫，而是采取整容、打扮的办法，结果是适得其反。

第一讲　民间神灵篇

消灾延寿药师佛

> 药师佛，全称为"药师琉璃光如来"，又称"大医王佛""医王善逝""消灾延寿药师佛"，为东方琉璃净土的教主。药师本用以比喻能治众生贪、嗔、痴的医师，在中国佛教一般指祈求消灾延寿。

据大乘教记载，位于东方的净琉璃世界，是佛教理想中的一方净土乐园。药师佛于过去世行菩萨道时，曾发十二大愿，愿为众生解除疾苦，使具足诸根，导入解脱，故依此愿而成佛，住净琉璃世界，其国土庄严如极乐国。药师佛誓愿不可思议，若有人身患重病，死衰相现，眷属在此人临命终时，昼夜尽心供养礼拜药师佛，读诵《药师如来本愿功德经》四十九遍，燃四十九灯，挂四十九天之五色彩幡，其人便可得以延生续命。

◆ 药师佛

药师佛的形象

据《药师琉璃光王七佛本愿功德经念诵仪轨供养法》载，药师佛左手执持药器（又作无价珠），右手结三界印，身着袈裟，结跏趺坐于莲花台，台下有十二神将。此十二神将誓愿护持药师法门，各率七千药叉眷属，在各地护佑受持药师佛名号之众生。又一般流传之像为螺发形，左手持药壶，右手结施无畏印（或与愿印），日光、月光二菩萨胁侍左右，并称为"药师三尊"。

药师佛面相慈善，仪态庄严，身呈蓝色，乌发肉髻，双耳垂肩，身穿佛衣，袒胸露右臂，右手膝前执尊胜诃子果枝，左手脐前捧佛钵，双足跏趺于莲花宝座中央。身后有光环、祥云、远山。

五浊恶世与药师七佛

传说本师释迦牟尼如来在广严城弘扬正法，有众多的比丘、菩萨及居士等在树下聚集听闻佛陀开示。《药师琉璃光王七佛本愿功德经》上讲，有一次，曼殊室利法王子（即文殊菩萨）恭敬地向佛发问，祈请释迦牟尼佛为了后世的众生而讲述其他佛陀的名号

◆ 药师佛

与本愿。曼殊室利法王子知道在正法期过后，五浊恶世中的众生福薄根钝，故在此时受了佛陀之加持而应机发问，而本师则随求开示了对五浊中的苦难众生最具利益之药师七佛法门。

五浊是劫浊、见浊、烦恼浊、众生浊与命浊共五种末法时代的现象。劫浊指末法中天灾人祸频生，仿佛大自然之定律变得大乱似的；见浊指在末法中与正法相违矛盾之邪见充斥世间；烦恼浊是指末法中之众生贪嗔痴极重而增长；众生浊是指末法中之众生不信因果善恶、不忠不孝等普遍现象；命浊是说末法期中众生横死、短命、夭寿之现象多见，这是因为众生之不善共业所致。

药师七佛曾经发大弘誓要利益五浊恶世中之苦难众生，七位如来共发四十四本愿。药师七佛分别为：东方琉璃世界药师如来、法海雷音如来、无忧最胜吉祥如来、金色宝光妙行成就如来、宝月庄严光音自在如来、法海胜慧游戏神通如来及善名称吉祥王如来，各有其庄严佛土，以药师佛为首共称"药师光王七佛"，但也有把开示此七佛法门之本师释迦如来加入而尊为"药师八佛"的叫法。

民间奉祀

有的寺庙里供奉三尊佛像，东方药师佛、释迦牟尼佛、西方阿弥陀佛。东方药师佛代表现世一切障碍因佛的报德皆会消除，供奉药师佛旨在祛除众生的一切痛苦。

阴历九月三十日是药师琉璃光佛圣诞日，寺院举办药师佛法会为祈祷众生健康、消除疾患。信士这天虔诚礼诵药师经及恭读向药师如来祈愿文，祈求药师佛慈悲让人健康、愈疾，远离病痛。

延伸阅读

八大菩萨

佛教中的八大菩萨在一般的流行本里都有提到，在不同经文中有多种说法：

《八大菩萨曼荼罗经》里称八大菩萨为：文殊菩萨、普贤菩萨、观世音菩萨、金刚手菩萨、虚空藏菩萨、地藏菩萨、弥勒菩萨、除盖障菩萨。通常佛教造像多依此经。

《药师经》里称八大菩萨为：文殊菩萨、弥勒菩萨、观世音菩萨、得大势菩萨、无尽意菩萨、宝檀华菩萨、药王菩萨、药上菩萨。

《七佛八菩萨经》里称八大菩萨为：文殊菩萨、虚空藏菩萨、观世音菩萨、救脱菩萨、跋陀和菩萨、大势至菩萨、得大势菩萨、坚勇菩萨。

文武财神和五路财神

> 财富是人类的创造。关系到人们幸福的财富，同样离不开神的庇护，这个神便是财神。在中国民间信仰中，有多位财神，甚至财神也像朝廷百官，有文武之分。武财神赵公明还统领其他四位财神，称为"五路财神"。

中国人对财神有普遍的信仰，民间的财神有正财神爷赵公明，文财神爷比干、范蠡，武财神爷关羽，偏财神爷五路神、利市仙官，准财神爷刘海蟾。最为人们熟知的财神爷，则是正财神爷赵公明。

文财神

文财神，又称"财帛星君"，即增福财神。塑像和画像皆文官打扮，头戴宰相纱帽，脸白发长，五绺长须，手捧如意，身着蟒袍，足蹬元宝，有招财进宝之意，故赌徒和商人都很崇拜。文财神主要有比干和范蠡。

比干为商纣王叔父，是一位忠义之臣。他对商纣王荒淫暴虐十分不满，常常当众直谏，被商纣王剖心杀害，被誉为"亘古第一忠臣"，明代被尊为维护社会公正的文财神。

范蠡原是越王勾践手下的大将军，帮助战败的勾践卧薪尝胆，最终击败吴王夫差，成就了霸业。范蠡功成身退，渡海到齐国经营农业和商业，成了名闻遐迩的富豪，被尊称为"陶朱公"。范蠡"居官为贤相，持家成富翁"，符合民间老百姓心目中评定"财神"的标准，于是成了文财神。

武财神

在民间造像中，常见黑脸浓须，头戴铁冠，持铁鞭骑黑虎、身着战袍的武财神。在中国历来甚受欢迎的武财神是赵公明，人们也常把他作为镇宅之神加以供奉，因此赵公明被奉为正财神。另一位武财神是关帝，常被视作万能神。

早在晋代《搜神记》中，赵公明为专

◆ 文财神

取人性命的冥神。东晋陶弘景《真诰》中记述，赵公明为致人疾病的瘟神。直到明代的《封神演义》问世，姜太公奉元始天尊之命按玉符金册封神，封赵公明为"金龙如意正一龙虎玄坛真君"，职责是专司金银财宝、迎祥纳福。从此，赵公明开始掌管天下财富，做了财神。

关公即关羽，是"千古忠义第一人"，商贾们敬仰关公的忠诚和信义，所以将关公推举为忠义型财神，以期在商界建立"诚信"为基础的交易秩序。

五路财神

五路财神指赵公明及其四位义兄弟，中路财神玄坛元帅赵公明、东路财神招宝天尊萧升、南路财神招财使者陈九公、西路财神纳珍天尊曹宝、北路财神利市仙官姚少司。五路财神可能是受到了五行观念的影响，认为天地广阔，财宝当然也要分区处理。拜五路财神，就是"收尽东、南、西、北、中五方之财"的意思。

民间奉祀

财神是中国社会各阶层都谨慎奉祀的神灵，人们相信人间的财富都由财神掌管着，只有奉祀财神并经常拜祭才能获得更多的财富。民间春节有接财神之俗，北方多在除夕深夜时焚香供祭接神。年节期间，人家都要张贴财神画像，敬香上供。

传说阴历正月初五日是财神下凡、巡察人世的日子，民间多于这天清早放鞭炮、舞狮子，俗称"接财神"。商家在这一天都要买鱼肉三牲、水果、鞭炮，设香案，供财神，祈求春节以后开市大吉，财源滚滚。

◆ 武财神

平时供奉财神的以商家为多，如张挂财神画像，摆设财神塑像。此时现身的财神，除了赵公元帅，又以关公为多。这一方面在于关公是全能神，人们希望在求财之外也求平安等。另一方面也在于关公形象端正威猛，看上去更好一些；而且级别又高——赵公明不过是个元帅，关公则是帝君。

延伸阅读

撒钱济贫的准财神刘海蟾

中国民间信仰的众多财神爷中，有一类只能算作是准财神爷，意为未得财神爷封号，但为人们带来一定的财运，承担了一部分财神爷的职责。刘海蟾就是其中最具代表的一位准财神爷。刘海蟾原名刘海，五代时人，曾为辽朝进士，后为丞相辅佐燕主刘宗光。据说，刘海用计收复了修行多年的金蟾，得道成仙。刘海戏金蟾，金蟾吐金钱。他走到哪里，就把钱撒到哪里，救济了不少穷人，人们尊敬他，感激他，称他为活神仙。

福星、禄星和寿星

> 福、禄、寿在中国民间被视为天上三吉星，福寓意五福临门，禄寓意高官厚禄，寿寓意长命百岁。中国民间喜欢将三星作为礼仪交往和日常生活中象征幸福、吉利、长寿的祝愿，有"三星高照"之说。

有福、得禄和长寿三个目标，一直是中国道教信徒和普通民众追求的共同理想。明代以来，民间对福、禄、寿三星的奉祀经久不衰。道教宫观尽管少有专门设立的福、禄、寿三星君殿，但是单独供奉寿星的仍较普遍。

福禄寿的传说

据传，福神原为岁星，即木星，后逐渐人格化。一说源于五斗米道（东汉张陵所创）所祀三官中的天官，演化为天官赐福之说。一说福神为唐道州刺史阳城，因其有抵制进贡侏儒的善政，遂被尊为福神。

传说，禄星原为文昌垣的第六星，后被赋予人格，附会为张仙。一说张仙为五代时在青城山得道的张远霄，一说为后蜀皇帝孟昶，即送子张仙。

寿翁也始于星宿崇拜，即角、亢二宿，是二十八宿中东方七宿中的头二宿，为列宿之长，故曰寿。另一说为南极星，故寿星又名"南极仙翁"。

明清以后，民间常将福、禄、寿三星一并奉祀，三星典型的形象为福星执如意居中；右为禄星，作员外打扮，怀抱婴孩；寿星在左，广额白须，捧桃执杖。

福禄寿星的由来

福、禄、寿三星之说，约起于明代。福、禄、寿三星所指，道书和民间历来众说纷纭。《金箓祈寿早朝仪》称："南极老人福、禄、寿三星真君"，将福、禄、寿三星统归于"南极老人"名下。现在，道教和一

◆ 福禄寿三星

而,道教中的奉祀依旧,并且将其与天官、文昌同列为福、禄、寿三星。

三星职司

福星天官,当以赐福为职。《三官灯仪》称:"真都元阳,紫微宫主,自然大圣,赐福天官,统摄天界,役使鬼神,保天长存。"禄星文昌,文昌有六星,其中司禄星,纬书《春秋元命苞》称"司禄赏功进士",主文人之功名利禄。寿星南极老人星,《史记正义》称"为人主占寿命延长之应"。

人们常用"福如东海,寿比南山"祝愿长辈幸福长寿。道教创造了福、禄、寿三星形象,迎合了人们的这一心愿,"三星高照"就成了一句吉利语。

三星也是许多民间绘画的题材,常见福星手拿一个"福"字,禄星捧着金元宝,寿星托着寿桃、拄着拐杖。另外还有一种象征画法,画上蝙蝠、梅花鹿、寿桃,用它们的谐音来表达福、禄、寿的含义。

◆ 寿星立轴 明 沈周

般民众大致认为,福星指的是天官;禄星指的是文昌;寿星指的是南极老人。奉祀寿星,起于先秦。《史记》的《封禅书》称,秦时"于杜、亳有三社主之祠、寿星祠"。《史记索隐》注称:"寿星,盖南极老人星也,见则天下理安,故祠之以祈福寿。"汉代以来,一直列为国家祀典。但是,明代洪武三年(1370年)起,以其为妄而罢祀。然

延伸阅读

驱邪的桃木

据说,桃木能祛病强身,延年益寿。民间传说在大地的东北方是恶鬼居住的地方,有一道大门,称为"万鬼之门",将恶鬼拒之门外,而这道大门就是天帝用桃木做的。为了保险起见,在门前还要种两棵桃树,来镇鬼驱邪。有趣的是,现代科学研究发现,桃树的汁液的确含有某种抑制细菌生长的特殊成分。在中药里桃树枝也是一味药,并且人们相信朝向东北,也就是朝向鬼门方向的桃枝药力最佳。

送子观音和碧霞元君

> 在远古时代,人们把生育现象看得非常神秘,向神灵祈子是最普遍的一种求子方式,民间虚构有主管生育的神灵、偶像,送子观音与碧霞元君即是人们企盼子嗣必拜的神灵。

送子观音俗称送子娘娘,是抱着一个男孩的妇女形象。送子观音很受中国妇女喜爱,信徒们认为,妇女只要摸摸这尊塑像,或是口中诵念和心中默念观音,即可得子。碧霞元君更是神通广大,能保佑农耕、经商、旅行、婚姻,能疗病救人,尤其能使妇女生子、儿童无恙。所以旧时妇女信仰碧霞元君特别虔诚,不仅在泰山有庙,在各地也建有许多娘娘庙。这种信仰至今仍很兴旺,人们仍不辞劳苦登上泰山绝顶,许愿还愿,向其祈祷,香火不断。

送子观音

送子观音的形象是中国佛教所创造的。《法华经》中说:"若有女人设欲求男,礼拜供养观世音菩萨,便生福德智慧之男;设欲求女,便生端正有相之女。"这是民间送子观音的由来。

据说,晋朝益州有个叫孙道德的人,年过五十,还没有儿女。他家距佛寺很近,景平年间,一位和他熟悉的和尚对他说:"你真想要个儿子,一定要诚心念诵《观世音经》。"孙道德接受了和尚的建议,每天念经烧香,供养观音。过了一段日子,他梦见观音,菩萨告诉他:"你不久就会有一个大胖儿子了。"不久,孙夫人就生了个胖乎乎的男孩。

《异祥记》中也有类似的记载:南朝宋代济阴有个名叫卞悦之的居士,行年五十,没有儿女。娶妾几年,妾也没有怀孕。卞悦之便向观音菩萨祈求继嗣,发愿颂《观音经》一千遍。从此每天念经,将满一千遍时,妾已怀孕,不久便生下一个儿子。

◆ 送子观音

相传，古时南京大宁坊有个叫王玉的人，年过四十无子，于友人马公酌家神前，见到一部《白衣观音经》，便专心致志地念起来。以后每天都念，从不懈怠。次年四月十四夜他的岳母刘氏梦见一个白衣人，头戴金冠，抱着一个婴儿，对她说："我给你送圣奴来。"刘氏接过婴儿，抱在怀里。第二天，她女儿即生下一个儿子，模样和梦中白衣人送来的婴孩一样，于是就为这个孩子取名"圣僧奴"。

碧霞元君

碧霞元君的来历，传说为黄帝所遣之玉女。据《玉女考》和《瑶池记》记载：黄帝建岱岳观时，曾经预先派遣七位女子，云冠羽衣，前往泰山以迎西昆真人，玉女乃七女中的修道得仙者。还有一种传说，碧霞元君为华山玉女。但一般作为泰山女神，为泰山神之女。据明代王之纲《玉女传》："泰山玉女者，天仙神女也。黄帝时始见，汉明帝时再见焉。"据《玉女卷》称，碧霞元君是汉明帝时西牛国孙宁府奉符县善士石守道的女儿石玉叶修道成仙，凭灵泰山。

可见汉晋时早有泰山神女的故事。汉代人还在泰山顶上雕刻神女石像，在泰山极顶修建玉女池以奉祀。五代时殿堂倾塌，石像倒地，金童之像漫涣剥蚀，玉女也沦落于山顶玉女池内。宋真宗东封泰山，还回御帐，在玉女池中洗手，一石人浮出水面，此乃玉女。宋真宗于是下令疏浚该池，用白玉重雕玉女神像，命有司建祠并更名为"昭真祠"，遣使致祭，号为"圣帝之女"，封"天仙玉女碧霞元君"。明朝时，将昭真祠

◆ 碧霞元君

又更名为"灵应宫"，后又扩建，增大规模，为碧霞宫，赐号"碧霞元君"。道教吸收了上述信仰，认为碧霞元君受玉帝之命，证位天仙，统摄岳府之神兵天将，并照察人间一切善恶之事。

延伸阅读

花蕊夫人

花蕊夫人（生卒年不详），五代十国女诗人。在民间，流传着一个关于花蕊夫人的美丽传说。后蜀国王孟昶的妃子花蕊夫人很喜欢芙蓉花，孟昶就为美丽的花蕊夫人在城里城外种满了芙蓉花。不久，宋朝军队打进后蜀国，孟昶投降，花蕊夫人也被俘虏。宋朝皇帝赵匡胤见花蕊夫人十分美丽，便收她作了自己的妃子，可花蕊夫人十分讨厌他。花蕊夫人被送宋宫但不忘故主，绘孟昶画像私挂奉祀。每当夜深人静的时候，就拿出孟昶的画像流泪诉说思念之情。此事被宋太祖入宫看见追问，花蕊夫人急中生智说"所挂张仙，送子之神，蜀人皆如"，幸未追究。送子之神于是从宫中传到民间。到了晚清，民间把张仙男身像改花蕊女身像，花蕊夫人被尊为"送子娘娘"。

海神娘娘妈祖

古代在海上航行经常受到风浪的袭击而船沉人亡,船员的安全成为航海者的主要问题,他们把希望寄托于神灵的保佑,在船舶启航前要先祭天妃,逐渐形成妈祖崇拜。

世界上许多濒临海洋的国家都有海神崇拜,中国也有自己的海神娘娘,这就是天后。妈祖的真名为林默,小名默娘,故又称"林默娘"。林氏于宋建隆元年(960年)农历三月二十三日诞生在莆田县湄洲岛,宋太宗雍熙四年(987年)九月初九逝世,在人世二十八个春秋。因为生前多次拯救遇灾船员,因此受到供奉。中国沿海地区和东南亚许多地方均建有妈祖庙,仅台湾一岛,就有妈祖庙500多座,信仰妈祖的徒众达到1亿人,可见其影响之大。

妈祖传说

林默是个渔家姑娘,因为生在海边,水性极好,她常常去救助海上遇难的客商、渔民;默娘又懂得天象,她对天气的预测常常被证明是正确的;默娘懂得医学,常给人看病疗伤,扶危救难。因此,乡亲们十分爱戴她,称他为"神女"。有一次林默救人时遇难,乡亲们不愿承认"神女"死去,便说她"升仙"了,并诞生了许多林女升仙的故事。莆田百姓修了祠堂来纪念她,成为最早的海神庙。

此后,民间流传很多船只在海上遇险,因默娘"显灵"保佑而得平安的故事。明代伟大的航海壮举——郑和下西洋,也被认为多次得到"妈祖"的庇护而化险为夷。以上种种"神迹",得到政府方面的重视,自宋至清,帝王们对妈祖多次进行加封,在

◆ 妈祖石像

◆ 澳门妈祖庙

近八百年间册封多达四十余次，封号累计竟达五六十字。如"辅国护圣""护国庇民"等。林默的地位，也由当初的林姑娘而为夫人、妃、天妃、圣妃，最终升至天后。不仅民间祭祀，朝廷也派大臣礼祭，并载入国家祀典。

妈祖崇拜

每年农历三月二十三日，海岛人们举办妈祖文化节暨妈祖生日庆典，节庆活动包括祭拜仪式、文娱演出、渔家民俗文化展示等。其间，有规模盛大的献牲、祭祀等春祭仪式，还有舞龙、舞狮、秧歌、民间戏曲、渔家号子等传统民俗节目，生动形象展现出海岛居民对妈祖的虔诚信仰和独具魅力的渔家民俗文化。

正月十五是"海神娘娘渔灯节"，沿袭这一古老遗风，这一天，岛上人民乘船去庙岛，给妈祖送灯，烧香祈拜、许愿，以最高的礼节，以致富感恩的豪情，向妈祖致以最虔诚的谢意。

延伸阅读

妈祖救父寻兄

相传妈祖十六岁那年秋天的一天，其父兄驾船渡海北上之际，海上掀起狂风恶浪，船只遭损，情况危急。这时妈祖在家织布，忽然闭上眼睛，使劲全力扶住织机，母亲见状，忙叫醒她，妈祖醒来时失手将梭掉在了地上，见梭掉在了地上，妈祖哭道：父亲得救，哥哥死了！不久有人来报，情况属实。其兄掉到海里后，妈祖陪着母亲驾船前去大海里寻找，突然发现有一群水族聚集在波涛汹涌的海面，众人十分担心，而妈祖知道是水族受水神之命前来迎接她，这时海水变清，其兄尸体浮了上来，于是将尸体运回去。此后每当妈祖诞辰之日，夜里鱼群环列湄屿之前，黎明才散去，而这一天也成为当地渔民的休船之日。

第二讲
神话传说篇

盘古开天

> 盘古是中国古代传说中开天辟地的神,生前完成开天辟地的伟大业绩,死后成为中华民族崇拜的英雄。盘古为南方神话中的开辟神,盘古崇拜的核心群在南方,在瑶畲之中,盘古神话之根在瑶族,岭南各地均设有盘古庙。

世界各民族都有自己的创世神话,有许多创世大神。在中国,第一创世大神是盘古。汉、壮、苗、瑶等族,都崇拜盘古神。还有一些民族崇拜的创世大神,与盘古大同小异。据史学家考证,盘古神话起源于中国西南地区。盘古最早见于三国时徐整著的《三五历纪》。其后,题为梁任昉撰的《述异记》称盘古身体化为天地各物。

传说在天地还没有开辟以前,有一个不知道为何物的东西,叫做帝江(又称混沌),他没有七窍,样子如同一个没有洞的口袋一样,它有两个好友,一个叫倏,一个叫忽。有一天,倏和忽商量为帝江凿开七窍,帝江同意了。倏和忽用了七天为帝江凿开了七窍,但是帝江却因此死了。帝江死后,它的肚子里出现了一个人,名字叫

◆ 盘古祖庙

◆ 盘古开天

"盘古"。

盘古在这个"大口袋"中一直酣睡了约18000年后醒来，发现周围一团黑暗，当他睁开朦胧的睡眼时，眼前一片黑暗。他想伸展一下筋骨，但"大口袋"紧紧包裹着身子，他感到浑身燥热不堪，呼吸非常困难。

盘古不能想象可以在这种环境中忍辱地生存下去。他火冒三丈，勃然大怒，于是他拔下自己一颗牙齿，把它变成威力巨大的神斧，抡起来用力向周围劈砍。一阵巨响过后，"大口袋"中一股清新的气体散发开来，飘飘扬扬升到高处，变成天空；另外一些浑浊的东西缓缓下沉，变成大地。从此，混沌不分的宇宙一变而为天和地，不再是漆黑一片。人置身其中，只觉得神清气爽。

盘古仍不罢休，继续施展法术，不知又过了多少年，天终于不能再高了，地也不能再厚了。这时，盘古已耗尽全身力气，他缓缓睁开双眼，满怀深情地望了望自己亲手开辟的天地。盘古长长地吐出一口气，慢慢地躺在地上，闭上沉重的眼皮，与世长辞了。

盘古临死前，他嘴里呼出的气变成了春风和天空的云雾；声音变成了天空的雷霆；盘古的左眼变成太阳，照耀大地；右眼变成皎洁的月亮，给夜晚带来光明；千万缕头发变成颗颗星星，点缀美丽的夜空；鲜血变成江河湖海，奔腾不息；肌肉变成千里沃野，供万物生存；骨骼变成树木花草，供人们欣赏；筋脉变成了道路；牙齿变成石头和金属，供人们使用；精髓变成明亮的珍珠，供人们收藏；汗水变成雨露，滋润禾苗。盘古倒下时，他的头化作了东岳泰山（在山东），他的脚化作了西岳华山（在陕西），他的左臂化作南岳衡山（在湖南），他的右臂化作北岳恒山（在山西），他的腹部化作了中岳嵩山（在河南）。传说盘古的精灵魂魄也在他死后变成了人类，所以都说人类是世上的万物之灵。

延伸阅读

共工怒触不周山

传说，颛顼是黄帝的孙子，他聪明敏慧，有智谋，他统治的地盘很大，在民众中有很高的威信。与颛顼同时，有个部落领袖，叫作共工氏。据说共工氏姓姜，是炎帝的后代。他对农耕很重视，尤其对水利工作更是抓紧，发明了筑堤蓄水的办法。颛顼不赞成共工氏的做法，认为共工氏是不能自作主张的。于是，颛顼与共工氏之间发生了一场十分激烈的斗争。最终共工战败，他来到不周山(今昆仑山)，把不周山的峰顶撞下来，以表示自己的坚定决心。

第二讲 神话传说篇

女娲造人

> 传说女娲用泥土仿照自己创造了人,继而创造了人类社会。又替人类建立了婚姻制度,使青年男女相互婚配,繁衍后代,因此被传为婚姻女神。她是中华民族伟大的母亲,是被民间广泛而又长久崇拜的创世神和始祖神。

女娲是中国上古神话中的创世女神。人类起源于古代类人猿这一事实已经不容争辩,但是神话般的女娲造人的故事却经久不衰,一代代地流传了下来。

传说盘古开辟天地后,用身躯造出日月星辰、山川草木。那些残留在天地间的浊气慢慢化作虫鱼鸟兽,给这死寂的世界增添了生气。

这时,有一位女神女娲,在这莽莽的原野上行走。她放眼四望,山岭起伏,江河奔流,丛林茂密,草木争辉,天上百鸟飞鸣,地上群兽奔驰,水中鱼儿嬉戏,草中虫豸跳跃。但是她总觉得有一种说不出的寂寞,连自己也弄不清楚这是为什么。女娲与山川草木诉说心中的烦躁,山川草木根本不懂她的话;对虫鱼鸟兽倾吐心事,虫鱼鸟兽哪能了解她的苦恼。她颓然坐在一个池塘旁边,茫然面对池塘中自己的影子。忽然一片树叶飘落池中,静止的池水泛起了小小的涟漪,使她的影子也微微晃动起来。女娲不由得产生了按照自己的模样造人的想法。

她马上用手在池边挖了些泥土,和上水,照着自己的影子捏了起来。捏着捏着,捏成了一个小小的东西,模样与女娲差不多,也有五官七窍,双手两脚。捏好后往地上一放,居然活了起来。女娲一见,满心欢喜,接着又捏了许多。她把这些小东西叫作

◆ 伏羲女娲图

"人"。这些"人"是仿照神的模样造出来的，气概举动自然与别的生物不同，居然会讲起和女娲一样的话来。他们在女娲身旁欢呼雀跃了一阵，慢慢走散了。

女娲寂寞的心一下子热乎起来，她想把世界变得热热闹闹，让世界到处都有她亲手造出来的人，于是不停地工作，捏了一个又一个。但是世界毕竟太大了，她工作了很久，双手都捏得麻木了，捏出的小人分布在大地上仍然太稀少。她想这样下去不行，就顺手从附近折下一条藤蔓，伸入泥潭，沾上泥浆向地上挥洒。结果点点泥浆变成一个个小人，与用手捏成的模样相似，这一来速度就快多了。女娲见新方法奏了效，越洒越起劲，大地上就到处有了人。

女娲在大地上造出许多人来，心中高兴，寂寞感一扫而空。她觉得很累了，要休息一下，到四处走走，看看那些人生活怎样。

一天，她走到一处，见人烟稀少，十分奇怪，俯身仔细察看，见地上躺着不少小人，动也不动，她用手拨弄，也不见动静。原来，这是她最初造出来的小人，这时已头发雪白，寿终正寝了。女娲见了这种情形，心中很是着急，她想到自己辛辛苦苦造人，人却不断衰老死亡。这样下去，若要使世界上一直有人，岂不要永远不停地制造？这总不是办法。最后女娲参照世上万物传宗接代的方法，叫人类也男女相互交配，繁衍后代。因为人是仿神的生物，不能与禽兽同等，所以她又建立了婚姻制度。

在中国神话体系里，男性的伏羲与女性的女娲是同被作为始祖神来崇拜的。关于女娲的传说很多，一直流传至今，影响甚为广泛深远。至今中国云南的苗族、侗族还将女娲作为本民族的始祖加以崇拜！

在山西省临汾市洪洞县赵城镇东的侯村有一座女娲陵，存在时间可能在三四千年以上。女娲陵分正、副二陵，正陵埋葬女娲之体，副陵埋葬女娲生前所用之物。在副陵东边，有一座规模宏大、历史悠久的"娲皇庙"，自古以来侯村"娲皇庙"与陕西"黄帝陵"、湖南"炎帝陵"地位相当，一直是享受历代帝王祭祀的国家神庙。在每年农历三月初十前后，当地都会举行长达7天的大型庙会和祭祀活动。

延伸阅读

原始的婚姻制度

人类最初是没有婚姻和家庭观念的。最初人类的两性关系是混乱的，随着古人采集、狩猎经济的发展，古人们在劳动中开始按照男女、年龄进行分工，他们的思维也发生了变化。父母开始不愿与自己的子女发生两性关系，最后人类终于排斥了杂乱的两性关系，发展成比较固定的血缘群团，又称血缘家庭或血缘公社。它既是一个生产生活单位，又是一个内部通婚的集团。在这里面开始不许祖辈与少辈之间、双亲与子女之间发生两性关系，而却允许亲兄弟姐妹之间互相通婚。这种血缘群婚在人类发展史上经历了以百万年计的漫长岁月。随着社会的进步，人类逐渐走入健康的婚姻观念与制度之中。

精卫填海

> 精卫填海是《山海经》记叙的一则故事,说的是中国上古时期一种叫精卫的鸟努力填平大海的故事,是古人颂扬善良愿望和锲而不舍精神的神话传说。

精卫填海是中国远古神话中最为有名,也是最为感人的故事之一。世人常因炎帝小女儿被东海波涛吞噬化成精卫鸟而叹息,更为精卫鸟衔运西山木石以填东海的顽强执着精神而抛洒热泪,后世人们也常常以精卫填海比喻志士仁人所从事的艰巨卓越的事业。

神话传说

炎帝有一个小女儿,叫女娃。女娃十分乖巧,黄帝见了她,也都忍不住夸奖她,炎帝视女娃为掌上明珠。炎帝不在家时,女娃便独自玩耍,她非常想让父亲带她出去,到东海——太阳升起的地方去看一看。可是因为父亲忙于公事,总是不能带她去。

这一天,女娃没告诉父亲,便一个人驾着一只小船向东海太阳升起的地方划去。不幸的是,海上突然起了狂风大浪,像山一样的海浪把女娃的小船打翻了。女娃不幸落入海中,终被无情的大海吞没了,永远回不来了。炎帝痛念自己的小女儿,却不能使她死而复生,也只有独自神伤嗟叹了。

女娃死后,她的精魂化作了一只小鸟,花脑袋,白嘴壳,红色的爪子,发出"精卫、精卫"的悲鸣,所以,人们便叫此鸟为"精卫"。精卫飞翔着、鸣叫着,从发鸠山衔石子和树枝填入大海,成年累月,往复飞翔,从不停息。后来,一只海燕飞过东海时无意间看见了精卫,他为她的行为感到困惑不解,但了解了事情的起因之后,海燕为精卫大无畏的精神所打动,就与其结成了夫妻,生出许多小鸟,雌的像精卫,雄的像海燕。小精卫和她们的妈妈一样,也去衔石填海。直到今天,她们还在做着这种工作。

◆ 精卫填海

发鸠山

《山海经·北山经》里记载："炎帝之少女名曰女娃。女娃游于东海，溺而不返，故为精卫，常衔西山之木石，以堙于东海。"这里的"西山"就是现在的发鸠山，位于山西省长子县城西25公里处，海拔1646.8米，山势矗立，蜿蜒南北，雄伟壮观。山头雾罩云腾，翠奔绿涌，颇有仙境气势。

发鸠山由三座主峰组成，奇峭的山峰逐次排列，像三尊傲立苍穹的巨人。发鸠山峰峦叠起，怪石峥嵘，云涛雾海，景色奇特。峰顶是一块面积不大的平地，古人曾在这里修筑庙宇。主峰稍南有一无风台，这里任何时候都无一丝一缕的风息。偏南依岩筑室，为寺僧禅室，称"起云洞"，洞口有石山，云气冉冉。

发鸠山东山脚下有清泉，是浊漳河主要源头。古时源头建有"泉神庙"，后改为"灵湫庙"，传说是炎帝为纪念女娃所建。庙宇宏大，造型别致，庙的周围有摩天塔、上天梯、通天桥、南天门、八角琉璃景、四星池等建筑。

发鸠山脚下有一景观称"浊源泻碧"，河水从山脚下流出，一片碧绿，湍流直泻，西流东往。当游人夜宿灵湫庙，静夜时能听到山下汩汩泉水的响声，妙不可言。发鸠山的庙宇大多与精卫鸟有关。陶渊明的《读山海经》诗："精卫衔微木，将以填沧海。刑天舞干戚，猛志固常在。"他把区区精卫小鸟与顶天立地的巨人刑天相提并论，有着一种悲壮之美，千百年来震撼着人们的心灵。

◆ 精卫填海塑像

沧海固然大，而精卫鸟坚韧不拔的精神更为伟大，这正是我们中华民族精神的一种象征！

延伸阅读

华夏族的始祖

炎帝与黄帝是华夏族的始祖，他们是起源于河南省中部黄河流域的两个血缘关系相近的部落首领。后来，两个部落争夺领地，黄帝打败了炎帝，两个部落渐渐融合成华夏族，华夏族在汉朝以后称为"汉人"，唐朝以后又称为"唐人"。炎帝和黄帝也是中国文化、技术的始祖，传说他们以及他们的臣子、后代创造了上古几乎所有重要的发明。

刑天舞戚

刑天是中国上古神话中最具反抗精神的人物，东晋诗人陶渊明曾经赋诗称赞他"刑天舞干戚，猛志故常在"。刑天不屈不挠的顽强精神，深深地烙印在后世人民的心中，常为后人称颂。

刑天是中国古代神话传说中的人物，《山海经·海外西经》中有他的记载。刑天是炎帝手下的一位大臣，他酷爱音乐，曾为炎帝作乐曲《扶犁》，作诗歌《丰收》，总名称为《卜谋》，以歌颂当时人民幸福快乐的生活。后来炎帝被黄帝推翻，屈居到南方做了小小的一名天帝。虽然炎帝忍气吞声不与和黄帝抗争，但他的子孙和手下却不服气。当蚩尤举兵反抗黄帝的时候，刑天曾想去参加这场战争，因为炎帝的坚决阻止而没有成行。蚩尤战败被黄帝杀死，刑天偷偷地离开南方，径直奔向中央天庭，去和黄帝争个高低。

刑天左手握着长方形的盾牌，右手拿着一柄闪光的大斧，一路过关斩将，砍开重重天门，直杀到黄帝的宫前。黄帝见刑天挥舞盾斧杀将过来，拿起宝剑就和刑天搏斗起来。两人剑刺斧劈，从宫内杀到宫外，从天庭杀到凡间，直杀到常羊山旁。

常羊山是炎帝降生的地方，往北不远是黄帝诞生地轩辕国。两人都到了自己的故土，因而战斗格外激烈。刑天想，世界本是炎帝的，现在被你窃取了，我一定要夺回来。黄帝想，现在普天下邦安民乐，我轩辕子孙昌盛，岂容他人染指。于是各人都使出浑身力量，恨不得能将对方一下杀死。

黄帝久经沙场，又有九天玄女传授的兵法，比刑天多些智慧，找个破绽一剑向刑

◆ 刑天舞干戚

◆ 轩辕黄帝像

他将永远身首异处。他呆呆地立在那里，就像是一座黑沉沉的大山。刑天不甘心就这样败在黄帝手下，他一只手拿着盾牌，一只手举起大斧，向着天空乱劈乱舞，继续和眼前看不见的敌人拼死搏斗起来。刑天赤裸着上身，把两乳当作眼，把肚脐当作口，身躯就是头颅，两手拿着斧和盾有力地挥舞着。

看着无头刑天还在愤怒地挥舞盾斧，黄帝心里一阵颤栗，不由自主地害怕起来。他不敢再对刑天下毒手，返回了天庭。据说那断头的刑天，至今还在常羊山的附近，挥舞着手里的武器。

刑天之所以能成为一个不朽的神话，在于他坚持不懈、英勇无畏、不惧怕死亡。这样的精神是可敬的。

天的颈脖砍去，刑天的巨大头颅便从颈脖上滚落下来，落在常羊山脚下。刑天一摸颈脖上没有了头颅，慌忙把斧头移到握盾的左手，伸出右手在地上乱摸。他把周围的大小山谷都摸了个遍，参天的大树，突出的岩石，在他的触摸下，都折断了，崩塌了，还是没有找到那颗头颅。他只顾向远处摸去，却没想到头颅就在离他不远的山脚下。

黄帝怕刑天摸到头颅后恢复原身又来和他作对，连忙举起手中的宝剑向常羊山用力一劈，常羊山被劈为两半，刑天的巨大头颅骨碌碌地落入山中，两山又合而为一，把刑天的头颅深深地埋葬起来。

刑天知道黄帝已把它的头颅埋葬了，

延伸阅读

柳树与刑天

在长期生活中，人们发现，柳树伐过枝干后，茬口处能够萌生新枝条，而且新枝条通直，更利于使用。因此便形成了对柳树的头木作业法，在一定高度截去树冠，促进新枝萌生，每隔几年伐取枝条利用。一些人认为，刑天的原形就是被头木作业的柳树，特别是树龄几十年、树干粗壮被砍去树冠的柳树，与断头后依然挺立的人尸非常相似，有时树干还会形成一些伤疤，更是一副"以乳为目，以脐为口"的形象。

女娲补天

> 女娲是中华民族伟大的母亲，她慈祥地创造了华夏子孙，又勇敢地照顾子孙们免受天灾，成为中国民间广泛而又长久崇拜的创世神和始祖神。

女娲是中国历史神话传说中的一位女神。女娲与伏羲为兄妹，人首蛇身，相传曾炼五色石以补天，并抟土造人，制嫁娶之礼，延续人类生命，造化世上生灵万物。女娲总是救人们于水火之中，也正是这个原因，她也成为了许多文学作品中的人物。

神话传说

传说盘古开天辟地，女娲用黄泥造人，日月星辰各司其职，子民安居乐业，四海歌舞升平。后来共工与颛顼争帝位，不胜而头触不周之山，导致天柱折，地维绝，四极废，九州裂，天倾西北，地陷东南，洪水泛滥，大火蔓延，人民流离失所。

女娲看到她的子民们陷入巨大灾难之中，十分关切，决心炼石以补苍天。于是她周游四海，遍涉群山，最后选择了天台山。天台山由神鳌用背驮着，以防沉入海底。女娲为何选择天台山呢？因为只有天台山才出产炼石用的五色土，是炼补天石的绝佳之地。于是，女娲在天台山顶堆巨石为炉，取五色土为料，又借来太阳神火，历时九天九夜，炼就了五色巨石36501块。然后又历时九天九夜，用36500块五彩石将天补好，剩下的一块遗留在天台山中汤谷的山顶上。

天补好了，可是却找不到支撑四极的柱子。要是没有柱子支撑，天就会塌下来。情急之下，女娲只好将背负天台山之神鳌的四只足砍下来支撑四极。可是天台山要是没有神鳌的负载，就会沉入海底，于是女娲将天台山移到东海之滨的琅琊，就是今天日照市涛雒镇一带。至今天台山上仍然留有女娲补天台，补天台下有被斩了足的神鳌和补天剩下的五彩石，后人称之为"太阳神石"。

女娲补天之后，天地定位，洪水归

◆ 女娲补天塑像

36

道,烈火熄灭,四海宁静。人们在天台山载歌载舞,欢庆补天成功,同时在山下建立女娲庙,世代供奉,朝拜者络绎不绝,香火不断。

五彩石与五彩翡翠

女娲在人类遭受灾难的那一刻,立刻斩断了神鳌的腿脚,竖立在大地四方,把天撑起。又杀死了兴风作浪的黑龙,用芦苇灰堵住了滔天的洪水,同时炼出五彩石补住了天洞。从此女娲成了创世女神,五彩石也成了人们梦寐以求的珍宝。为了纪念女娲,人们一直在寻找女娲补天时散落到地面的五彩石块儿。然而,这种石块儿太罕见,太珍贵,太难得了。因此,人们就把具有观赏价值和有纪念意义的石头拣回家收藏起来,称之为"五彩石"。

翡和翠,来源于中国神话传说中两种羽毛颜色不同的神鸟。人们称羽毛为红色的鸟叫翡鸟,称羽毛颜色为绿色的鸟叫翠鸟。凡是珍贵的玉石品种都必须含有翡和翠两种颜色,所以人们称珍贵的玉石为翡翠。它沐大地之灵光,育宇宙之神韵,在世界上极为罕见,极为稀有。

因为这美丽的传说,人们就把绚丽多彩的奇石叫五彩石,又名五彩翡翠。这便是五彩石和五彩翡翠的缘由。

民间奉祀

女娲补天、造人,创造了人类社会,一直为炎黄子孙崇拜祭祀。多部史书中记录的女娲故里是现在的陕西平利县,当地也保留大量关于女娲的传说和足迹,有女娲山和女娲庙。河北省涉县漳河畔、中皇山峭壁上的娲皇宫始建于北齐年间,距今已有1450余年,是我国规模最大、时间最早的祀奉女娲的古建筑群,相传是"女娲炼石补天,抟土造人"之处。甘肃省天水市秦安县与平凉市静宁县的交接处即陇西成纪是传统说法上的"女娲故里"。河南省周口市西华县有个女娲抟土造人的女娲城。山西晋城泽州建有"华夏女娲文化园"。山西省骊山西绣岭第二峰建有女娲祠,有山门、前殿、后殿等建筑,供奉女娲塑像。殿堂外面,山石红彤彤的,像给烈火烧炼过,相传是女娲炼石补天的地方。骊山女娲祠始建于唐,历代有修葺,香火不断。每年农历六月,女娲祠举行庙会,祭祀女娲。每年正月二十日过女皇节,又称"女娲生日""女娲补天节"。过节时家家做"补天饼",抛到屋顶,象征补天,同时往地上、井里掷,象征补地,然后全家吃补天饼,洋溢着对女娲的敬仰之情。

> **延伸阅读**
>
> **女娲石产自何地**
>
> 女娲用以补天的五色石,又称"女娲石"。女娲石产自何地?它有什么特色?《太平御览》卷五二引《王韶之南康记》云:"归美山山石红丹,赫若彩绘,峨峨秀上,切霄邻景,名曰女娲石。大风雨后,天澄气静,闻弦管声。"引文中之"归美山"在何地何处,尚未及详考。有专家说,传说中的女娲氏不但确有其人,并且是活动于三晋大地上的山西人,在长治市东南天台山上亦有女娲炼石的望儿台。

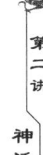

夸父逐日

> 夸父追日的神话,反映了远古时代人们战胜干旱的强烈愿望,虽然夸父最后牺牲了自己,但他那顽强不屈、坚持不懈的精神,深深地影响着我们,千百年来仍为人们赞颂。

夸父逐日是我国最早的著名神话之一,首见于《山海经·大荒北经》,讲的是夸父奋力追赶太阳、长眠虞渊的故事。夸父追日的神话,曲折地反映了远古时代人们向大自然竞胜的精神,在今天对于我们仍有着巨大的教育意义。

神话传说

远古时候,在北方荒野中,有座巍峨雄伟、高耸入云的高山。在山林深处,生活着一群力大无穷的巨人。

有一年,天气非常炎热,火辣辣的太阳直射在大地上,烤死庄稼,晒焦树木,河流干枯。人们热得难以忍受,夸父族的人纷纷死去。夸父看到这种情景很难过,他仰头望着太阳,告诉族人:"太阳实在是可恶,我要追上太阳,捉住它,让它听人的指挥。"

族人听后纷纷劝阻。有的人说:"你千万别去,太阳离我们那么远,你会累死的。"有的人说:"太阳那么热,你会被烤死的。"但夸父心意已决,发誓要捉住太阳,让它听从人们的吩咐,为大家服务。他看着愁苦不堪的族人说:"为大家的幸福生活,我一定要去!"

太阳刚刚从海上升起,夸父告别族人,怀着雄心壮志,从东海边上向着太阳升起的方向,迈开大步追去,开始了他逐日的征程。太阳在空中飞快地移动,夸父在地上如疾风似的,拼命地追呀追。他穿过一座座大山,跨过一条条河流,大地被他的脚步,震得"轰轰"作响,来回摇摆。

夸父跑累的时候,就微微打个盹,将鞋里的土抖落在地上,于是形成大土山。饿的时候,他就摘野果充饥,有时候夸父也煮饭吃。他用三块石头架锅,这三块石头,就成了三座鼎足而立的高山,有几千米高。

◆ 夸父逐日塑像

夸父追着太阳跑，眼看离太阳越来越近，他的信心越来越强。越接近太阳，就渴得越厉害，已经不是捧河水就可以止渴的了。但是，他没有害怕，并且一直鼓励着自己，"快了，就要追上太阳了，人们的生活就会幸福了。"

经过九天九夜，在太阳落山的地方，夸父终于追上了它。红彤彤、热辣辣的火球，就在夸父眼前，他的头上，万道金光，沐浴在他身上。夸父无比欢欣地张开双臂，想把太阳抱住。可是太阳炽热异常，夸父感到又渴又累。他就跑到黄河边，一口气把黄河之水喝干；他又跑到渭河边，把渭河水也喝光，仍不解渴，夸父又向北跑去，那里有纵横千里的大泽，大泽里的水足够夸父解渴。但是，夸父还没有跑到大泽，就在半路上被渴死了。

夸父临死的时候，心里充满遗憾，他还牵挂着自己的族人，于是将自己手中的木杖扔出去。木杖落地的地方，顿时生出大片郁郁葱葱的桃林。这片桃林终年茂盛，为往来的过客遮荫，结出的鲜桃，为勤劳的人们解渴，让人们能够消除疲劳，精力充沛地踏上旅程。

夸父逐日原始意蕴

夸父逐日的历史隐喻是什么呢？现代自然科学已经证明，8000年前至5000年前是一段气候温暖的时期，曾发生过酷烈的炎热和干旱现象，这种干旱和炎热在古代神话中有着深刻的反映。夸父逐日的故事蕴含着我们的远古先人对炎热与干旱发生原因的重要认识，反映了他们为抗旱驱热、赢得生存所

◆ 夸父逐日塑像

进行的艰难而顽强的斗争。

有人认为，夸父追日是对夸父族向着太阳不断迁徙这一历史事件的虚构和神化。蚩尤战败，联盟瓦解，夸父族踏上新的迁徙之路。族长决定随着太阳行进的方向向西前进。夸父逐日实际上是中华民族历史上的一次长距离的部族迁徙，是一次很有胆略的探险。但是，由于他们对太阳的运行和我国西北部地理状况的认识是完全错误的，最终悲壮地失败了。

> **延伸阅读**
>
> **夸父与夸父氏**
>
> 夸父神话故事主要见于《山海经·海外北经》和《山海经·大荒北经》。据《山海经》所说，夸父是共工的后代，共工生后土，后土生信，信生夸父，而共工又是炎帝的后代。一些史学家认为，夸父不仅是一个人，而且也是一个部族的名称，故又称"夸父氏"，夸父逐日反映的是该族先民们的一次大迁徙过程。夸父部族的猴图腾远达北亚和美洲，似乎说明了夸父族的真实存在以及它广阔的活动范围。

后羿射日

后羿射日与大禹治水一脉相承，表达的是人与自然相抗争的大无畏精神。如果把后羿与日对立着看，后羿射日与希腊神话中普罗米修斯盗火具有同等的人类学意义。

后羿射日的故事最早出现在《山海经》里。在尧舜禹时期极度大旱的气候状况下，不仅有夸父逐日的疯狂行为，还有后羿射日的伟大举动，都是希望不让太阳再跑出来焦烤大地。

后羿射日是中国古代的一个传说故事，但在历史上却真有后羿此人。相传后羿是夏王朝东夷族有穷氏的首领，善于射箭。当时夏王启的儿子太康耽于游乐田猎，不理政事，被后羿所逐。太康死后，后羿立太康之弟仲康为夏王。但后羿只顾四出打猎，后来被亲信寒浞所杀。下面让我们一起温习一下后羿射日这个流传了千年的神话吧。

◆ 后羿射日壁画

传说在很久以前，天空曾一起出现了十个太阳，他们的母亲是东方天帝的妻子。他们常在世界最东边的东海洗澡，洗完澡后像小鸟那样栖息在一棵大树上。九个太阳栖息在长得较矮的树枝上，另一个太阳则栖息在树梢上，每夜一换。

当晨光来临时，栖息在树梢的太阳便坐着两轮车穿越天空。那时候，人们在大地上生活得非常幸福和睦。可是，有一天，这十个太阳想到，要是他们一起周游天空，肯定很有趣。于是，当黎明来临时，十个太阳一起爬上车，踏上了穿越天空的旅途。这一下，大地上的人们和万物就遭了殃。十个太阳像十个火团，他们一起放出的热量烤焦了大地。

森林着火，烧成了灰烬，烧死了许多动物。那些在大火中没有烧死的动物流窜于人群之中，发疯似地寻找食物。河流干枯了，大海也干涸了，所有的鱼都死了，水中的怪物便爬上岸偷窃食物。农作物和果园枯萎了，供给人和家畜的食物也断绝了。一些人出门觅食，被太阳的高温活活烧死；另外

◆ 后羿射日塑像

一些人成了野兽的食物。人们在火海里挣扎着生存。

这时，有个年轻英俊的英雄叫作后羿，他是个神箭手，箭法超群，百发百中。他看到人们生活在苦难中，便决心帮助人们脱离苦海，射掉那多余的九个太阳。

于是，后羿爬过了九十九座高山，迈过了九十九条大河，穿过了九十九个峡谷，来到了东海边。他登上了一座大山，山脚下就是茫茫的大海。后羿拉开了万斤力弓弩，搭上千斤重利箭，瞄准天上火辣辣的太阳一箭射去，第一太阳被射落了。后羿又拉开弓弩，搭上利箭射去，同时射落了两个太阳。这下，天上还有七个太阳瞪着红彤彤的眼睛。后羿感到这些太阳仍很焦热，又狠狠地射出了第三枝箭。这一箭射得很有力，一箭射落了四个太阳。其他的太阳吓得全身打颤，团团旋转。就这样，后羿射掉了九个太阳。中了箭的九个太阳无法生存下去，一个接一个地死去。他们的羽毛纷纷落在地上，他们的光和热一个接一个地消失了。大地越来越暗，直到最后只剩下一个太阳。

剩下的一个太阳害怕极了，在天上摇摇晃晃，慌慌张张，很快就躲进大海里去了。天上没有了太阳，立刻变成了一片黑暗。万物得不到阳光的哺育，毒蛇猛兽到处横行，人们无法生活下去了。他们便请求天帝，唤第十个太阳出来，让人类万物繁衍下去。一天早上，东边的海面上，透射出五彩缤纷的朝霞，接着，一轮金灿灿的太阳露出海面来了！人们看到了太阳的光辉，高兴得手舞足蹈，齐声欢呼。

从此，这个太阳每天从东方的海边升起，挂在天上，温暖着人间，禾苗得生长，万物得生存。后羿因为射杀太阳，拯救了万物，功劳盖世，被天帝赐封为天将。后与仙女嫦娥结为夫妻，生活得美满幸福。

延伸阅读

羿与后羿

后羿射日，严谨地讲应该是羿射九日。羿与后羿是两个人，据考证，历史上羿和后羿不是一个人。这两个人前后相差数百岁。先有羿，他射下天上的九个太阳，人民把他比作神。之后有一个有穷氏的首领，他射箭的本领很高，所以人们把他比作射下九日的羿，叫他后羿，就是"第二个羿"的意思。羿和后羿分属于不同的时代，他们有完全不同的历史内涵，不同的品貌和不同的人格，原始文字混淆了羿和后羿，把他们合二为一了，这是一桩历史错案，是对羿的极大不公。

第二讲 神话传说篇

八仙过海

八仙过海虽然是一个神话传说，但与古代历史的蓬莱寻仙活动一样，表达了人们探寻自然奥秘、追求美好生活的愿望。"八仙过海"从此也成为无数文人墨客描绘的对象，而八仙过海的传说也成为中国民间最经典、最生动的神话传说之一。

传说有一天，八仙到东海游蓬莱岛。吕洞宾别出心裁提出乘船过海观赏海景，他拿来铁拐李的拐杖往海里一抛，喝一声"变"，顿时变成一艘宽敞、漂亮的大龙船。八仙坐船观景，喝酒斗歌，热闹非凡。

龙宫里住有龙王的第七个儿子花龙太子。这天，他闲着无事，在水晶宫外游荡，忽然听见海面上有仙乐之声，循声寻去，见一条雕花龙船，内坐八位奇形怪状的大仙，其中有个妙龄女郎楚楚动人。花龙太子见此仙姿，似魔似痴地迷上何仙姑。平静的海面突然掀起一个浪头，将雕花龙船打翻了。顿时，铁拐李丢了拐杖急忙抱着个葫芦，汉钟离打开蒲扇垫脚底，张果老翻身爬上毛驴背，蓝采和攀住了花篮边，韩湘子放下仙笛当坐骑，曹国舅脚踏巧板浪里漂，吕洞宾毫无戒备弄了个浑身湿透，而何仙姑却不见踪影。

原来，花龙太子把何仙姑抢到龙宫里去了。花龙太子催动虾兵蟹将，掀起漫海大潮向七仙淹来。汉钟离飘飘然降落潮头，轻轻煽动蒲扇。一阵狂风把万丈高的海浪和虾兵蟹将都煽到九霄云外去了。花龙太子见汉钟离破了它的阵势，忙把脸一抹，喝声"变"，海里突然窜出一条巨鲸张开闸门似的大口来吞汉钟离。

铁拐李连忙向海中一招手，拐杖"唰"地窜出海面。铁拐李拿在手中一杖打下去，不料打在一只大章鱼身上，拐杖被章鱼的手脚缠住了。蓝采和拿起花篮罩下来，铁拐李才没有被章鱼吸到肚皮里去。这巨鲸和章鱼都是花龙太子变的，他见花篮当头罩来，慌忙化作一条海蛇，向东逃窜。张果老拍驴

◆ 八仙过海雕像

◆ 八仙祝寿图

追赶,就要追上时毛驴却被蟹精咬住脚蹄,一声狂叫把张果老抛下驴背。曹国舅眼明手快,救起张果老,打死了蟹精。

之后八仙大开杀戒,怒斩龙子,而东海龙王则与北海、南海及西海龙王合作,一时之间惊涛骇浪。此时曹国舅拿出玉板开路,将巨浪逼往两旁,顺利渡海。最后由南海观音菩萨(一说如来佛)出面调停,双方才停战。后来,人们把这个八仙过海的掌故用来比喻那些依靠自己的特别能力而创造奇迹的事。

除上述以外,民间还有其他关于八仙的传说,其中有则悲惨的"八仙过海"故事。北宋建隆年间,沙门岛(今烟台市长岛县庙岛)是朝廷囚禁犯人的地方,从建隆三年(962年)开始,凡军人犯了法,都发配沙门岛。年复一年,岛上犯人越来越多。朝廷每年只拨给全岛300人的口粮,粮食越来越不够吃。后来,沙门岛看守头目李庆便想了个狠毒办法:当犯人超过300人时,便将其中一些捆住手脚扔进海里淹死,使岛上犯人总是保持在300人以内。如此被杀的,两年内就达700余人。为了活命,犯人们经常跳海凫水逃命,但绝大部分都被激浪吞没。

一次,有50多名囚犯得到即将被杀的消息,便趁着天晴月朗避开看守,抱着葫芦、木头等轻浮的物体跳入海中,往蓬莱山方向游去。从沙门岛到蓬莱约30里,途中多数犯人因体力不支淹死水中,只剩下身怀武功、体格健壮的七男一女8位善游者,借着水流游到了岸边,在蓬莱城北丹崖山下的狮子洞内躲了起来。第二天,渔民发现了他们,当闻知8人从沙门岛游水越海而来,无不惊奇万分,把他们称作"神人"。此事便在民间传开了,他们被传称为"八仙",他们用来渡海的物品也被传为他们各自的法器,他们渡海逃狱的故事就演变成今天的"八仙过海"。

延伸阅读

八仙与八宝

八仙之名,明代以前众说不一。有汉代八仙、唐代八仙、宋元八仙,所列神仙各不相同。至明吴元泰《八仙出处东游记》始定为:铁拐李、汉钟离、吕洞宾、张果老、曹国舅、韩湘子、蓝采和、何仙姑。

传说八仙分别代表着男、女、老、少、富、贵、贫、贱,由于八仙均为凡人得道,所以个性与百姓较为接近,为道教中相当重要的神仙代表,中国许多地方都有八仙宫,迎神赛会也都少不了八仙。俗称八仙所持的檀板、扇、拐、笛、剑、葫芦、拂尘、花篮八物为"八宝",是代表八仙之品。

第二讲 神话传说篇

劈山救母

> 沉香劈山救母的故事，在中国民间广为流传，深入人心。这个故事为我们塑造了一个品格高尚、意志坚强、不畏艰险、战胜邪恶的少年英雄形象，表现了真挚、动人的人间真情。

华山西峰顶上，有一块10余丈长的巨石被截成三段，巨石旁边插着一把7尺高300多斤重的月牙铁斧，这里传说着刘沉香劈开华山救出其母三圣母的故事。劈山救母有多个戏剧改编而成的版本，由此还衍生了各种版本的电影、电视剧等，《宝莲灯》就是其中之一。

传说，汉代书生刘彦昌赴京赶考，顺道登华山一游。华山上有一座神庙，庙神三圣母是一位美丽善良的仙女。自从被王母派遣到华山后，三圣母一直过着孤独寂寞的生活。这一天，她正在庙中吟歌漫舞，突然发现一个书生跨进了庙门，急忙登上莲花宝座化为一尊塑像。刘彦昌走进大殿，看到三圣母的塑像俊丽、温柔、安闲，被深深吸引。他心想，要是能娶她做妻子该多幸福啊。刘彦昌抑制不住内心的激动，取出笔墨深情地在墙上抒写了自己对三圣母的爱慕之情。

三圣母默默地看着这一切，心中不禁百感交集。面前这个书生英俊倜傥、文采斐然，自己又何尝不被他深深吸引呢？目送怅怅离去又依依不舍的刘彦昌，三圣母再也不能平静了。她沉吟再三，终于决定不顾天条禁令，要与刘彦昌结为夫妻。三圣母便化为一民间女子，追上刘彦昌，向他道出了真情。从此二人两情依依，结为伉俪，恩爱无比。刘彦昌考期将临，三圣母已有孕在身。依依惜别之时，刘彦昌赠给三圣母一块祖传沉香，说日后生子可以"沉香"为名。二人十里相送，难舍难分。刘彦昌在京城一举中榜，被任命为扬州府巡按。就在他走马上任之时，三圣母却遭难了。

原来，王母娘娘要过生日，在天宫大办蟠桃会，各路神仙均来赴会祝寿。三圣母有孕在身，推脱染病而留在华山。谁

◆ 三圣母殿

知，真情被三圣母的哥哥二郎神知道了，他勃然大怒，责怪妹妹私嫁凡人，触犯天条律令，要捉她上天受惩罚。经过一番恶战，三圣母不敌二郎神，被二郎神压在华山下的黑云洞中。

三圣母在暗无天日的洞中生下了儿子沉香，为防不测，她偷偷恳求丫环，将儿子送到扬州，留在其父刘彦昌身边。沉香长大了，知道了母亲被压在华山下受苦，就一心想救出三圣母。他告别父亲，吃尽了千辛万苦，终于走到了华山。可是母亲在哪里呢？这时他遇到了霹雳大仙。大仙问明情由，深为善良的三圣母和受苦的孩子鸣不平。他将沉香带回自己的住所，指点沉香学习六韬三略、百般武艺、七十三变。16岁生日那天，沉香向师父辞行，要去华山救母，大仙赠给他一柄萱花开山神斧。

沉香腾云驾雾，来到华山黑云洞前。他大声呼唤母亲，声声穿透重重岩层，传入三圣母耳中。三圣母不由心情激荡，百感交集。她知儿已长大成人，一片孝心来救自己，就将沉香唤到洞前。三圣母自知哥哥神通广大，沉香又年幼，儿子哪能是他对手呢？于是，三圣母叫沉香去向舅舅求情。

沉香飞身找舅舅向他苦苦哀求。二郎神铁石心肠，不肯放出三圣母，舞起三尖两刃刀要向沉香下手。沉香觉得舅舅欺人太甚，便抡起神斧与他打起来。两人云里雾里，刀来斧往，直杀得山摇地动，江翻海搅，天昏地暗。四仙姑觉得二郎神身为舅舅，如此凶狠地对待一个孩子，太无情无义了，于是暗中助沉香一臂之力。沉香越斗越

◆ 沉香劈山救母处

勇，二郎神招架不住，落荒而逃。

沉香立即飞回华山，举起开山神斧奋力猛劈。只听得一声巨响，地动山摇，华山裂开了，沉香急忙到黑云洞救出了母亲。整整16年，受尽了苦难的三圣母才重见天日，她与儿子紧紧抱在一起，百感交集，泪流满面。从此，三圣母、刘彦昌和他们的英雄儿子沉香幸福地生活在一起。

延伸阅读

二郎神的第三只眼睛

为什么二郎神是三只眼，而且中间的眼睛是立着的？这个在古书上有记载，民间也有说法。古代蜀国人的特征就是猪首纵目，脑袋很像猪，眼睛是立着的，所以二郎神的三只眼，特别是立着的这个眼睛实际上是古蜀国人的特征。但是，古代的人也不可能长三只眼睛。一个可能性是眼睛往上倾斜，即现在我们说的丹凤眼。另外一种可能性是，蜀国人可能喜欢在额头中间画一个什么东西作装饰，有点像现在的印度人在眉心点个朱砂，所以有些不太了解情况的人，就把它看成是纵目，或者看作是第三只眼了。

白蛇传

> 作为中国四大民间传说之一，《白蛇传》在中国传诵千年，历久弥新，其所反映出的对纯真自由爱情的追求，更使之成为中国众多文学艺术作品的源头之一，而白娘子则成为中国艺术形象中的经典。

《白蛇传》是广泛流传在民间的神话传说，有很深远的历史和文化影响，是中华民族民间艺术的精品。这个故事所传播的真、善、美思想，是对至诚爱情的赞颂，是广大民众心中的理想再现，白娘子对爱情的付出和伟大的牺牲精神，更让千百年来无数人扼腕叹息。白娘子为追求爱情而流露出的情意缠绵和个性亮烈，正是这一类民间传说的"精魂"所在。

白蛇传说

在宋朝时的镇江市，白素贞是千年修炼的蛇妖，为了报答书生许仙前世的救命之恩，化为人形来报恩，后遇到青蛇精小青，两人结伴。白素贞施展法力，巧施妙计与许仙相识，并嫁给他。婚后金山寺和尚法海对许仙讲白素贞是蛇妖，许仙将信将疑。后来许仙按法海的办法在端午节让白素贞喝下带有雄黄的酒，白素贞显出原形，却将许仙吓死，白素贞上天庭盗取仙草灵芝将许仙救活。法海将许仙骗至金山寺并软禁起来，白素贞同小青一起与法海斗法，水漫金山寺，却因此伤害了其他生灵。白素贞因此而触犯天条，在生下孩子后被法海收入钵内，镇压于雷峰塔下。后白素贞的儿子长大得中状元，到塔前祭母，将母亲救出，全家团聚。

历史流传

《白蛇传》的故事早期因为以口头相传为主，因此派生出不同的版本与细节。原来的故事有的到白素贞被镇压到雷峰塔下就结束了，有的版本有白蛇产子的情节，还有版本有后来白蛇之子得中状元祭塔救母的皆大欢喜的结局。但这个故事的基本要素，一般认为在南宋就已经具备了。

《白蛇传》的传说，现存较早的定型文本见《清平山堂话本》中的《西湖三塔

◆ 《白蛇传》壁画

记》。明代已有人将其编成戏曲，搬上舞台。冯梦龙《警世通言》，又将其记录整理，题为《白娘子永镇雷峰塔》。至此，故事基本完整，并与杭州西湖、镇江金山寺等地名紧密相连，而不再变更。清代初年黄图珌的《雷峰塔》（看山阁本），是最早整理、流传的戏曲，他只写到白蛇被镇压在雷峰塔下，并没有产子祭塔。后来又出现的梨园旧抄本（可能是陈嘉言父女所作，现存本曲谱已不全），是广为流传的本子，有白蛇生子的情节。

清朝乾隆年间，方成培改编了三十四出的《雷峰塔传奇》（水竹居本），共分四卷，第一卷从《初山》《收青》到《舟遇》《订盟》，第二卷是《端阳》《求草》，第三卷有《谒禅》《水门》，第四卷从《断桥》到《祭塔》收尾。《白蛇传》故事的主线纲架自此大体完成。而这出戏的本子，在乾隆南巡时被献上，因此有乾隆皇帝御览的招牌，使得社会各个阶层的人，没有不知道《白蛇传》故事的。清代中期以后，《白蛇传》成为常演的戏剧，而今更是成为荧屏上人们所喜爱的节目。

《白蛇传》的发源地

镇江是《白蛇传》的发源地。现今流传的《白蛇传》故事的基本情节完成，是清代方成培改编的《雷峰塔传奇》，故事中最大的突破是增加了能表现白娘子性格的"水斗""盗仙草"等情节，这些重要情节的发展更与镇江有着密切关系。从此，有了"水漫金山寺"之说，既增加了故事的浪漫主义色彩，又表现了白娘子的人情味以及对爱情

◆ 《白蛇传》雕塑

的忠贞不渝。故事情节也更明确地体现民众的愿望。

《白蛇传》故事中，多处描绘古城镇江的名胜古迹，如金山寺、白龙洞、法海洞、保和堂、五条街等，并将这些风景点巧妙地穿插进故事之中，衬托了故事的背景，增加了故事的观赏性、知识性。

延伸阅读

雷峰塔之由来

雷峰塔，原名"皇妃塔"，古人更多地称之为"黄妃塔"，建于北宋太平兴国二年（977年）。因为塔建于西湖南岸夕照山的雷峰之上，民间以地名指称，都叫"雷峰塔"。雷峰是夕照山的中峰，北宋诗人林和靖有《中峰诗》云："中峰一径分，盘折上幽云，夕照前村见，秋涛隔岭闻。"可见当时已是悠游赏景的好去处。至于"雷峰"之名的由来，据《淳祐临安志》所载，是因旧有郡人雷就筑庵所居，故名。也有人考证，中峰又称"回峰"，回峰之"回"字旧作"雷"，后人以形致误，错作"雷峰"。毛希龄《西河诗话》说："南屏山前回峰，以山势回抱得名。宋有道士徐立之筑室塔旁，世称回峰先生。"后人将雷峰塔景致称"雷峰夕照"，列为西湖十景之一。

董永与七仙女

> 董永与七仙女的传说在几千年的漫长流传过程中，不断与各地的民众生活相结合，其背后蕴含的历史、文学价值，对研究我国各个历史时期社会文化都有一定的意义。

董永与七仙女的传说最早载于西汉刘向的《孝子传（图）》。此后三国曹植的《灵芝篇》和东晋干宝的《搜神记》也都有相关记载。干宝的记载因主题突出（行孝）、情节完整（"鹿车载父""卖身葬父"与"天女适嫁""助君偿债"）而广泛流传，成为两千多年来故事嬗变和文学移植的母本，对后世影响深远。

神话传说

传说，董永年幼丧母，和父亲相依为命。父亲死后，董永因家贫无钱安葬父亲，便以卖身为奴的条件，向当地人"贷钱一万"。七仙女被董永的勤劳和孝心感动，便乘鹤来到人间，与董永在十八里河口相遇，并且在河口附近的老槐树下拜堂成亲。七仙女为了帮助董永赎身，拔出金钗插地"点"出一口缫丝井，一日织出300匹云锦，替董永还清了债务。数月后，王母娘娘得知七仙女下凡大为震怒，立即派天兵天将捉拿七仙女。董永见七仙女被天兵天将抓走，拼命追赶。天兵天将欲加害董永，七仙女见状连忙拔下发钗在地上划了一条河，挡住了董永的去路。

第二年，七仙女在天庭为董永生得一子，见玉帝难容，只得忍痛将儿子送回人间，并托梦给董永，让他到老槐树下带走孩子……董永按照梦境来到老槐树下抱孩子，在回家的路上孩子将七仙女为其缝制的一双鞋子蹬落到地，一只鞋落在河西，另一只落

◆ 董永与七仙女雕像

◆ 二十四孝之"董永卖身葬父"

在河东。当地人便将此地河东地段称"东鞋村",而河西的则被称为"西鞋村",两庄又合称"双鞋庄"。七仙女在丢下爱子后,仍不放心,便摸云下看,因为"摸"与"摹"谐音,在双鞋庄西南边的庄子就叫"摹云庄"。董永得到儿子,更加思念七仙女,天天来到老槐树旁远眺,遥望天空,殷切期盼妻子回归,全家团聚,董永伫立之处便得名"殷庄"。

历史上董永与七仙女的传说曾广泛流传于全国各地,历代的典籍中,记载东台西溪"董永"与"七仙女"故事的内容数不胜数,并多有发展和演绎。较早的为明代传奇剧《织锦记》,最有名的是黄梅戏《天仙配》,使得"董永遇仙"这个民间传说家喻户晓。

传承价值

董永与七仙女的故事是一则既有教化作用又有爱情色彩的民间传说,其教化内容同中国民众的心理需求相适应,爱情故事又契合了民众追求婚姻幸福的需求,所以它超越现实而又和现实相融合,深受民众喜爱。

董永与七仙女的传说脍炙人口,传承久远,是珍贵的民族文化遗产。该传说在长期口耳相传的过程中,不断演变,在发展流变过程中具有了向爱情故事演变的趋势,但主题和"母体"并没有大的变化。由于民众情感的渗透和口头文学的附会,产生了不少富有地方特色的传说,并且由故事产生风俗,甚至产生了与董永身世相关的文物、碑碣、村落、地名等遗迹。

延伸阅读

七仙女传说

传说七仙女用巧手金梭织出锦绢赎出了董永,准备整治家园恩爱白头。不料玉皇大帝得知后十分震怒,急召七仙女回天宫,七仙女不得不忍痛飞去。她的织布梭化成了飞梭石,织机留在了人间,人们在夜深人静时仍能听到"咔嚓、咔嚓"的织机声。每年正月十五的晚上,身着盛装的姑娘们会聚集在飞梭石旁,手捧针线盒向七仙女乞巧,唱乞巧歌。唱完乞巧歌后,还要询问年成好坏、吉凶如何、能否婚嫁等事宜。

梁山伯与祝英台

> 梁山伯与祝英台的故事素有东方"罗密欧与朱丽叶"之称,也是在世界上产生广泛影响的中国民间传说。2006年国务院确定"梁祝传说"为国家第一批非物质文化遗产。

梁山伯与祝英台是我国四大民间传说之一,是中华文化的瑰宝。千百年来,它以提倡求知、崇尚爱情、歌颂生命的鲜明主题感染着人们的心灵,以曲折动人的情节、鲜明的人物性格、充满浪漫色彩的故事而受到民众的广泛喜爱。以梁祝传说为题材的其他艺术形式也广为流传,使其成为中国民间文学艺术之林中的一朵奇葩。

梁祝传说

传说梁山伯与祝英台一起读书,祝英台女扮男装,自称"祝九舍人"。梁、祝二人性情相投,因而结为兄弟。一同吃饭睡觉,长达三年时间。但是祝英台却从不在他面前脱衣解带,梁山伯对此每有疑惑,祝英台就搪塞过去。学成之后,二人分开,并约定梁山伯两个月后来祝家拜访。英台回到家后,正是石榴花开的时候,兄嫂做主将她许配给大户之家马氏。六个月后,山伯来拜访祝九舍人,才发现英台是女儿身,非常惊异。两人谈及婚事,梁山伯对祝英台颇有爱慕之意,但是得知英台已许配马家,不由得痛悔自己来得太迟,回到家后就相思成疾,不久离开人世,死后埋于安乐村路口。次年英台出嫁时,路过梁山伯的坟墓,忽然狂风四起,结婚的花轿无法前进。祝英台举目观望,见梁山伯飘然而来,她赶紧出了花轿,梁山伯的坟忽然裂开,祝英台跳了进去。送亲的人赶紧拉她的衣服,却只是撕下一段衣带,被撕裂的衣带忽然变成两只美丽的蝴蝶,相互嬉戏着朝天际飞去。

中国爱神庙

梁山伯庙位于宁波城西5公里处的高桥乡邵家渡,是国内唯一一座纪念梁祝"爱情神"的庙宇。庙内供奉着官服的梁山伯和

◆ 梁祝墓园仪门

◆ 梁祝陵墓

着凤冠霞帔的祝英台，庙前有一段雕着大荷花的石板路，路尽头有一座精巧的石拱桥，叫"夫妻桥"。庙右是梁山伯与祝英台的合葬墓。庙后为两人的寝殿，仿照卧室布置，宝帐绣榻，明镜香橱，橱前放有男女绣花拖鞋；橱中悬挂梁山伯的袍服冠带和祝英台的罗衣绣裙。庙前的楹联写着："精忠不二昭千古，大义无双冠五洲。"

相传农历八月二十一日是祝英台殉情的日子，从一千六百多年前的东晋末年开始，直到现在，每年从八月初开始直到月底，四面八方的水陆香客，络绎不绝地前往庙中进香，尤其是青年男女更是成群结队烧香许愿，并在墓地绕行一周。正像一句俗谚所说的："若要夫妻同到老，梁祝坟上绕一绕。"

文化价值

梁祝传说自1600年前的晋代形成以来，主要流传于宁波、上虞、杭州、宜兴、济宁、汝南等地，并向中国的各个地区、各个民族流传辐射。在流传的过程中，各地人民又不断丰富发展传说的内容，甚至还兴建了众多以梁祝传说为主题的墓碑和庙宇。此外，梁祝传说还流传到朝鲜、越南、缅甸、日本、新加坡和印度尼西亚等国家，其影响之大在中国民间传说中实属罕见。

据梁祝传说改编的越剧《梁山伯与祝英台》、小提琴协奏曲《梁祝》、电影《梁山伯与祝英台》等各种文学艺术作品，构成了庞大的梁祝文化系统。

梁祝传说取材于现实生活，又有传奇色彩，悲剧的结局与理想化的结尾达到和谐的统一。它揭露了封建包办婚姻的罪恶，歌颂了纯真自由的爱情，梁祝故事从女扮男装的传奇事件开始，到后来的反封建主题，是一个重要发展。明清以后，受资本主义因素的影响，市民的个性解放成为一种需求，传说中的反封建思想就越来越强烈，因而也就越来越受到人民的喜爱。

延伸阅读

梁祝文化公园

梁祝文化公园地处宁波市鄞州区高桥镇，为晋代梁祝墓、庙古遗址所在地。据众多史料记载，梁山伯为东晋人，与祝英台三载同窗，曾为官于浙江宁波鄞县（即现今鄞州区）县令，后因治理姚江积劳病逝，遗命安葬于高桥九龙墟。梁祝文化公园以倡导梁祝爱情为文化内涵，以梁祝故事情节"草桥结拜""三载同窗""十八相送""楼台相会""化蝶永伴"为主导游线，占地面积300余亩，形成一个规模宏大的爱情主题公园。

人间活佛济公

> 济公是"真、善、美"的化身,济公文化也是中国传统文化的精华之一。八百多年来,济公传说已成为文学艺术取之不尽的素材,在小说、书画、雕塑、影视等领域都有生动体现。2006年浙江省天台县将其申报为国家第一批非物质文化遗产。

济公传说的发展经历了宋代以前的孕育准备期、南宋初的萌芽形成期和明清以来的成熟发展期,至今已有800多年的历史。济公传说是以南宋禅宗高僧道济的故事发展演变出的民间口头文学,主要流传于浙江省以天台为中心的区域,并由此辐射全国,影响世界。

真实的济公

济公传说并非凭空杜撰,济公其实是一个有史可查的人物,最早记录见于南宋高僧释居简《湖隐方圆叟舍利铭》和释如《赞济颠》。《净慈寺志》记载:济公原名李修元(1130—1209年),天台永宁村人。他少年时在村北赤城山瑞霞洞读书,受到释教和道教的熏染。他先是进国清寺拜法空一本为师,接着又参访祇园寺道清、观音寺道净,最后在杭州灵隐寺受"具足戒",法号道济。

历史发展

济公号称"湖隐""方圆叟"。从着装上看,他破帽破扇破鞋垢衲衣,似丐似氓,非僧非道,实际上却是禅宗杨岐派第六世的高僧。由于济公传说中人物身上闪现的侠义、热情、正直、善良、诙谐深受普通老百姓的喜爱,800多年来,济公传说成为戏曲、书画、雕塑等艺术中久盛不衰的素材。

演济公的戏剧很多,清代就有《醉菩提传奇》,光绪三年(1877年)盈桂轩曾演出《济公传》,光绪六年(1880年)天仙茶园曾演出《济颠拿旱魃》《济公僧戏耍知

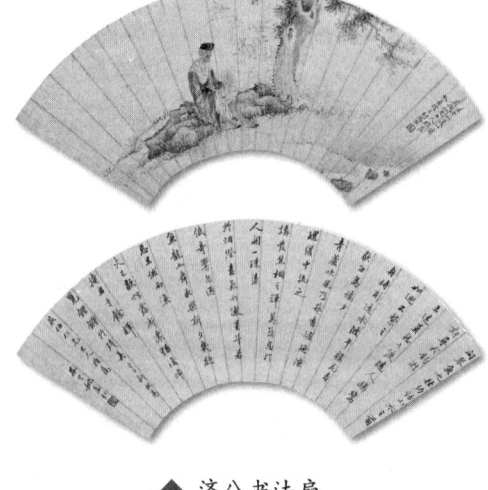

◆ 济公书法扇

新演绎了济公传说。

传承意义

济公传说中惩恶扬善、扶危济困的故事，虽然情节有的还比较简单，故事风格平实朴素，具有浓厚的浪漫主义色彩，却真实地表达了人民的感情和愿望，深受人民喜爱，一直在广大群众中流传。

现存于天台民间的济公传说有数百种。这些传说以济公生平经历为主线，内容广泛涉及济公身世、童年生活、扶危济困、戏佞降魔等方面。其中《飞来峰》《卖狗肉》《斗蟋蟀》等故事已被演绎成经典剧目。800多年来，济公传说不断为小说、戏曲、书画、雕塑、影视提供创作源泉。同时，济公传说深深印刻在民众的心里，对于中华民族精神的形成有着重大影响。

◆ 济公图　近代　王震

县》等，可见历史上济公传说的喜闻乐见。另外，京剧、评剧、皮影戏、台湾歌仔戏等均有以济公为题材的剧目。而罗兰的《济公传诗歌剧》，则是以当代诗歌剧本创作的形式，将传统故事与现代的形式完美融合，全

延伸阅读

济公与飞来峰

相传有一天，灵隐寺的济公和尚突然心血来潮，算知有一座山峰就要从远处飞来，那时，灵隐寺前是个村庄，济公怕飞来的山峰压死人，就奔进村里劝大家赶快离开。村里人因平时看惯济公疯疯癫癫，爱捉弄人，以为这次又是寻大家开心，因此谁也没有听他的话。眼看山峰就要飞来，济公急了，就冲进一户娶新娘的人家，背起正在拜堂的新娘子就跑。村人见和尚抢新娘，就都呼喊着追了出来。人们正追着，忽听风声呼呼，天昏地暗，"轰隆隆"一声，一座山峰飞降灵隐寺前，压没了整个村庄。这时，人们才明白济公抢新娘是为了拯救大家，于是就把这座山峰称为"飞来峰"。

歌神刘三姐

刘三姐歌谣在全国乃至全世界都产生了较大影响，显示了中华民族民间传统艺术的魅力，它在民族学、人类学、社会学、美学等方面均意义重大。2006年，刘三姐歌谣经国务院批准列入第一批国家级非物质文化遗产名录。

◆ 刘三姐水上公园

刘三姐歌谣源出宜州，但在广西、全国乃至全世界都产生了深远的影响，展示了壮族歌谣文化的艺术魅力。刘三姐歌谣大体分为生活歌、生产歌、爱情歌、仪式歌、谜语歌、故事歌及创世古歌七大类，具有以歌代言的特色，其传承比较完整，歌谣种类丰富，民族特色鲜明。

历史传说

传说刘三姐生于唐中宗神龙元年（705年），从小聪慧过人，能歌善唱，被视为"神女"。她与同村的卖柴歌手李小牛相爱。财主莫怀仁以触犯礼教之名，把他俩捆绑丢下河里，李被淹死，三姐飘到柳州，被老渔人救起，并收为义女。后来，刘三姐在柳州唱歌又唱出了名，莫又请来三个歌手与刘三姐赛歌，大败而归。莫恼羞成怒，叫打手把三姐捆绑装进猪笼，沉入河底。三姐死后，人们在她坟前供祭两条大鲤

◆ 刘三姐对歌台

鱼，祭间坟墓裂开，三姐跳出来骑着一条鲤鱼上了天，另一条鲤鱼变成了"鱼峰山"。

歌谣的特点

刘三姐歌谣包含了千百年来无比丰富的情感以及杰出的诗性智慧，由于歌谣轻便灵活，形式简单，因此较容易被广大人民群众所掌握，借以表达他们对现实生活的真切感受，吐露激荡在心胸间的喜怒哀乐，因而情意真切、感人至深。

刘三姐歌谣浸润在壮民族的婚丧嫁娶及各种节庆礼仪中，与人们的日常生活息息相关。歌谣中对比兴手法的娴熟运用，以及口传心授的歌咏习俗，格调优美，形式多样，展示了壮族歌谣鲜明的艺术特色。歌谣传承脉络清晰，代代相传，不绝如缕，构成一种群体性的思维方式，是人们在长期生产生活的实践基础上形成的集体意识，积淀着许多古老的观念、原始的意象，内涵丰富深邃。刘三姐歌谣的精神内核是壮族文化，外在形式借助汉族文化来展现，使之成为多元文化交相汇融的象征。

发展现状

"三月三"，是壮族地区最大的歌圩日，又称"歌仙节"，相传是为纪念刘三姐而形成的民间纪念性节日。1984年，广西壮族自治区人民政府正式将这一天定为壮族的全民性节日——"三月三"歌节。每年的这一天，自治区首府南宁市及其他各地都要举行盛大的歌节。歌节期间，除传统的歌圩活动外，还要举办抢花炮、抛绣球、碰彩蛋及演壮戏、舞彩龙、擂台赛诗、放映电影、表演武术和杂技等丰富多彩的文体娱乐活动。另外，各种商业贸易、投资洽谈等活动亦逐渐增加，形成"文化搭台，经济唱戏"的新风尚。届时，岭南壮乡宾朋云集，歌如海，人如潮。不绝于耳的嘹亮歌声，寄托着人们对生产、生活、爱情的美好憧憬和向往。

延伸阅读

刘三姐歌谣

刘三姐歌谣大体分为生活歌、生产歌、爱情歌、仪式歌、谜语歌、故事歌及创世古歌七大类，在全国乃至全世界都产生了深远的影响，显示了中华民族活态文化的艺术魅力。

采茶歌

三月鹧鸪满山游，四月江水到处流。采茶姑娘茶山走，茶歌飞向白云头。草中野兔窜过坡，树头画眉离了窝。江中鲤鱼跳出水，要听姐妹采茶歌。采茶姐妹上茶山，一层白云一层天，满山茶树亲手种，辛苦换得茶满园。哟依哟。春天采茶茶抽芽，快趁时光掐细茶，风吹茶树香千里，赛过园中茉莉花。哟依哟。采茶姑娘时时忙，早起采茶晚插秧。早起采茶顶露水，晚插秧苗伴月亮。哟依哟。

第三讲
古代节日篇

正月十五闹花灯

农历正月十五日元宵节,又称"上元节",是中国的传统节日。正月是农历的元月,古人称其为"宵",而十五日又是一年中第一个月圆之夜,所以称正月十五为"元宵节",又称为"小正月""元夕"或"灯节",是春节之后的第一个重要节日。闹花灯则是这一节日中最重要的民俗活动。

正月十五花灯闹,又是一年春宵到。元宵节是中国的传统节日,早在2000多年前的西汉就有了,元宵赏灯始于东汉明帝时期,明帝提倡佛教,听说佛教有正月十五日僧人观佛舍利、点灯敬佛的做法,就命令这一天夜晚在皇宫和寺庙里点灯敬佛,令士族庶民都挂灯。以后这种佛教礼仪节日逐渐成为民间盛大的节日。

元宵节张灯的传说

传说在很久以前,凶禽猛兽很多,四处伤害人和牲畜,人们就组织起来去打它们,有一只神鸟因为迷路而降落人间,却意外地被不知情的猎人给射死了。天帝知道后十分震怒,立即传旨,下令让天兵于正月十五日到人间放火,把人间的人畜财产通通烧死。

天帝的女儿心地善良,不忍心看百姓无辜受难,就冒着生命危险偷偷驾着祥云来到人间,把这个消息告诉了人们。众人听说了这个消息,犹如头上响了一个炸雷,吓得不知如何是好。过了好久,才有个老人想出个法子,他说:"在正月十四、十五、十六日这三天,每户人家都在家里张灯结彩,点响爆竹,燃放烟火。这样一来,天帝就会以为人们都被烧死了。"

人们照此去做,果然免除了一场灾难。从此每到正月十五,家家户户都悬挂灯笼、放烟火来纪念这个日子。

正月十五张灯观灯之盛事

自从元宵张灯之俗形成以后,历朝历代都以正月十五张灯观灯为一大盛事。隋炀帝时,每年正月十五举行盛大的晚会,以招待万国来宾和使节。处处张灯结彩,日夜歌舞奏乐,表演者达30000多人,奏乐者达

◆ 庆赏元宵年画

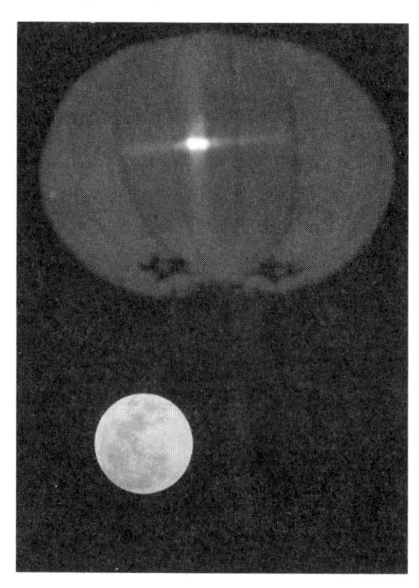

◆ 月是故乡明

18000多人，戏台有8里之长，游玩观灯的百姓更是不计其数，通宵达旦，尽情欢乐，热闹非常。在唐代，元宵灯会发展成为盛况空前的灯市，中唐以后，已发展成为全民性的狂欢节。唐玄宗时的开元盛世，长安的灯市规模很大，燃灯50000盏，花灯花样繁多，皇帝命人做巨型的灯楼，广达20间，高150尺，金光璀璨，极为壮观。《东京梦华录》中记载：每逢灯节，开封御街上，万盏彩灯垒成灯山，花灯焰火，金碧相射，锦绣交辉。京都少女载歌载舞，万众围观。大街小巷，茶坊酒肆灯烛齐燃，锣鼓声声，鞭炮齐鸣，百里灯火不绝。到了明代，朱元璋在南京即位后，为使京城繁华热闹，又规定正月初八上灯，十七落灯，连张十夜，家家户户都悬挂五色灯彩，彩灯上描绘了各种人物，舞姿翩翩，鸟飞花放，龙腾鱼跃，花灯焰火照耀通宵，鼓乐游乐，喧闹达旦。这是我国最长的灯节。清代，满族入主中原，宫廷不再办灯会，但民间的灯会却仍然壮观，日期缩短为五天，一直延续到今天。

元宵节的其他活动

"猜灯谜"是元宵节后增的一项活动，灯谜最早是由谜语发展而来的，起源于春秋战国时期。它是一种富有讥谏、规诫、诙谐、笑谑的文艺游戏。因为谜语能启迪智慧又饶有兴趣，所以流传过程中深受社会各阶层的欢迎。

唐宋时灯市上开始出现各式杂耍技艺。明、清两代的灯市上除有灯谜与百戏歌舞之外，又增设了戏曲表演的内容。人们除游灯市外，又有迎紫姑祭厕神、过桥摸钉走百病等习俗，有击太平鼓、秧歌、高跷、舞龙、舞狮、舞龙灯、划旱船等游戏。如今传统元宵节所承载的节俗功能已被日常生活消解，人们逐渐失去了共同的精神兴趣，复杂的节俗已经简化为"吃元宵"的食俗。

延伸阅读

王安石巧合对联

据说，王安石20岁时赴京赶考，元宵节路过某地，边走边赏灯，见一大户人家高悬走马灯，灯下悬一上联，征对招亲。联曰："走马灯，灯走马，灯熄马停步。"王安石见了，一时寻答不出，便默记心中。到了京城，主考官以随风飘动的飞虎旗出对："飞虎旗，旗飞虎，旗卷虎藏身。"王安石即以招亲联应对，被取为进士。归乡路过那户人家，闻知招亲联仍无人对出，便以主考官的出联回对，被招为快婿。一副巧合对联，竟成就了王安石两大喜事。

二月二，龙抬头

> 农历二月初二是传说中龙抬头的日子，据说在这一天春季来临，万物复苏，蛰龙开始活动，一年的农事活动也即将开始。二月二又称"春龙节""青龙节""龙兴节"，是元宵节之后一个重要的民俗节日，亦体现了中国人对龙的信仰。

民谚："二月二，龙抬头"。二月二这一天，无论北方还是南方都会组织活动来庆祝春天的来临。这一天对于农民具有非凡的意义，他们告别了年节的清闲，又要开始一年的繁忙劳作了。因为各地流传着不同的传说，以致各地的习俗在这一天也略微有些不同，但是不同中却又统一着。

所谓"龙抬头"指的是经过冬眠，百虫开始苏醒。所以俗话说"二月二，龙抬头，蝎子、蜈蚣都露头"。

二月二有许多美丽的名字，如龙头节、春龙节或青龙节。普通人家在这一天要吃面条、春饼、爆玉米花、猪头肉等，不同地域有不同的吃食，但大都与龙有关，且都会把食品名称加上"龙"的头衔，如吃水饺叫吃"龙耳"；吃春饼叫吃"龙鳞"；吃面条叫吃"龙须"；吃米饭叫吃"龙子"；吃馄饨叫吃"龙眼"。

清末《燕京岁时记》里说："二月二日……今人呼为龙抬头。是日食饼者谓之龙鳞饼，食面者谓之龙须面。闺中停止针线，恐伤龙目也。"这时不仅吃饼吃面条，妇女还不能操作针线活，怕伤害了龙的眼睛。《辽中县志》记载民国时当地二月二的民俗说："二月二日，俗称龙抬头。晨起以竿敲梁，谓之敲龙头，意谓龙蛰起陆，盖时近惊蛰之期。农家咸以粗米面作饼及馒首而为早餐。妇女于是日为童孩剃头，盖取龙抬头之意云。"这是辽宁地区的民俗，清晨要用长竿敲击房梁，把龙唤醒，同时也制作一些面食来吃。根据各种历史记

◆ 二月二龙抬头版画

◆ 《清院本十二月令图》二月

祥如意的日子，各家都接女儿回娘家。

"二月二，照房梁，蝎子、蜈蚣无处藏"。这天，用过年祭祀剩下来的蜡烛点着，照房梁和墙壁，以驱灭害虫。"二月二，龙抬头，大囤满，小囤流。"用青灰画粮囤或粮仓，或在门前用青灰画大小不等的圆圈，象征大圆接小圆，祈祷丰收，这又是民间一俗。

二月二，相传是土地公公的生日，称"土地诞"，为给土地公公"暖寿"，有的地方有举办"土地会"的习俗：家家凑钱为土地神祝贺生日，到土地庙烧香祭祀，敲锣鼓，放鞭炮，新中国成立后此俗逐渐淡化。

载，我们可以看出人们对于这个节日的重视。

农历二月初二这一天家家男子剃龙头。春节前剃头理发到了二月二，已经一个多月，正是需要剃头理发的时候。二月二龙抬头，是吉祥如意的日子，时间一长，就形成了二月二剃头的习俗。"二月二龙抬头，家家小孩剃毛头"，为取吉利，在剃头中间加"龙"字，叫剃"龙"头，以区别其他时间的剃头，还有些女孩选此日穿耳孔。另外，家长们选此日送孩子们入学读书。

"二月二，家家人家接女儿"。旧时，正月新娘不回门，媳妇不走娘家，正月不空房。同时还有"出嫁的闺女正月不能看娘家的灯，看了娘家的灯死公公"的迷信说法，因而正月出嫁的女儿不准回娘家。一个多月的时间，闺女想娘，娘想闺女，所以到了二月二，不仅已经出了正月，而且又是吉

延伸阅读

龙的传说

龙是中国神话中的一种善变化、能兴云雨、利万物的神异动物，传说能隐能显，春分时登天，秋分时潜渊。又能兴云致雨，为众鳞虫之长，四灵（龙、凤、白虎、玄武）之首，后成为皇权象征，历代帝王都自命为龙，使用器物也以龙为装饰。《山海经》记载，夏后启、蓐收、句芒等都"乘雨龙"。另有书记"颛顼乘龙至四海""帝喾春夏乘龙"。前人分龙为四种：有鳞者称蛟(jiāo)龙，有翼者称为应龙，有角的叫虬(qiú)，无角的叫螭(chī)。上下数千年，龙已渗透了文化的各个角落，除了在中华大地上传播承继外，还被远渡海外的华人带到了世界各地，在世界各国的华人居住区或中国城内，最多和最引人注目的饰物仍然是龙。因此，"龙的传人""龙的国度"也获得了世界的认同。龙是华夏民族的代表！是中国的象征！

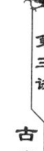

三月三，遍地歌舞欢

农历三月初三是汉族及多个少数民族的传统节日，古称"上巳节"。在这个春意盎然、万物复苏的季节，少男少女多走出家门，相约出游。也正是因为此原因，一些民族的三月三，对于青年男女是很重要的日子。

"又是一年三月三，风筝飞满天。"三月三是汉族及多个少数民族的传统节日，春风乍起，天气回暖，没有了寒冬的凛冽，有的是春的抚慰。这一日，人们穿着节日的盛装赶会，会上热闹非凡，商品琳琅满目，还有传统的赛马、射箭、舞蹈等活动。

三月三的传说

三月三的来历可追溯到上古时期的伏

◆ 曲水流觞。古民俗，每年农历三月三在弯曲的水流上设酒杯，流到谁面前，谁就取下来喝，可以除去不吉利

羲氏。伏羲和女娲抟土造人，繁衍后代，豫东一带尊称伏羲为"人祖爷"，在淮阳（伏羲建都地）建起太昊陵古庙，由农历二月二到三月三为太昊陵庙会，善男信女，南船北马，都云集陵区，朝拜人祖。相传女娲七天之内造出七种动物，按日排列为初一是鸡日、初二是狗日、初三为羊日、初四为猪日、初五为牛日、初六是马日、初七为人日。按干支排序法，初七为地支巳日，所以巳日即人日，因此上巳节也就是人日。纪念人日要吃"七宝羹"和"薰天"，"七宝羹"就是用七种菜做的菜肴，"薰天"是露天做的煎饼。另外还要用五彩丝织品剪成人形或金箔刻成人形挂在屏风帐子上，以求吉利。

传说，三月三是王母娘娘开蟠桃会的日子。有一首《竹枝词》是这样描述蟠桃宫庙会盛况的："三月初三春正长，蟠桃宫里看烧香；沿河一带风微起，十丈红尘匝地扬。"根据道教传说，每年此日，各路神仙都会赴瑶池献礼祝寿，著名的"麻姑献寿"由此产生。人间百姓同样用自己的方式庆祝三月三这一天。

三月三习俗

上巳是指以干支纪日的历法中夏历三月的第一个巳日,魏晋以后上巳节改为三月初三,故称"三月三"。

汉族在这一天除了祭祀之外,后期陆续发展为河畔嬉戏、男女相会、插柳赏花等民俗活动。唐代大诗人杜甫写有"三月三日气象新,长安水边多丽人"这样的诗句。宋代欧阳修也在词中写道:"清明上巳西湖好,满目繁华,争道谁家。绿柳朱轮走钿车,游人日暮相将去,醒醉喧哗。"这些都说明三月三的习俗于唐宋时期已盛行。这个节日也是男男女女出游踏青的日子,被称为中国的"情人节""女儿节"。

壮族在三月三常常以赶歌圩,搭歌棚,举办歌会来庆祝,青年男女对歌、碰蛋、抛绣球、谈情说爱,因此又称"歌仙节",又多在三月三来扫墓,蒸五色糯米饭。侗族在这一天多举行抢花炮、斗牛、斗马、对歌、踩堂等活动,因此又被称为"花炮节"。布依族在节日中要杀猪祭社神、山神,吃黄糯米饭,各寨三四天内不相往来。瑶族把三月三称为"干巴节",是集体渔猎的节日,并将捕获的野物按户分配,共享收获的欢乐,随后在广场上,唱歌跳舞,欢度佳节。畲族的三月三是可以与春节相提并论的重大节日,传说是谷米的生日,家家吃乌米饭,户户宰杀牲口,祭祀祖先,许多人家往往选择这一天举办婚礼,夜幕降临时,举行篝火会,跳起舞蹈,竞相对歌。黎族称三月三为"孚念孚",是预祝"山兰"(山地

◆ 《清院本十二月令图》三月(中国台湾故宫博物院藏)。这幅图以"上巳踏青"的民俗为主题,描绘了在阳光下,文人墨客在小河边"流觞"饮酒、豪放不羁的场面

旱谷)和打猎丰收的节日,也是青年男女自由交往的日子,人们称它为"谈爱日"。土家族的三月三,也是土家族的情人节,青年男女聚在一起,以山歌为媒,以踩脚定亲。

延伸阅读

王羲之与上巳节

一直以来,文人墨客都认为上巳节与王羲之有关,源于那次有名的兰亭修禊。东晋有一个风俗,在每年阴历三月三,人们必须去河边临水为祭,以消除不祥,这种风俗叫做"修禊"。永和九年(353年)三月三日,年过半百的王羲之和一些文人雅士会于景色秀丽的山阴兰亭,来庆祝一年一度的修禊风俗。参加这次风雅集会的风流人物,有名满天下的名士谢安、著名辞赋家孙绰、佛法精湛的高僧支遁,以及王羲之的子侄王献之、王涣之等42人,王羲之写就《兰亭序》,此后"文人雅聚,曲水流觞"成为千古佳话。

清明时节雨纷纷

> 清明节是中国的传统节日，也是最重要的祭祀节日，是祭祖和扫墓的日子。汉族和一些少数民族大多都是在清明节扫墓。同时清明也是中国的二十四节气之一，古代劳动人民要依此安排农事活动。

"清明时节雨纷纷，路上行人欲断魂。"杜牧《清明》中的句子相信大家并不陌生，也许是老天爷在为这种祭祖的节日渲染氛围，每逢清明节，多为阴雨天气。作为节气，人们从这一天起开始种瓜种豆，植树造林。对逝者的哀伤和对生长的期望同集于一天，有悲惨泪水，也有欢声笑语。

清明节的来源

据历史记载，在2000多年前的春秋时代，晋国公子重耳逃亡在外，生活艰苦，跟随他的介子推不惜从自己的腿上割肉让他充饥。后来，重耳回到晋国，做了国君（即晋文公，春秋五霸之一），封赏所有跟随他流亡在外的随从，惟独介子推拒绝接受封赏，他带了母亲隐居绵山，不肯出来。晋文公无计可施，只好放火烧山，他想，介子推孝顺母亲，一定会带着母亲出来。谁知这场大火却把介子推母子烧死。为了纪念介子推，晋文公下令每年的这一天，禁止生火，家

◆ 清明上河图（局部）北宋 张择端

◆ 《清院本十二月令图》四月

家户户只能吃生冷的食物，这就是寒食节的来源。

寒食节在清明节的前一天，古人常把寒食节的活动延续到清明，久而久之，人们便将寒食与清明合而为一。现在，清明节取代了寒食节，拜介子推的习俗，也变成清明扫墓的习俗了。

清明节的活动

在清明节人们主要的活动就是扫墓。清明扫墓的习俗由来已久，扫墓在秦以前就有了，但并不一定在清明的时候，清明扫墓是秦以后的事，唐朝开始盛行并相传至今。

清明祭扫仪式本应亲自到墓地去举行，但由于每家经济条件和情况不一样，所以祭扫的方式也就有所区别。"烧包袱"是祭奠祖先的主要形式。"包袱"亦作"包裹"，是指孝属从阳世寄往阴间的邮包。过去，一些纸店有卖所谓"包袱皮"，即用白纸糊一大口袋。有两种形式：一种是用木刻版，把周围印上梵文音译的《往生咒》，中间印一莲座牌位，用来写上收钱亡人的名讳，既是邮包又是牌位。另一种是素包袱皮，不印任何图案，中间只贴一蓝签，写上亡人名讳即可，也做主牌用。

在清明节除了扫墓这个主要的活动外，因为地域的不同还有一些其他的活动。清明前后，春天的气息越来越浓，此时春雨也降临人间，种植树苗成活率高，成长快。因此，自古以来，我国就有清明植树的习惯。因此有人把清明称之为"植树节"。

清明前后春风和煦，放风筝也成为这个节日中的重要活动。在一些地方每逢清明时节，人们不仅白天放，夜间也放。夜里在风筝下或风筝拉线上挂上一串串彩色的小灯笼，像闪烁的明星，被称为"神灯"。过去，有的人把风筝放上蓝天后，便剪断牵线，任凭清风把它们送往天涯海角，希冀这样能除病消灾，给自己带来好运。

延伸阅读

清明插柳的风俗

据说，清明插柳的风俗，是为了纪念"教民稼穑"的农事祖师神农氏的。有的地方，人们把柳枝插在屋檐下用来预报天气，古谚有"柳条青，雨蒙蒙；柳条干，晴了天"的说法。黄巢起义时规定，以"清明为期，戴柳为号"。起义失败后，戴柳的习俗渐被淘汰，只有插柳盛行不衰。清明插柳戴柳还有一种说法：原来中国人以清明、七月半和十月朔为三大鬼节，是百鬼出没讨索的日子，人们为防止鬼的侵扰迫害而插柳戴柳。

第三讲 古代节日篇

端午节吃粽子赛龙舟

农历五月初五是一年一度的端午节,端午节又称"端阳节""重五节""天长节""龙船节""粽包节",在这一天各地会举行不同的庆祝活动。端午节还保留着避恶去毒的礼俗,因此还是一个防御疾病、卫生保健的节日。

每年的农历五月初五,各家各户都会包粽子或者互送粽子以示祝贺。传说这一天是屈原投汨罗江的日子,为了纪念这位伟大的爱国诗人,从此每年的这个日子大家都会往江中投粽子。有条件的地方还进行大规模的龙舟竞赛,场面甚为壮观。

端午节的传说

端午节除了众所周知的为了纪念屈原之外,在江浙一带还流传着纪念春秋时期的伍子胥的说法。伍子胥,名员,楚国人,父兄都被楚王所杀,后来子胥奔向吴国,助吴伐楚,五战而入楚都郢城。当时楚平王已死,伍子胥掘墓鞭尸,以报杀父兄之仇。吴王阖闾死后,其子夫差继位,与越王争霸。吴军士气高昂,百战百胜,越国大败,越王勾践请和,夫差同意了。伍子胥建议,应彻底消灭越国,夫差不听,随后又听信谗言陷害伍子胥,赐伍子胥宝剑自裁。伍子胥视死如归,在死前对邻舍人说:"我死后,将我眼睛挖出悬挂在吴京之东门上,以看越国军队入城灭吴。"便自刎而死。夫差闻言大怒,令人取伍子胥的尸体装在皮革里于五月

◆ 九歌图(局部)之屈原像 元 张渥

◆ 闹龙舟 清 宫廷画

五日投入大江。因此有了端午节纪念伍子胥的习俗。

同时民间还有传说端午节是为了纪念东汉孝女曹娥救父投江的。曹娥是东汉上虞人，父亲溺于江中，数日找寻不见尸体，当时曹娥年仅十四岁，昼夜沿江号哭。过了十七天，在五月五日也投江，五日后抱出父尸。就此传为神话，继而相传至县府知事，并为之立碑使后世纪念。

孝女曹娥之墓，在今浙江绍兴，后传曹娥碑为晋王义所书。后人为纪念曹娥的孝节，在曹娥投江之处兴建曹娥庙，她所居住的村镇改名为曹娥镇，曹娥殉父之处定名为"曹娥江"。

端午节的活动

赛龙舟是端午节的主要活动。相传古时楚国人因舍不得贤臣屈原投江死去，许多人划船追赶拯救。他们争先恐后，追至洞庭湖时不见其踪迹。从此每年五月五日划龙舟以纪念屈原，借划龙舟驱散江中之鱼，以免鱼吃掉屈原的遗体。竞渡之习，盛行于吴、越、楚。同时人们在这一天往江中投食粽子，以免江中的鱼啃食屈原。

古人认为，五月是个恶月，"阴阳争，血气散"，于是有端午避恶去毒的礼俗。这一天，人们挂钟馗像，贴午时符，采集蟾酥和草药，悬挂菖蒲、艾草、石榴花、大头蒜和龙船花。祛除蝎子、毒蛇、壁虎、蛤蟆和蜈蚣五毒，饮用雄黄酒、朱砂酒和菖蒲酒，小儿涂雄黄、佩香囊、挂药包、系五彩丝、沐浴格兰汤。有驱魔疠、止病瘟、强身体的目的。

延伸阅读

伟大的爱国诗人屈原

屈原（约前340年至约前278年），汉族，名平，字原，中国最伟大的浪漫主义诗人之一，我国已知最早的著名诗人和伟大的政治家，创立了"楚辞"文体。《离骚》《九章》《九歌》《天问》是屈原最主要的代表作，其中《离骚》是我国最长的抒情诗。前305年，屈原反对楚怀王与秦国订立黄棘之盟，被楚怀王逐出郢都，流落到汉北。流放期间，屈原感到心中郁闷，开始文学创作，在作品中洋溢着对楚地楚风的眷恋和为国报国的热情。其作品文字华丽，想象奇特，比喻新奇，内涵深刻，成为中国文学的重要遗产。

第三讲 古代节日篇

七月七，牛郎见织女

> 农历七月初七是传说中牛郎和织女见面的一天，由于他们一年才能见这一次，因此是中国传统节日中最具浪漫色彩的一个节日，被称为"中国的情人节"。

农历七月初七，对于中国的姑娘们来说是一个极为重要的日子。在这一天晚上，妇女们穿针乞巧，祈祷福禄寿，仪式虔诚而隆重，希望能求得自己的美满姻缘。故而人们把这天称为"乞巧节""少女节"或者"女儿节"。

牛郎织女的传说

相传，牛郎父母早逝，常受到哥嫂的虐待，只有一头老牛相伴。有一天，老牛给他出了计谋，教他怎样娶织女做妻子。到了那一天，美丽的仙女们到银河沐浴，并在水中嬉戏。这时藏在芦苇中的牛郎突然跑出来拿走了织女的衣裳。惊惶失措的仙女们急忙上岸穿好衣裳飞走了，唯独剩下织女。在牛郎的恳求下，织女答应做他的妻子。婚后，牛郎织女男耕女织，相亲相爱，生活得十分幸福美满。织女还给牛郎生了一儿一女。后来，老牛要死去的时候，叮嘱牛郎要把它的皮留下来，到急难时披上以求帮助。老牛死后，夫妻俩忍痛剥下牛皮，把牛埋在山坡上。

织女和牛郎成亲的事被天庭的玉帝和王母娘娘知道后，他们勃然大怒，命令天神下界抓回织女。天神趁牛郎不在家的时候，抓走了织女。牛郎回家不见织女，急忙披上牛皮，担着两个孩子追去。眼看就要追上，王母娘娘拔下头上的金簪向银河一划，昔日清浅的银河一霎间变得浊浪滔天，牛郎再也过不去了。从此，牛郎织女只能隔河相望。

天长地久，玉皇大帝和王母娘娘也拗不过牛郎织女的真挚情感，准

◆ 牛郎织女雕塑

许他们每年农历七月七日相会一次。相传，每逢七月初七，人间的喜鹊都要飞上天去，在银河为牛郎织女搭鹊桥相会。七夕夜深人静之时，人们还能在葡萄架或其他的瓜果架下听到牛郎织女在天上的脉脉情话。

七夕节习俗

在山东济南、惠民、高青等地的乞巧活动很简单，只是陈列瓜果乞巧，如有喜蛛结网于瓜果之上，就意味着乞得巧了。而鄄城、曹县、平原等地吃巧巧饭乞巧的风俗却十分有趣：七个要好的姑娘集粮集菜包饺子，把一枚铜钱、一根针和一个红枣分别包到三个水饺里，之后她们聚在一起吃水饺。传说吃到钱的有福，吃到针的手巧，吃到枣的早婚。

在绍兴农村，这一夜会有许多少女独自偷偷躲在生长得茂盛的南瓜棚下，在夜深人静之时如能听到牛郎织女相会时的悄悄话，这待嫁的少女日后便能得到这千年不渝的爱情。

为了表达人们希望牛郎织女能天天过上美好幸福家庭生活的愿望，在浙江金华一带，七月七日家家都要杀一只公鸡，意为这夜牛郎织女相会，无公鸡报晓，他们能永远不分开。

在广西西部，传说七月七日晨，仙女要下凡洗澡，喝其澡水可避邪治病延寿。此水名为"双七水"，人们在这天鸡鸣时，争先恐后地去河边取水，取回后用新瓮盛起来，待日后使用。

广州的乞巧节独具特色，节日到来之前，姑娘们就用预先备好的彩纸、通草、线

◆ 《乞巧图》清 丁观鹏

绳等，编制成各种奇巧的小玩意，还将谷种和绿豆放入小盒里用水浸泡，使之发芽，待芽长到二寸多长时，用来拜神，称为"拜仙禾"和"拜神菜"。从初六晚开始至初七晚，一连两晚，姑娘们穿上新衣服，戴上新首饰，一切都安排好后，便焚香点烛，对星空跪拜，称为"迎仙"，自三更至五更，要连拜七次。

拜仙之后，姑娘们手执彩线对着灯影将线穿过针孔，如一口气能穿七枚针孔者叫"得巧"，被称为"巧手"，穿不到七个针孔的叫"输巧"。七夕之后，姑娘们将所制作的小工艺品、玩具互相赠送，以示友情。

延伸阅读

为什么由喜鹊来筑桥？

喜鹊的筑巢技术很高超，是鸟类中有名的"高级建筑师"。它把巢筑在平原村落的高树上，用多杈的枯枝搭成，外表粗糙，内部却很讲究。顶部有一个盖子，巢口开在侧面。在民间，喜鹊被视为吉祥之鸟，由喜鹊来为传说中的牛郎和织女搭桥，更显现出了人们对他们的美好祝愿。

中国鬼节中元节

农历七月十五是传统的"中元节",俗称"七月半""鬼节"。因佛教徒在这一天要举行盛大的盂兰盆会,因此也被称为"盂兰盆斋""盂兰盆供"。

在中国农历七月十五这一天,民间有中元法会、拜三官、盂兰盆会、烧法船、祭祖、放河灯、点莲花灯、送面羊等民俗。民间又把这一天叫"鬼节",以表达对逝去亲人的追思。

佛教传入中国后,中元节因盂兰盆会又称"盂兰盆节"。盂兰盆的意义是倒悬,人生的痛苦有如倒挂在树头上的蝙蝠,悬挂着苦不堪言。为了使众生免于倒悬之苦,便需要颂经,布施食物给亡灵。僧、道、俗对这个节日意义的解释各有侧重,佛教徒每遇此节都有盛大的盂兰盆会。

烧包

俗传去世的祖先七月初被阎王释放半月,故有七月初接祖和七月半送祖的习俗。送祖时,纸钱冥财烧得很多,以便"祖先享用"。同时,在写有享用人姓名的纸封中装入纸钱,祭祀时焚烧,称"烧包"。年内过世者烧新包,多大操大办,过世一年以上者烧老包。

放焰

七月十五这一天,事先在街口村前搭

◆ 清代鬼节图

鬼，回归天地，有时也上演钟馗捉鬼等民间戏曲。

抢孤

因为七月鬼魂群集，为了怕它们流连忘返，所以有人发明此活动。据说当鬼魂看到一群比自己还要凶猛抢夺祭品的人时，会被吓得逃开。所以在这一天，在普度的广场上搭起高丈余的台子，上面放满各式各样的供品。普度完毕，主持人一声令下，大家就蜂拥而上抢夺，不过这一活动常因为没有秩序而造成伤亡。

◆ 盂兰盆法会

起法师座和施孤台。法师座跟前供着超度"地狱"鬼魂的地藏王菩萨，下面供着一盘盘面制桃子、大米。施孤台上立着三块灵牌和招魂幡。过了中午，各家各户纷纷把全猪、全羊、鸡、鸭、鹅及各式发糕、果品、瓜果等摆到施孤台上。主事者分别在每件祭品上插上一把蓝、红、绿等颜色的三角纸旗，上书"盂兰盛会""甘露门开"等字样。仪式是在一阵庄严肃穆的庙堂音乐中开始的，紧接着法师敲响引钟，带领座下众僧诵念各种咒语和真言。然后施食，将一盘盘面桃子和大米撒向四方，反复三次。这种仪式叫"放焰"。

大拜拜

七月十五日下午，大家便开始准备黄昏的大拜拜。祭坛上各种牲礼及水果摆上几百盘，杀猪几十头甚或几百头，米谷整卡车，鱼山、肉山耸立着，极尽铺张能事。另请和尚或道士登坛作法诵经，引渡孤魂野

> **延伸阅读**
>
> #### 祛邪魅佑平安的钟馗
>
> 在唐玄宗登基那年，钟馗赴长安应试，取为贡士之首。殿试时，奸相卢杞进谗言使其落选。钟馗抗辩无果，激愤难当，怒撞殿柱而亡。皇上以状元礼殡葬其于终南福寿岭，并以妒贤之罪发配卢杞至岭外。
>
> 有一年春天，唐明皇到武骊山后久病不愈。一日睡梦中见一小鬼，偷了杨贵妃的紫香囊和自己的玉笛，上蹿下跳，绕殿而奔。这时，一位相貌奇异，头戴纱帽，身穿蓝袍、角带、足踏朝靴的壮士将小鬼撕扯一番，囫囵吞食。他对唐明皇说："我是终南山下阿福泉进士钟馗，因状元落选愤恨而亡。因念皇恩，今誓与陛下除尽天下之妖邪。"唐明皇梦醒后很快病愈，于是诏画师吴道子按照梦境绘成《钟馗赐福镇宅图》，封钟馗为"赐福镇宅圣君"，批告天下，一年四季遍悬钟馗像，以祛邪魅佑平安。

月到中秋分外明

> 中秋节是中国的传统佳节，团圆是历代中国人的美好期盼。中秋节的文化内涵现已发展成表达美满、和谐、富饶和安康的美好愿望，也已形成为团结、团圆、庆丰收的象征。

谈到中秋节，人们首先想到的就是月亮，月亮上住着美丽的嫦娥仙子。虽然大家都知道这只是一个传说，但还是一代代流传下来。这天是中华民族的团圆之夜，人们仰望天空如玉如盘的明月，自然会期盼家人团聚。远在他乡的游子，也借此寄托自己对故乡和亲人的思念之情。所以，中秋节又称"团圆节"。

嫦娥奔月

相传，一个名叫后羿的英雄，射下九个太阳，并严令最后一个太阳按时起落，为民造福。后羿因此受到百姓的尊敬和爱戴，娶了美丽善良的妻子嫦娥。

一天，后羿到昆仑山访友求道，巧遇由此经过的王母娘娘，便向王母娘娘求得一包不死药。服下此药，能即刻升天成仙。然而，后羿舍不得撇下妻子，只好暂时把不死药交给嫦娥珍藏。嫦娥将药藏进梳妆台的百宝匣里，不料被后羿的弟子心术不正的蓬蒙看见了，他想偷吃不死药以成仙。

三天后，后羿率众徒外出狩猎，心怀鬼胎的蓬蒙假装生病，留了下来。待后羿率众人走后不久，蓬蒙手持宝剑闯入内宅后院，威逼嫦娥交出不死药。嫦娥危急之时当机立断，转身打开百宝匣，拿出不死药一口吞了下去，身子立时向天上飞去。由于嫦娥牵挂着丈夫，便飞落到离人间最近的月亮上成了仙。

傍晚，后羿回到家，侍女们哭诉了白天发生的事。后羿既惊又怒，抽剑去杀恶徒，蓬蒙早逃走了。后羿气得捶胸顿足，悲痛欲绝，仰望着夜空呼唤爱妻的名字。这

◆ 嫦娥执桂图(局部) 明 唐寅

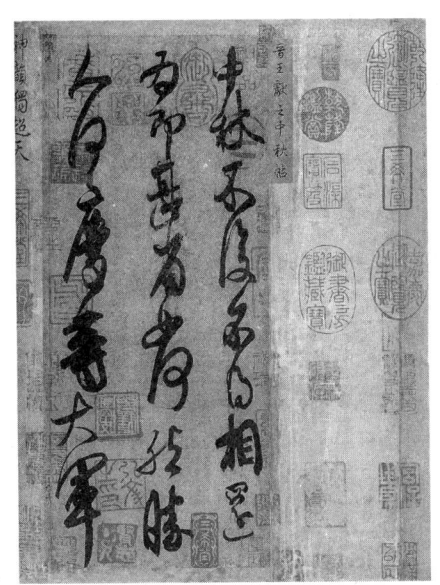

◆ 中秋帖（局部） 东晋 王献之

时他惊奇地发现，今天的月亮格外皎洁明亮，而且有个晃动的身影酷似嫦娥。他拼命朝月亮追去，可是他追三步，月亮退三步，他退三步，月亮进三步，无论怎样也追不到跟前。

后羿无可奈何，又思念妻子，只好派人到嫦娥喜爱的后花园里，摆上香案，放上她平时最爱吃的蜜食鲜果，遥祭在月宫里眷恋着自己的嫦娥。百姓们闻知嫦娥奔月成仙的消息后，纷纷在月下摆设香案，向善良的嫦娥祈求吉祥平安。从此，中秋节拜月的风俗在民间传开了。

月圆人团圆

中秋之夜，明月当空，清辉洒满大地，人们把月圆当作团圆的象征，把八月十五作为亲人团聚的日子，因此中秋节又被称为"团圆节"。中秋节反映中国人强调孝道、重视亲情、祈求团圆的文化情愫，宋代苏轼有"人有悲欢离合，月有阴晴圆缺，此事古难全。但愿人长久，千里共婵娟"的浩叹。如今，中秋节在人们心目中的地位依然十分重要。亲情、团圆仍是这个节日主流的感情。月圆人团圆，人们把喝的酒叫"团圆酒"，吃的饼叫"团圆饼"，互相送月饼。中秋月饼承载着团圆、亲情的民族情结。

中秋节吃月饼相传始于明代。当时，中原广大人民不堪忍受元朝统治阶级的残酷统治，纷纷起义抗元。朱元璋联合各路反抗力量准备起义，但朝廷官兵搜查得十分严密，传递消息十分困难。军师刘伯温便想出一计策，命令属下把藏有"八月十五夜起义"的纸条藏入饼子里面，再派人分头传送到各地起义军中，通知他们在八月十五日晚上起义响应。到了起义的那天，各路义军一齐响应，起义军如星火燎原。很快，徐达就攻下元大都，起义成功了。

朱元璋登基做了大明皇帝后，传谕旨在即将来临的中秋节让全体将士与民同乐，并将当年起兵时以秘密传递信息的"月饼"作为节令糕点赏赐群臣。以后，中秋节吃月饼的习俗便在民间流传开来。

延伸阅读

中秋与仲秋

古人"中秋"与"仲秋"通用。最早的《尚书·尧典》中，有"宵中，星虚，以殷仲秋"的记载。"宵中"指昼夜长短相等，"虚星"是北方玄武七宿之一，"殷"是"正"，也就是以虚星黄昏时在南方出现、昼夜平分来说明仲秋时节气候。春夏秋冬，四时成岁，每季都有孟、仲、季三个月，仲月居中间。因此在随后的日子里，人们约定俗成地把这一天称之为"中秋"节。

九九重阳菊花香

> 农历九月九日，为传统的重阳节。因为《易经》中把"六"定为阴数，把"九"定为阳数，九月九日，日月并阳，两九相重，故而叫"重阳"。重阳节早在战国时期就已经形成，到了唐代，重阳被正式定为民间的节日，此后历朝历代沿袭至今。

唐代王维《九月九日忆山东兄弟》诗云："独在异乡为异客，每逢佳节倍思亲。遥知兄弟登高处，遍插茱萸少一人。"从此诗中我们能够感受到重阳时节诗人身在异乡的孤独心境。关于重阳节，民间有着不同的传说。

桓景斗瘟魔

相传很久以前，汝南县（今河南省境内）汝河两岸忽然流行起瘟疫，夺走了不少人的性命。有一个叫桓景的人，为了替乡民除害，桓景打听到东南山中住了一个叫费长房的神仙，他就决定前去拜访。费长房给了桓景一把降妖青龙剑，让他练习降妖的法门。

有一天桓景正在练剑，费长房走过来对他说："今年九月九，汝河瘟魔又要出来害人。你赶紧回乡为民除害，我给你茱萸叶一包，菊花酒一瓶，让你家乡父老登高避祸。"说完，就用手招来一只仙鹤，把桓景载回汝南去了。

桓景回到家乡，把费长房的话向大伙儿说了一遍。到了九月九日那天，他就带着全村老少登上了附近的一座山。把茱萸叶分给每人，让瘟魔不敢近身。又把菊花酒倒出来，每人喝了一口，说是可以避瘟疫。安排妥当后，他就带着降妖青龙剑回到村中，斩杀了瘟魔。

从此汝河两岸的百姓，再也不受瘟疫的侵袭了。人们就把九月九日登高避祸的习

◆ 东篱赏菊图 明 唐寅

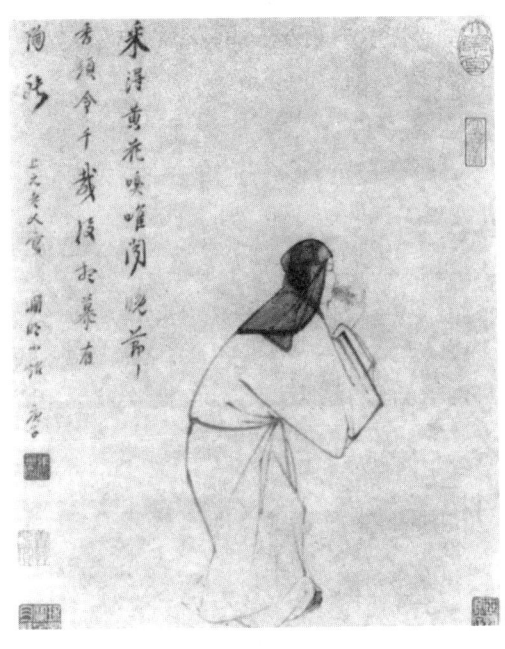

◆ 渊明嗅菊图

俗,一代代地传到现在。

登高避祸

相传,有个庄户人家住在骊山下,全家人都很勤快,日子过得很好。有一天,这家主人从地里回来,路上遇到一个算卦先生,天快黑了,这位先生还没找到住处。主人家里很窄,只有个草棚房,就在灶房里打了个草铺,让妻子儿女都在草铺上睡,自己陪着算卦先生睡在炕上,凑合着过。

第二天天刚亮,算卦先生要走,庄户人叫醒妻子给先生做了一顿早饭,又给先生装了一袋白蒸馍。算卦先生出了门,看了看庄户人住的地方,叮咛他说:"到九月九,全家高处走。"庄户人想,我平日没做啥怪事,又不想升官,上高处走啥呢?但又一想,人常说算卦先生会看风水、精通天文,说不定我住的地方会出什么事情。到了九月九,就到高处走一走吧,权当让全家人看看风景。

到了九月九,庄户人就带着妻子儿女背上花糕香酒,登上骊山高峰去游玩。等他们上山后,半山腰突然冒出一股泉水直冲他家,把他家的草棚房一下子就冲垮了。一会工夫,整个山沟都被泡了。庄户人家这才明白算卦先生为什么让他全家九月九登高。

这事传开后,人们就每逢夏历九月九,扶老携幼去登高,相沿成俗,一直流传至今。

重阳节习俗

重阳最重要的节日活动之一,就是登高,故重阳节又叫"登高节"。登高所到之处,没有统一的规定,一般是登高山、登高塔。重阳节有佩茱萸的风俗,因此又被称为"茱萸节"。茱萸是重阳节的重要标志,茱萸雅号"辟邪翁"。

重阳节时人们还喜欢佩戴菊花,菊是长寿之花,菊花又名"延寿客"。重阳节有赏菊的习俗,因此重阳又称"菊花节",而菊花又称"九花"。这一天人们还盛行饮菊花酒,吃菊花食品,吃重阳糕。

延伸阅读

重阳词

醉花阴·重阳
宋 李清照

薄雾浓云愁永昼,瑞脑消金兽。
佳节又重阳,玉枕纱厨,半夜凉初透。
东篱把酒黄昏后,有暗香盈袖。
莫道不销魂。帘卷西风,人比黄花瘦。

十月一，烧寒衣

> 农历十月为孟冬，十月一日是进入寒冬季节的第一天，生者御寒加衣，想到死者的防冷需要，就买来五色彩纸，剪成衣服形状，在十月初一的晚上去亲人的坟墓上祭奠烧化。烧寒衣寄托着今人对故人的怀念，承载着生者对逝者的悲悯。

中国自古以来就有祭祀祖宗的习俗。十月初一，标志着严冬的到来，人们怕在冥间的祖先灵魂缺衣少穿，祭祀时除了食物、香烛、纸钱等一般供物外，冥衣更是不可缺少。在祭祀时，人们把冥衣焚化给祖先，叫做"送寒衣""烧寒衣"。因此，十月初一又称为"寒衣节""祭祖节"。冬季寒衣节与春季的清明节、秋季的中元节并称为中国一年之中的三大"鬼节"。

寒衣节的传说

民间传说，秦代江南松江府的孟姜女，千里寻找被强行服役、修筑长城的丈夫范杞良。秋去冬来，孟姜女历尽艰辛，来到长城，得知丈夫已经屈死，被埋在城墙之下。孟姜女悲痛欲绝，指天哀号呼喊，感动了上天，哭倒了长城。她找到了丈夫的尸体，用带来的棉衣重新妆殓安葬。

孟姜女千里寻夫的故事传到民间，百姓深受感动。此后每到十月初一这天，众人便焚化寒衣，代孟姜女祭奠亡夫。此风日盛，逐渐形成了追悼亡灵的寒衣节。后来人们在十月初一祭祀祖先，上坟烧纸，以示对

◆ 孟姜女塑像

祖先的怀念。

上坟烧纸送寒衣

古时，在十月初一的前一天，由家长率领儿孙们到祖坟添土。添土不用筐篓，要用衣服兜着，兜的土越多，族里人丁越兴旺。节日当天，则由族长带领家族中的男性，抬着食盒、大方桌和丰盛的供品（20至30个大碗），逐个到坟前祭拜，叫"上大

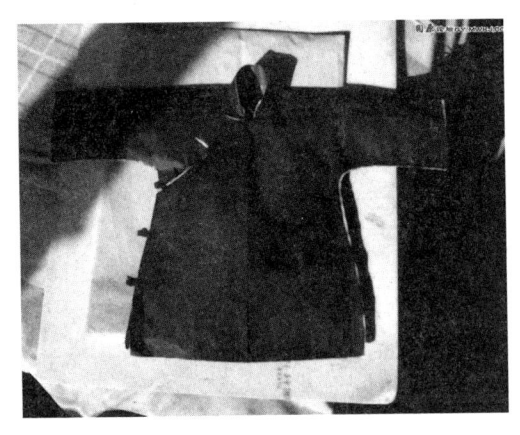

◆ 寒衣

坟"。现已改为一家一户携带少量供品（一般是饺子）"上小坟"了。

送寒衣时，讲究在五色纸里夹裹一些棉花，说是为亡者做棉衣、棉被使用。有的还将五色纸分别做成衣、帽、鞋、被种种式样，甚至还要制作一套纸房舍，瓦柱分明，门窗俱备。这些纸制工艺品除体积缩小之外，看上去比真房院还要精致漂亮。

凡属送给死者的衣物、冥钞诸物，都必须烧焚，人们相信只有烧得干干净净，这些阳世的纸张才能转化为阴曹地府的绸缎布匹、房舍衣衾及金银铜钱。只要有一点没有烧尽，就前功尽弃，亡人就不能使用。所以十月一日烧寒衣，要特别认真细致。这种行为反映了生者对亡人的哀思与崇敬，属于一种精神上的寄托。民间送寒衣时，还讲究在十字路口焚烧一些五色纸，象征布帛类。用意是救济那些无人祭祀的绝户孤魂野鬼，以免给亲人送去的过冬用物被他们抢去。

焚烧寒衣，有的地方在亡者坟前进行，讲究在太阳出山前上坟。有的地方习惯在门前焚烧祭物。

如今，十月初一上坟烧纸、烧寒衣的习俗已淡化，许多人特别是城里人，只是到坟前默哀或献上一束鲜花，来怀念逝去的亲人。

祭祖烧包袱

"烧包袱"是祭奠祖先的主要形式。所谓"包袱"，也作"包裹"，是指孝属从阳世寄往阴间的邮包。

包袱里的冥钱，种类很多。有的是大烧纸或白纸，砸上四行圆钱，每行五枚；有的是冥钞，这是人间有了洋钱票之后仿制的，上书"天堂银行""冥国银行""地府阴曹银行"等字样，多系巨额票面，背后印有佛教《往生咒》；有的是假银元，用硬纸作心，外包银箔，压上与当时通行的银元一样的图案；有的是用红色印在黄表纸上的《往生咒》，成一圆钱状，故又叫"往生钱"。

延伸阅读

寒衣节其他习俗

民间在十月一日，不仅要为亡人送寒衣过冬，就是生者也要进行一些象征过冬的传统活动。妇女们要在这一天将做好的棉衣拿出来，让儿女、丈夫换季。如果此时天气仍然暖和，不适宜穿棉，也要督促儿女、丈夫试穿一下，图个吉利。男人们则习惯在这一天整理火炉、烟筒。安装完毕后，还要试着生一下火，以保证天寒时顺利取暖。十月一日，妇女忌出行。民间改善生活，山区流行吃荞面、莜面。

冬至到，数九始

> 冬至是中国农历一个非常重要的节气，也是中华民族的一个传统节日。这一天是北半球全年中白天最短、夜晚最长的一天，故冬至俗称"冬节""长至节""亚岁"等。中国北方大部分地区在这一天还有吃饺子的习俗，南方有些地方还会吃汤圆。

早在2500多年前的春秋时代，中国就已经用土圭观测太阳，测定出了冬至，它是二十四节气中最早制订出的一个。冬至一般处于12月21日与12月23日之间，这一天是北半球全年中白天最短、黑夜最长的一天，过了冬至，白天就会一天天变长。冬至过后，各地气候都进入最寒冷的阶段，也就是人们常说的"进九"，中国民间有"冷在三九，热在三伏"的说法。

活节的来源

依照我国传统的历法，以五日为一候，三候十五日为一节或一气，在一年里又分为十二节与十二气，合称为"二十四节气"，这就是择日学上所用的节气。择日学上是依农历的节气来选定吉课，而所谓的农历则为阳历与阴历的结合，阳历指的就是二十四节气（把太阳运行的周期分为十二个阶段，再划分二十四个节气，一节一气为一个月），阴历乃为纯粹的月份（按照月亮所行的周期而定），日子都在公历的12月21日至23日。因为冬至并没有固定于特定一日，因此和清明一样，被称为"活节"。

冬至大如年

在中国古代，特别重视冬至节。《汉书》记载："冬至阳气起，君道长，故贺。"唐宋时期有"冬至大如年"一说，《吴中岁时杂记》记载："冬至大如年，郡人最重冬至节。"南宋都城临安冬至节官府要大宴宾客，周密《武林旧事》记载："冬至朝廷大朝会庆贺排当，并如元正仪。"这一天也是天子祭祀昊天上帝之日，《周礼》有"祀昊天上帝于圜丘"之说，注谓"冬至日祀五方帝及日月星辰

◆ 冬至贴绘九九消寒图

于郊坛"。《淮南子》也有"冬至日，天子率三公九卿迎岁"的记载。

中国古代人有庆贺冬至的习俗。人们认为：过了冬至，白昼一天比一天长，阳气回升，是一个节气循环的开始，也是一个吉日，应该庆贺。古人认为到了冬至，虽然还处在寒冷的季节，但春天已经不远了。这时外出的人都要回家过冬节，表示年终有所归宿。闽台民间认为每年冬至是全家人团聚的节日，因为这一天要祭拜祖先，如果外出不回家，就是不认祖宗的人。

冬至的食俗

相传在江南水乡，共工氏有一个不肖子，作恶多端，死于冬至这一天，死后变成疫鬼，继续残害百姓。但是，这个疫鬼最怕赤豆，于是，人们就在冬至这一天煮吃赤豆饭，用以驱避疫鬼，防灾祛病。

相传汉高祖刘邦在冬至这一天吃了樊哙煮的狗肉，觉得味道特别鲜美，赞不绝口。从此，在民间形成了冬至吃狗肉的习俗。现在的人们纷纷在冬至这一天，吃狗肉、羊肉以及各种滋补食品，以求来年有一

◆ 汤圆

个好兆头。

冬至吃饺子是中国北方人的习俗，每年农历冬至这天，不论贫富，饺子是必不可少的节日饭。这一天，中国南方还有吃汤圆的习俗。

◆ 冬至吃饺子

延伸阅读

冬至为何吃饺子

冬至吃饺子的习俗是因纪念"医圣"张仲景冬至舍药留下的。张仲景是南阳西鄂人，他著有《伤寒杂病论》，集医家之大成，祛寒娇耳汤被历代医者奉为经典。东汉时张仲景曾任长沙太守，访病施药，大堂行医。后毅然辞官回乡，为乡邻治病。其返乡之时，正是冬季。他看到白河两岸乡亲面黄肌瘦，饥寒交迫，不少人的耳朵都冻烂了。便让其弟子在南阳东关搭起医棚，支起大锅，在冬至那天医治冻疮。他把羊肉和一些驱寒药材放在锅里熬煮，然后将羊肉、药物捞出来切碎，用面包成耳朵样的"娇耳"，煮熟后，分给来求药的人每人两只"娇耳"，一大碗肉汤。人们吃了"娇耳"，喝了"祛寒汤"，浑身暖和，两耳发热，冻伤的耳朵都治好了。后人学着"娇耳"的样子，包成食物，也叫"饺子"或"扁食"。冬至吃饺子，是不忘"医圣"张仲景"祛寒娇耳汤"之恩。

喝了腊八粥，年年大丰收

每年农历的十二月俗称"腊月"，十二月初八古时称"腊日"，现在习惯上称作"腊八"。腊八节在我国有着很悠久的传统和历史，在这一天做腊八粥、喝腊八粥是全国各地老百姓的传统习俗。

腊八节由来已久，从先秦起，腊八节都用来祭祀祖先和神灵，祈求丰收和吉祥。腊八节除祭祖敬神的活动外，人们还要逐疫，这项活动来源于古代的傩（古代驱鬼避疫的仪式），史前时代的医疗方法之一即驱鬼治疾。据说，佛教创始人释迦牟尼的成道之日也在十二月初八，因此腊八也是佛教徒的节日，又称"佛成道节"。

腊八节习俗

农历十二月初八，中国大多数地区都有吃腊八粥的习俗。我国喝腊八粥的历史，最早开始于宋代。每逢腊八这一天，不论是朝廷、官府、寺院还是黎民百姓家都要做腊八粥。到了清朝，喝腊八粥的风俗更是盛行，在宫廷，皇帝、皇后、皇子等都要向文武大臣、侍从宫女赐腊八粥，并向各个寺院发放米、果等供僧侣食用。在民间，家家户户也要做腊八粥，祭祀祖先；同时合家团聚在一起食用，馈赠亲朋好友。

中国各地腊八粥的花样，争奇竞巧，品种繁多。一般是用八种当年收获的新鲜粮食和瓜果煮成，大都为甜味粥。而中原地区的许多农家却喜欢吃腊八咸粥，粥内除大米、小米、绿豆、豇豆、小豆、花生、大枣等原料外，还要加肉丝、萝卜、白菜、粉条、海带、豆腐等。腊八粥中以北京的最为讲究，搀在白米中的物品较多，如红枣、莲子、核桃、栗子、杏仁、松仁、桂圆、榛子、葡

◆ 做腊八粥的食材

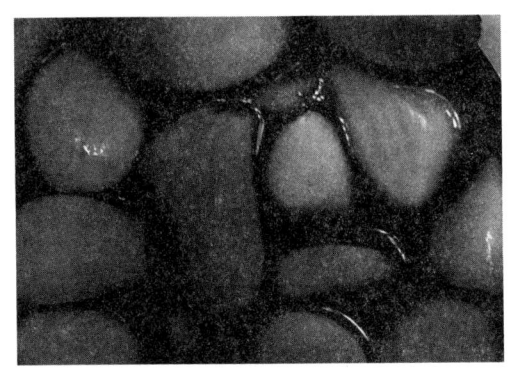

◆ 腊八蒜

萄、白果、菱角、青丝、玫瑰、红豆、花生……总计不下二十种。人们在腊月初七的晚上，就开始忙碌起来，洗米、泡果、剥皮、去核、精拣，然后在半夜时分开始煮，再用微火炖，一直炖到第二天的清晨，腊八粥才算熬好了。

更为讲究的人家，还要先将果子雕刻成人形、动物等花样，再放在锅中煮。比较有特色的就是在腊八粥中放上"果狮"。果狮是用几种果子做成的狮形物，用剔去枣核烤干的脆枣作为狮身，半个核桃仁作为狮头，桃仁作为狮脚，甜杏仁用来作狮子尾巴。然后用糖粘在一起，放在粥碗里，活像一头小狮子。如果碗较大，可以摆上双狮或是四头小狮子。更讲究的，就是用枣泥、豆沙、山药、山楂糕等各种颜色的食物，捏成八仙人、老寿星、罗汉像。

赤豆打鬼传说

古代人们普遍相信迷信，害怕鬼神，认为大人小孩中风得病、身体不好都是由于疫鬼作祟。这些恶鬼天不怕地不怕，单怕赤(红)豆，故有"赤豆打鬼"的说法。所以，在腊月初八这一天以红小豆、赤小豆熬粥，以祛疫迎祥。

腊八蒜的由来

腊八蒜的"蒜"字，和"算"字同音，于是各家商号要在这天拢账，把这一年的收支算出来，可以看出盈亏，其中包括外欠和外债，都要在这天算清楚，"腊八算"就是这么回事。腊八这天要债的债主，要到欠他钱的人家送信儿，该准备还钱了。北京城有句民谚："腊八粥、腊八蒜，放账的送信儿，欠债的还钱。"后来有欠人家钱的，用"蒜"代替"算"字，以示忌讳，回避这个算账的"算"字，其实欠人家的，终究是要还的。老北京临年关，街巷胡同有卖辣菜的，可没有卖腊八蒜的。因为人们为了避免"蒜"的谐音，所以腊八蒜都是一家一户自己动手泡制的。

延伸阅读

道光皇帝《腊八粥》诗

清代，朝廷于腊八这天，有赐粥的风俗。清道光皇帝曾作诗《腊八粥》："一阳初夏中大吕，谷粟为粥和豆煮。应时献佛矢心虔，默祝金光济众普。盈几馨香细细浮，堆盘果蔬纷纷聚。共尝佳品达沙门，沙门色相传莲炬。童稚饱腹庆州平，还向街头击腊鼓。"可以想见，施散腊八粥和皇家食用腊八粥时必然是万头攒动，人涌如潮。

第三讲 古代节日篇

腊月二十三，欢喜过小年

> 农历腊月二十三日，民间称为"小年"，是中国汉族传统节日，也被称为"谢灶""祭灶节""灶王节""祭灶"，这一天晚上家家户户均行"祭灶神"的仪式。

腊月二十三过小年，是开始为过大年（腊月三十）而紧张准备的日子。民间从这一天起，似乎每天都有具体的活动，一直到除夕止。在古代，过小年有"官三民四船五"的传统，官家的小年是腊月二十三，百姓家的是腊月二十四，而水上人家则是腊月二十五。

小年祭灶

祭灶是在中国民间影响很大、流传极广的习俗。旧时，差不多家家灶间都设有"灶王爷"神位，人们称这尊神为"司命菩萨"或"灶君司命"。灶王龛大都设在灶房的北面或东面，中间供上灶王爷的神像。没有灶王龛的人家，也有将神像直接贴在墙上的。有的神像只画灶王爷一人，有的则有男、女两人，女神被称为"灶王奶奶"。灶王爷像上大都还印有这一年的日历，上书"东厨司命主""人间监察神""一家之主"等文字，以表明灶神的地位。两旁贴上"上天言好事，下界保平安"的对联，以保佑全家老小的平安。

小年这天是民间祭灶的日子，民间传

◆ 灶神、灶婆

说每年腊月二十三，灶王爷都要上天向玉皇大帝禀报这家人的善恶，让玉皇大帝赏罚。因此，人们在黄昏入夜之时举行送灶。一家人先到灶房，摆上桌子，向设在灶壁神龛中的灶王爷敬香，并供上用饴糖和面做成的糖瓜等。用饴糖供奉灶王爷，是让他老人家甜甜嘴。有的地方，还将糖涂在灶王爷嘴的四周，边涂边说："好话多说，不好话别说。"这是用糖塞住灶王爷的嘴，让他别说

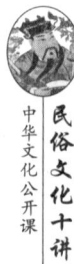

◆ 福娃欢喜迎新年

坏话。民间有"男不拜月，女不祭灶"的习俗，因此祭灶王爷，只限于男子。大年三十的晚上，灶王还要与诸神来人间过年，那天还得有"接灶""接神"的仪式，等到家家户户烧轿马，洒酒三杯，送走灶神以后，便轮到祭拜祖宗。

小年扫尘

扫尘又称"扫年"，在春节前扫尘，是我国人民素有的传统习惯。据《拾遗记》记载，此俗可追溯到三千多年前，当时它是先民驱疫鬼、祈安康的宗教仪式。因"尘"与"陈"谐音，故扫尘也就是把陈旧的东西一扫而光，这既指庭院内的陈年积垢，也指旧岁中遇到的不快。北方人以腊月二十三为小年，称"扫房"；南方人以腊月二十四为小年，称"掸尘"。这一天家家户户黎明即起，扫房擦窗，清洗衣物，刷洗锅瓢，实施干净彻底的卫生大扫除。大江南北，到处洋溢着欢欢喜喜搞卫生、干干净净迎新春的气氛。

小年吃灶糖

"二十三，糖瓜粘，灶君老爷要上天。"旧时，每当腊月二十日过后，孩子们就唱起了上面的歌谣，并且盼望着大人们快些买回糖瓜来。

糖瓜是一种用黄米和麦芽熬制成的黏性很大的糖，把它抽为长条形的糖棍称为"关东糖"，拉制成扁圆形就叫做"糖瓜"。冬天把它放在屋外，因为天气严寒，糖瓜凝固得坚实而里边又有些微小的气泡，吃起来脆甜香酥，别有风味。糖瓜分有芝麻的和没芝麻的两种，用糖做成甜瓜形或北瓜形，中心是空的，皮不厚，很受孩子们的喜爱。

延伸阅读

扫尘的由来

古人认为人的身上都附有一个三尸神，喜欢阿谀奉承、爱搬弄是非。一次，三尸神向玉皇大帝密报，人间在诅咒天帝，想谋反天庭。玉皇大帝大怒，降旨迅速查明人间犯乱之事，凡怨怼诸神、亵渎神灵的人家，将其罪行书于屋檐下，再让蜘蛛张网遮掩以作记号。玉皇大帝又命王灵官于除夕之夜下界，凡遇作有记号的人家，满门斩杀，一个不留。三尸神也乘隙飞下凡界，恶狠狠地在每户人家的屋檐墙角做上记号，好让王灵官来个斩尽杀绝。三尸神的行为被灶君发觉了，他想出了一个好办法，告诉人们，从腊月二十三日送灶之日起，到除夕接灶前，每户人家都必须把房屋打扫得干干净净，哪户不清洁，灶王爷就拒不进宅。大家遵照灶王爷升天前的嘱咐，清扫尘土，掸去蛛网，擦净门窗，把自家的宅院打扫得焕然一新。王灵官除夕奉旨下界查看时，找不到表明劣迹的记号，便赶回天上将人间祥和安乐、祈求新年如意的情况禀告玉皇大帝。玉皇大帝听后大为震动，降旨拘押三尸神，下令掌嘴三百，永拘天牢。为了感激灶王爷为人们除难消灾、赐福张祥，所以民间扫尘总在送灶后开始，直忙到大年夜。

爆竹声声辞旧岁

除夕是中国传统节日中最重大的节日之一，因常在腊月三十或二十九，故又称该日为"年三十"。一年的最后一天叫"岁除"，那天晚上叫"除夕"，是农历全年最后一个晚上。故此期间的活动以除旧迎新、消灾祈福为中心。

对于华夏儿女来说，每到除夕是最热闹的时候，人们在这个时候要除旧迎新，因为这一天是农历年的最后一个晚上。每年的这个时候更是孩童们最为欣喜的时刻，不管如何淘气，大人们此时都不能打骂。

◆ 总把新桃换旧符

除夕的来历

传说，华夏先民曾遭受一种最凶猛的野兽的威胁，这种猛兽叫"年"，它以捕百兽为食。到了冬天，山中食物匮乏时，它就会闯入村庄，猎取人和牲畜，百姓惶惶不可终日。人和"年"斗争了很多年，人们发现"年"害怕三样东西：红颜色、火光、响声。于是人们就在自家门上挂上红颜色的桃木板，门口烧火堆，夜里通宵不睡，敲敲打打。有天夜里，"年"闯进村庄，见到家家有红色和火光，又听见震天的响声，吓得跑回深山，再也不敢出来。一夜过去了，第二天早上人们互相祝贺道喜，大家张灯结彩，饮酒摆宴，庆祝胜利。为了纪念这一天，除夕便成为了中华民族的传统节日。

贴门神

早些时候人们刻桃木为人形，挂在门的旁边，后来画成门神人像张贴在门上。传说中的神荼、郁垒兄弟二人专门管鬼，有他们守住门户，大小恶鬼不敢入门为害。唐代以后，又有画猛将秦琼、尉迟敬德二人像为门神的，还有画关羽、张飞像为门神的。门神像左右门各一张，后代常把一对门神画成一文一武。

贴春联

春联来源于春贴。古人在立春之日多贴"宜春"二字，慢慢发展为春联。春联真正普及始于明代，与朱元璋的提倡有很大关联。据清人陈尚古的《簪云楼杂说》中记载，有一年朱元璋准备过年的时候，下令每家门上都要贴一副春联，以示庆贺。原来春联题写在桃木板上，后来改写在纸上。桃木的颜色是红色的，红色有吉祥、避邪的意思，因此春联大都用红纸书写。

接神

除夕中的接神被看作新旧年的分野，但接神时间各地并不统一。有的子时一到就开始举行仪式；有的到"子正"之时，即午夜零点开始接神；有的则在"子正"之后接神。祭灶后，诸神都回天宫，不理人间俗事，到除夕子时后，即新一年来临时，又来到人间理事。接神的仪式在天地桌前举行，由全家中的最长者主持。因为诸神居住的天界方位不同，下界时来的方向自然也不同，至于接何神，神从何方来，要预先查好"宪书"，然后带领全家举香在院中按方位接神。按方位叩首礼毕后，肃立待香尽，再叩首，最后将香根、神像、元宝锭等取下，放入早已在院中备好的钱粮盆内焚烧。焚烧的同时燃松枝、芝麻秸等。接神时鞭炮齐鸣，气氛极为热闹。

放爆竹

当午夜交子正时，新年钟声敲响，中华大地上空，爆竹声震响天宇。在这"岁之

◆ 爆竹

元、月之元、时之元"的"三元"时刻，有的地方还在庭院里垒"旺火"，以示旺气通天，兴隆繁盛。在熊熊燃烧的旺火周围，孩子们放爆竹，欢乐地活蹦乱跳。此时，屋内灯光明亮，庭前是灿烂的火花，屋外是震天的响声，把除夕的热闹气氛推向最高潮。

延伸阅读

庙会的由来

东汉时期佛教开始传入中国，同时这一时期的道教也逐渐形成。二者互相展开了激烈的生存竞争，在南北朝时都各自站稳了脚跟。在唐宋时又都达到了自己的全盛时期，出现了名目繁多的宗教活动。如圣诞庆典、坛醮斋戒、水陆道场等。而今各地的庙会与中国的传统节日相结合而更加繁盛。在春节期间北京的庙会更是络绎不绝，雍和宫、颐和园、地坛等地纷纷举行盛大的迎春庙会。在庙会上人们能够一览老北京的绝活与饮食，同时还能祈愿幸福平安。

第三讲　古代节日篇

傣族新年泼水节

> 泼水节是傣族最隆重的节日，也是云南少数民族节日中影响面最大、参加人数最多的节日。泼水节是傣历新年，时间在阳历4月中旬，节日一般持续三至十天。人们互相泼水，互祝吉祥、幸福、健康。

傣族泼水节又名"浴佛节"，傣语称为"比迈"（意为新年）。泼水节源于印度，是古婆罗门教的一种仪式，后为佛教所吸收，约在12世纪末至13世纪初经缅甸随佛教传入中国云南傣族地区。随着佛教在傣族地区影响的加深，泼水节成为一种民族习俗流传下来，至今已数百年。在泼水节流传的过程中，傣族人民逐渐将之与自己的民族神话传说结合起来，赋予了泼水节更为神奇的意蕴和民族色彩。

◆ 傣族泼水节

日子之王的传说

很久以前，天神英达提拉把一年分为旱、雨、冷三季，规定了农时。他派捧玛点达拉乍来掌管节令，适时降温、降雨、降热。但捧玛点达拉乍随心所欲、晴雨无度、季节颠倒、冷热不分，给人民带来无穷灾难。青年帕雅宛想弄清灾难的根源，用四块木板做翅膀，飞到天神英达提拉那里，诉说人间灾难。然后去朝拜最高一层天上的宝塔，撞倒天门，死在天庭门口。

帕雅宛死后，天神英达提拉装扮成小伙子，去接近捧玛点达拉乍身边七个美丽的姑娘。七个姑娘千方百计打听到捧玛点达拉乍的生死"秘诀"：他不怕火烧、水淹、箭射，只有用他头发作弦的"弓赛宰"才能杀死他。一天，姑娘把捧玛点达拉乍灌醉，悄悄拔下他一根头发作成"弓赛宰"，然后对准他的头，捧玛点达拉乍的头马上落地。可是，他的头冒出火焰，烧毁了村寨、森林，烧焦了土地。为了扑灭邪火，姑娘们把捧玛点达拉乍的头捡回来，每年轮流由一个姑娘抱在怀里。每当轮换时，姑娘们便打

◆ 傣族放高升

来清水泼洒，除去腐烂的污秽。英达提拉又让树鲁巴重新制定风雨冷热法，由帕雅宛的在天之灵带回人间，在傣历六月公布于世。因此，帕雅宛被称为"日子之王"。从此人间冷热分明，风调雨顺，安居乐业。于是傣族人民把六月作为划分旧年和新年的界限，举行隆重的泼水节。

泼水节的活动

泼水节来临时，傣家人便忙着杀猪、杀鸡、酿酒，还要做许多"毫诺索"（年糕）以及用糯米做成的多种粑粑，在节日里食用。泼水节第一天，划龙舟、放高升、举行文艺表演；第二天泼水；第三天，男女青年在一块进行丢包和物资交流。

划龙舟比赛时，一组组披红挂绿的龙舟在锣声中和呼喊声中，劈波斩浪，奋勇向前，为节日增添许多紧张和欢乐的气氛。放高升和孔明灯也是傣族地区特有的活动，人们在节前就搭好高射架，届时将自制的土火箭点燃，让它尖啸着飞上蓝天。高升飞得越高越远的寨子，人们越觉得光彩、吉祥。入夜，人们又在广场空地上将灯烛点燃，放到自制的大"气球"内，利用热空气的浮力，把一盏盏"孔明灯"放飞上天，以此来纪念古代的圣贤孔明（诸葛亮）。此外，放河船、跳象脚鼓舞和孔雀舞、斗鸡等，也是泼水节期间的活动内容。

最热闹有趣的是泼水。刚开始时，傣家姑娘一边说着祝福的话语，一边用竹叶、树枝蘸着盆里的水向对方洒过去。人们用铜钵、脸盆，甚至水桶盛水，在大街小巷，嬉戏追逐，尽情地泼，到处充满欢声笑语。一段水的洗礼过后，人们便围成圆圈，在锣鼓的伴奏下翩翩起舞。

泼水节期间，傣族青年喜欢到林间空地做丢包游戏。花包用漂亮的花布做成，内装棉纸、棉籽等，四角和中心缀以五条花穗，是爱情的信物，青年男女通过丢包、接包，互相结识。等姑娘有意识地让小伙子接不着而输了以后，小伙子便将准备好的礼物送给姑娘，双双离开众人到僻静处谈情说爱去了。

延伸阅读

德昂族的泼水节

泼水节并不是傣家所独有的节日，德昂族也有这一节日，多在公历4月中旬左右。临近节日，人们忙着制新衣，做米粑，制好水龙、水桶等泼水工具。老年信徒们齐集佛寺，搭建泼水节时为释迦牟尼雕像洗尘的小屋、架好水龙。水龙由一根粗木头雕凿而成，长约四五米，彩绘一新，上有槽口。泼水时，姑娘提桶端盆，把吉祥之水倒入槽中，流向小屋的佛像，为佛洗尘。然后，由德高望重的长者手持鲜花，蘸水轻轻地洒向周围的人群，向大家祝福。

东方狂欢夜火把节

> 火把节是彝、白、纳西、基诺、拉祜等民族的古老而重要的传统节日,有着深厚的民俗文化内涵,蜚声海内外,享有"中国民族风情第一节""东方狂欢夜"的美誉。

远古先民对火焰及其破坏力感到神秘敬畏。后来,人们不但能用火驱兽除害,照明煮饭,而且用火改造生产工具,实行刀耕火种,发展了原始生产力。因而,中华民族都崇拜火,彝族尤视火为攻无不克、战无不胜的神物,视锅庄火塘为火神之所在,严禁人畜践踏或跨越,并在火把节杀牲备酒,"以火为祭"。因此,火把节又被称为"祭火节"。

斗恶魔烧天虫

相传在远古的时候,有一个名叫十大力的恶魔在人间破坏人们的幸福生活。人们上前质问,但是十大力蛮横地要人与他摔跤,还示威地把一头头壮牛翻倒。他的挑衅惹怒了一位叫包聪的彝族英雄。他走出人群,与十大力扭扯着摔了三天三夜仍旧没有分出胜负。于是人们弹着三弦,吹着短笛,拍手跺脚为包聪助威,终于击败了十大力。恶魔发怒,放出蝗虫等各种害虫来糟蹋人们辛辛苦苦种出的庄稼。于是,人们又集合起来,点燃一支支火把去烧害虫,终于烧死了所有的害虫,这一天正好是农历六月二十四日。后来人们为了纪念这一胜利,每到这一天,都要杀牛宰羊,举行各种活动来庆祝。

火把救纳西

有一天,天神子劳阿普在云河边游玩,忽然听到民间有丝竹歌舞之声。人间生活的美好幸福令他十分恼怒,于是便差一名天将到人间,要把大地烧成火海。这位天将变作一个老人到了人间,遇到一个背着大男孩、牵着小男孩的纳西男人。他不解地询问,才知道大男孩是别人家的孤儿,小男孩

◆ 彝族火把节

才是这个男人的孩子。于是深受感动,心起怜意,不忍将大地毁灭。他就叫人们家家准备火把,到六月二十五日一齐点燃。这天,

子劳阿普到云河边查看，果然见满山遍野都是火光，以为大地真的被烧毁了，方才罢休。纳西人因此躲过了一劫，免受焚族之灾。从此，就有了每年农历六月二十五日的火把节。

火把节的活动

火把节是多个少数民族的节日，不同的民族举行火把节的时间也不同。彝族、基诺族在农历六月二十四举行，纳西族、白族在六月二十五举行，拉祜族在六月二十举行。

农历六月二十四日，彝族腹心地的凉山到处都沉浸在节日的气氛中。火把节庆祝共三天：第一天祭火，人人穿着自己心爱的礼服，高高兴兴。村村寨寨都会宰牛杀羊，摆好宴席。夜幕降临时，邻近村寨的人们会在老人们选定的地点搭建祭台，以传统方式击石取火点燃圣火，由毕摩（彝族民间祭司）诵经祭火。然后，家家户户、大人小孩都会从毕摩手里接过用蒿草扎成的火把，游走于田边地角。火把节第二天传火，家家户户都聚集在祭台圣火下，举行各式各样的传统节日活动。小伙们要效仿传说中的阿体拉巴，赛马、摔跤、唱歌、斗牛、斗羊、斗鸡。姑娘们则效仿传说中的阿诗玛，身着美丽的衣裳，撑起黄油伞，唱起"朵洛荷"跳起达体舞。在这一天，最重要的活动莫过于彝家的选美了。年长的老人们要按照传说中阿体拉巴勤劳勇敢、英武神俊和阿诗玛善良聪慧、美丽大方的标准，从小伙、姑娘中选出一年一度的美男和美女。夜幕降临，一对对有情男女，在山间，在溪畔，在黄色的油伞下，拨动月琴，弹响口弦，互诉相思。火

◆ 彝族火把节选美

把节第三天送火，这一天夜幕降临时，人人都会手持火把，竞相奔走。人们将手中的火把聚在一起，形成一堆堆巨大的篝火，欢乐的人们会聚在篝火四周尽情地歌唱、舞蹈，场面极其壮观。

延伸阅读

萨满族的火神

在我国北方信奉萨满教的民族中，火神是一位古老的女性，被称为"火神母""火婆""火姑娘""火灵"等。如鄂伦春族传说：一位妇女晨起烤火，因捣动火，触犯了火神。无论她家搬到哪儿，怎么也生不起火。后来她向火神婆婆请罪，得到了宽恕，回家再点火时，火就着起来了。在这个传说中所体现的火神神圣不可侵犯的原则，不仅贯穿于北方一些民族狩猎、放牧的生产习俗中，也落实到日常生活的各个方面，如通常情况下绝对禁止用脚踩火、骑火、跨火，不允许说火的坏话或直接辱骂火。

第三讲　古代节日篇

蒙古族那达慕盛会

> 那达慕大会是中国蒙古族人民一年一度的传统节日，至今已有上千年历史，也是蒙古族人民的一种传统体育活动形式，活动场面颇为壮观、红火，内容丰富多彩，极富民族特色。

每年农历六月初四，中国蒙古族便迎来了草原上一年一度的传统盛会——那达慕。那达慕是蒙古语的译音，意为"娱乐、游戏"，表示丰收的喜悦之情。蓝天白云的映衬下，鲜艳的民族服装，草原骑手的英姿，美丽勤劳勇敢的蒙古族人们，构成一道亮丽耀眼的风景线。

那达慕的起源

那达慕的前身是蒙古族的祭敖包，是蒙古民族在长期的游牧生活中，创造和流传下来的具有独特民族色彩的竞技项目和游艺、体育项目。元朝时，那达慕已经在蒙古草原地区广泛开展起来，并逐渐成为军事体育项目。元朝统治者规定，蒙古族男子必须具备摔跤、骑马、射箭这三项基本技能。到了清代，那达慕逐步变成了由官方定期召集的有组织、有目的的游艺活动，以苏木（相当于乡）、旗、盟为单位，半年、一年或三年举行一次。此俗沿袭至今，每年蒙古族人民都举行那达慕大会。

过去那达慕大会期间要进行大规模祭祀活动，喇嘛们要焚香点灯，念经颂佛，祈求神灵保佑，消灾消难。现在那达慕大会的内容主要有摔跤、赛马、射箭、投掷、套马、下蒙古棋等民族传统项目。其中，摔跤、赛马和射箭的竞技赛，被称为"男儿三艺"。

摔跤

摔跤是蒙古族特别喜爱的一种体育活动，也是那达慕大会上必不可少的比赛项目。蒙古族的摔跤有其独特的服装、规则和方法，因此也叫蒙古式摔跤。摔跤手要身着摔跤服"昭德格"。坎肩多用香牛皮或鹿皮、驼皮制作，皮坎肩上有镶包，亦称"泡钉"，以铜或银制作，便于对方抓紧。其足

◆ 那达慕盛会

把是否善于驯马、赛马、射箭、摔跤作为鉴别一个优秀牧民的标准。

赛马项目包括：快马赛，主要比马的速度，一般为直线赛跑，赛程一般为20、30、40公里，先达终点为胜；走马赛，主要是比赛马步伐的稳健与轻快；颠马赛，是蒙古族特有的马上竞技表演项目。

射箭

射箭是那达慕大会最早的活动内容之一。蒙古族射箭比赛分静射、骑射、远射三种，有25步、50步、100步之分。静射时，射手立地，待裁判发令后，放箭射向箭靶，优者为胜；骑射时，射手骑在马上，在马跑动中发箭，优者为胜。比赛不分男女老少，凡参加者都自备马匹和弓箭，弓箭的样式、弓的拉力以及箭的长度和重量均不限。比赛的规则是三轮九箭，即每人每轮只许射三支箭，以中靶箭数的多少定前三名。

◆ 那达慕摔跤

蹬马靴，腰缠一宽皮带或绸腰带，著名的摔跤手的脖子上缀有各色彩条"江嘎"，这是摔跤手在比赛时获奖的标志。

蒙古族的摔跤有其特点：按蒙古族传统习俗，摔跤运动员不受地区、体重的限制，采用淘汰制，一跤定胜负。参加比赛的摔跤手必须是2的某次乘方数，如8、16、32、64、128、256、512、1024等。比赛前先推一位族中的长者对参赛运动员进行编排和配对，待唱过3遍蒙古长调歌曲之后，摔跤手弓起双臂、跳着鹰舞入场，向主席台行礼，顺时针旋转一圈，然后由裁判员发令，比赛双方握手致意后比赛开始。

赛马

蒙古高原盛产著名的蒙古马，能跑善战，耐力极强。自古以来，蒙古人对马就有特殊的感情，蒙古人从小就在马背上长大，都以自己有一匹善跑的快马感到自豪！驯练烈马，精骑善射是蒙古族牧民的绝技，通常

延伸阅读

锡林郭勒大草原

在美丽辽阔的锡林郭勒大草原，号称为"马背民族"的蒙古民族，一向以"精骑善射"而闻名于世，每年的那达慕以锡林郭勒盟那达慕最具代表性。锡林郭勒系蒙古语，意为"辽阔草原上的河流"，位于北京的正北方、内蒙古自治区中部，北与蒙古国接壤。锡林郭勒草原地处内蒙古高原的中东部，草原类型多样，为中国最具代表性和典型性的温带草原，也是中国国家级草原自然保护区，其中的白音锡勒草原是我国唯一被纳入国际生物圈的自然保护区。锡林郭勒大草原，草甸草原、典型草原、半荒漠草原、沙地草原均具备，地上植物达1200多种，以草原旅游资源丰富、草原类型完整而著称于世。

第四讲
传统游戏篇

老鹰捉小鸡与捉迷藏

老鹰捉小鸡与捉迷藏是一种集体活动，需要一定数量的人来参加，在这种娱乐游戏中能够增加朋友之间的默契。发展至今，这些民间儿童游戏已不多见了。

老鹰捉小鸡与捉迷藏是中国人小的时候常玩的一种游戏。当你看到了这些经典童年小游戏，你是否想起那无忧无虑的童年时代？那里留着我们的欢笑，留着我们的身影。

老鹰捉小鸡

老鹰捉小鸡，俗称"黄鹞吃鸡"，又叫"黄鼠狼吃鸡"，满族又叫"老鹞叼小鸡"，粤语称"麻鹰捉鸡仔"。这种游戏对发展孩子的灵敏性和协调能力，培养孩子的合作意识有一定的促进作用。

老鹰捉小鸡是一种多人游戏。游戏开始前先分角色，一人当母鸡，一人当老鹰，其余的人当小鸡。"小鸡"依次在"母鸡"后牵着衣襟排成一队，"老鹰"站在母鸡对面，做捉"小鸡"姿势。老鹰不抓"母鸡"，只能突破"母鸡"的防线抓后面的"小鸡"。游戏开始时，"老鹰"叫着做赶"鸡"动作，"母鸡"身后的"小鸡"做惊恐状，"母鸡"极力保护身后的"小鸡"。"老鹰"再叫着转着圈去捉"小鸡"，"小鸡"则在"母鸡"身后左躲右闪。若"老鹰"用手拍着"小鸡"的身子便算捉到了，"小鸡"便要从队里退下来。一直到所有的小鸡都被老鹰抓住，游戏结束。也有这样玩的，"老鹰"抓住了"小鸡"，被抓的"小鸡"充任"老鹰"，原充任"老鹰"的改扮小鸡，游戏再次开始。

类似的游戏

满族儿童喜爱的老鹞叼小鸡，参加游戏的儿童，一人扮作老鹞子，一人扮作老抱子(母鸡)，其余的排成一队，扯着后衣襟躲在"老抱子"后面。"老鹞子"左右扑捉"老抱子"保护的"小鸡"，一边玩，一边互相问答。"老鹞子"每抓到一个"小鸡"，便让其背着走一段，然后"吃掉"。

◆ 老鹰捉小鸡

◆ 捉迷藏

依次抓扑，直至叼完为止。

新疆柯尔克孜族的"老鹰吃仙鹤"游戏和老鹰捉小鸡类似。"老鹰吃仙鹤"由一个扮老鹰，一人扮母仙鹤，余者扮小鹤。"老鹰"捉"仙鹤"时，小"仙鹤"围绕"母仙鹤"转，受其保护，此游戏气氛活跃紧张，生动有趣。

此外还有山东民间的马虎叼羊，青海土族的抓羊，广西民间的狼吃小羊，台湾民间的围虎陷和流行于山东成武一带的杀羊羔等。

捉迷藏

捉迷藏，也称"摸瞎子""躲猫猫""藏模糊""蒙老瞎""兵捉贼""水鬼上岸"，广东话又叫做"促伊人""伏匿匿"等，是中国传统的民间儿童游戏，流行于全国各地。捉迷藏游戏在带给孩子精神愉悦的同时，还可促进其认知、体能、情感、社会性等各方面的发展。

自唐代起，就有了关于捉迷藏的正式文字记载。元人伊世珍在《琅缳记》卷中引用《致虚阁杂俎》记载了唐明皇和杨贵妃玩此游戏的场景。唐代诗人元稹在《杂事》诗中描写了他与崔莺莺晚间捉迷藏的场景。五代时的花蕊夫人在《宫词》中记载了"内人深夜学迷藏，绕遍花丛水岸旁"。宋代司马光砸缸的故事，足以反映出捉迷藏在当时很盛行。

捉迷藏怎样玩？首先选定一个范围，大家经过猜拳或一定规则之后，选定一个人先蒙上眼睛或背着大家数数，可长可短，而其他人必须在这段时间找到一个地方躲藏，时间到后那个人去找其他人，最先被找到的人为下一轮找的人，没有被找到，且最后回到出发点没有被寻找者发现的人，将不参与第二局的猜拳，直接成为躲藏者。游戏可反复进行。

延伸阅读

丢手绢

丢手绢起源于1243年左右，由黎族人民所创，后来由黄道婆带到了上海，并很快传到中原地区。丢手绢是多人游戏，开始前推选出一个丢手绢的人，其余的人围成一个大圆圈坐下。游戏开始，大家一起唱歌，被推选为丢手绢的人沿着圈圈外行走。在歌谣唱完之前，丢手绢的人要不知不觉地将手绢丢在其中一人的身后，被丢了手绢的人要迅速发现自己身后的手绢，然后迅速起身追逐丢手绢的人，丢手绢的人沿着圈圈奔跑，跑到被丢手绢人的位置时蹲下，如被抓住则要表演一个节目。如果被丢手绢的人在歌谣唱完后仍未发现身后的手绢，而让丢手绢的人转了一圈后抓住的，就要做下一轮丢手绢的人。

第四讲 传统游戏篇

踢毽子、打陀螺与滚铁环

> 踢毽子、打陀螺、滚铁环是一种单人或多人游戏，单人可以休闲，多人竞技形式更能使人在游戏中感受到竞技的魅力。童年的时光虽然一去不复返了，但是那些岁月里的欢乐却深深地埋在每个人的记忆里。

踢毽子、打陀螺、滚铁环，这些游戏你是否都玩过？儿时的游戏在我们记忆深处却只剩恍恍惚惚的碎影，虽已远离我们，但当你从尘封的记忆中偶然捕捉到它们时，总能让你幸福好一阵子。

踢毽子

踢毽子，又叫"打鸡"。起源于汉代，盛行于南北朝和隋唐，至今已有两千多年的历史了，是中国民间体育活动之一，是一项简便易行的健身活动，深受青少年儿童的喜爱，尤其是少年女子。

清代踢毽的技艺已相当高。清初著名词人陈维崧曾赞美女子踢毽，说女子踢毽比踢足球还巧妙，比下棋还有趣味。

踢毽子对场地要求不高，只需一小块比较平坦的空地，五六平方米、三四平方米均可，越是技艺高的对场地要求越宽。在室内、室外均可进行。场地不受限制，只要平坦即可，主要根据参加人数和水平而定。例如湘、鄂、渝、黔四省市边境地盛产桐油和油茶，踢毽水平高的人，站在枯饼上进行比赛或表演。

古代的毽子，一般用羽毛和金属钱币做成。发展到现在，毽子的种类更加繁多，除延用古代的办法以外，一般来说有三种：其一，用金属片为底，以纸剪成各种花色缨的纸毽。其二，以各种色布条为缨，以大纽扣为底做的布毽。其三，以塑料做成的各色花毽。

最简便的毽子，只需用一小块布，包上一枚铜钱和一小截下端剪成十字形开口的鹅毛管子，用针线缝牢，成为底座；再在未剪开的鹅毛管子上端里，插上七八根鸡毛就做成了。

◆ 踢毽子

◆ 陀螺

打陀螺

抽陀螺俗称"抽贱骨头",是一种民间传统游戏。它历史悠久,山西夏县西阴村仰韶文化遗址(距今五六千年)中曾出土陶制小陀螺。陀螺有陶制、木制、竹制、石制多种,以木制居多。木制陀螺为圆锥形,上大下小,锥端常加铁钉或钢珠。玩时,以绳绕陀螺使其旋于地,再以绳抽打,使之旋转不停。

中国在宋朝时有一种类似陀螺的玩具,名字叫做"千千"。它是一个长约三公分的针形物体,放在象牙制的圆盘中,用手撑着旋转,比赛时谁转得最久就为赢家。明朝时陀螺已成为儿童的玩具。根据记载,当时陀螺是木制的,实心而无柄,用绳子绕好了,一抛一抽,陀螺便在地上无声地旋转。当它缓慢下来时,再用绳子抽它,给它加油,便可转个不停。

滚铁环

滚铁环,一种中国传统民间儿童游戏,流行于全国各地。玩法是用铁钩推动铁环向前滚动,以铁钩控制其方向,可直走、拐弯。滚铁环的动作有一定难度,需要一定技巧。技术好的孩子能把铁环从家一路滚到学校,绕过各种障碍,甚至可以过水塘上楼梯,别的孩子只有在一旁艳羡的份。在放学的路上,经常可以看到一群背着书包满头满脸脏兮兮的男孩子,手里拿着铁钩,推着铁环奔跑在马路上,哗啷哗啷的声音响成一片,场面颇为壮观。

◆ 滚铁环雕塑

延伸阅读

竹蜻蜓

在1700多年前的晋代,我国还出现了另一种有趣的玩具——竹蜻蜓。这种玩具18世纪传到欧洲后,被西方人称为"中国陀螺"。可见,真正的陀螺比这更早就传到了国外。为什么把竹蜻蜓叫做"中国陀螺"呢?原来正式提出"陀螺"这个术语的,是19世纪中叶的法国物理学家博科。在英语中,陀螺就是"回转体"的意思。陀螺是在地上转的回转体,竹蜻蜓是在空中转的回转体,所以竹蜻蜓也可以说是一种陀螺。

抖空竹与放风筝

抖空竹与放风筝是人们喜爱的传统游戏，需要一定的技巧，不适合儿童玩耍，但是在大人的协助下儿童也可以学习并体会其中的乐趣。

在阳春三月人们通常会走到户外，进行一些体育锻炼，而抖空竹成为人们平时锻炼的一个体育项目。此外，在和风的环境中人们也会拿上自己喜爱的风筝在空中一争高低。

抖空竹

抖空竹亦称"抖嗡""抖地铃""扯铃"，流行于全国各地，天津、北京及辽宁、吉林、黑龙江等地尤为盛行。

抖空竹在我国有着悠久的历史，早在三国时期，曹植就写过一首《空竹赋》；宋朝时期，宋江写过一首七言四句诗："一声低来一声高，嘹亮声音透碧霄，空有许多雄气力，无人提挈漫徒劳。"明代刘侗、于奕正在《帝京景物略》卷二中记述了空钟（空竹）的制作方法及玩法。清代坐观老人在《清代野记》中写到："京师儿童玩具，有所谓空钟者，即外省之地铃。两头以竹筒为之，中贯以柱，以绳拉之作声。唯京师（指北京）之空钟，其形圆而扁，加一轴，贯两车轮，其音较外省所制，清越而长。"清代，抖空竹已发展成为受人欢迎的杂技节目。杂技艺人们在原有花样的基础上，又创作出许多新的花样和高难技巧。表演时与优美的舞姿和动听的伴奏音乐融为一体，更提高了人们的审美情趣。在发展过程中，艺人们不仅表演抖传统的车轮式双头空竹，又设计出陀螺式的单头空竹，而且还可以把茶壶盖、小花瓶等器物作为抖弄的道具进行表演。

◆ 童子抖空竹墨盒盖

抖空竹原是庭院游戏，后经加

◆ 放风筝人物图 明 徐渭

工提高，有了竞技性质，并成为传统的杂技项目。玩的人双手各拿两根两尺长的小竹棍，顶端都系一根长约五尺的棉线绳，绕线轴一圈或两圈，一手提一手送，不断抖动，加速旋转时，铃便发出鸣声。抖动时姿势多变，绳索翻花，表演出串绕、抢高、对扔、过桥等动作，称作"鸡上架""仙人跳""满天飞""放捻转"等。

放风筝

风筝，亦称"风琴""纸鹞""鹞子""纸鸢"。风筝是一种比空气重的能够借助风力在空中漂浮的制品。

放风筝是中国民间广为盛行的一项传统体育运动，流行于中国各地，历史悠久，至今已有2000余年的历史，被称为"人类最早的飞行器"。原用于军事上，相传春秋时期，著名的建筑工匠鲁班曾制木鸢飞上天空。后来，以纸代木，称为"纸鸢"；汉代起，人们开始将其用于测量和传递消息；唐代时，风筝传入朝鲜、日本等周边国家；到五代时期，又在纸鸢上系以竹哨，风入竹哨，声如筝鸣，因此又称"风筝"。至宋代，放风筝逐渐成为一种民间娱乐游戏；元代时，风筝传入欧洲诸国。唐以前的风筝用丝绸制作，晚唐时改用纸制。品种繁多，结构有硬翅、软翅、伞形、桶形、长串等。人们还在风筝上加了很多附加物，如有音响的"鹤琴""锣鼓"，有灯光装置的"灯笼"，有散落携带物的"送饭儿的"等，独具特色。

延伸阅读

打尜

打尜游戏多为男孩玩耍。"尜"一般为10—15厘米长的木棍，两端削尖。玩时人数不限，一般分两组，就地画一方框为"城"。各组选一人站"城"内，轻捏尜一端，用一尺余长的木板将尜用力打出，尜落点远者那组先正式开打，另一组为接方。游戏时，把尜放至"城"口，然后一组人相继打尜，其打法：用木板敲击尜的一端，使尜蹦起，迅速挥动木板将尜用力击出。一人打空再换一人接着打，最后一人打空时，另一组人则急忙拣起尜往回扔。打尜方则一边快速向回跑，一边可伺机用木板阻击抛掷在空中的木尜。跑回"城"边，挥动手中木板，不让对方将尜扔进"城"内，若扔进"城"内，则两组交换。若扔不进"城"内，打方可继续向前打第二轮。直到接方再也无法将尜扔进"城"内，接方就认输。

第四讲 传统游戏篇

斗蟋蟀与斗鸡

> 斗蟋蟀、斗鸡是古时成人喜欢的娱乐活动，多为贵族的娱乐项目，现在一些地区仍然有所保留。

秋风起，蟋蟀鸣，正是斗蟋蟀的好时节。斗蟋蟀是中国历史悠久的民间游戏，它以独有的趣味吸引着古往今来无数的王公贵族、文人墨客及市井百姓。与斗蟋蟀类似的游戏，还有斗鸡。

斗蟋蟀

斗蟋蟀，历史悠久，源远流长，是具有浓厚东方色彩的中国文化生活，也是中国的艺术。它主要发源于中国的长江流域与黄河流域的中下游。

蟋蟀从原先的听其声，发展到观其斗，从一个微小的侧面，说明社会历史发展的进步。在赵宋时代，朝野内外大兴斗蟋蟀之风，并将"万金之资付于一啄"。

斗蟋蟀始于唐代，盛行于宋代。清代时，活动益发讲究，蟋蟀要求无"四病"（仰头、卷须、练牙、踢腿），外观颜色也有尊卑之分，"白不如黑、黑不如赤、赤不

◆ 斗蟋蟀

◆ 明皇斗鸡图（局部）南宋 李嵩

如黄"。蟋蟀相斗，要挑重量与大小差不多的，用蒸熟后特制的日蒴草或马尾鬃引斗，让它们互相较量，几经交锋，败的退却，胜的张翅长鸣。旧时城镇、集市，多有斗蟋蟀的赌场，今已被废除，但民间仍保留此娱乐活动。这项活动自兴起之后，前后经历了八九百年的漫长岁月，始终受到人们的广泛喜爱，长兴不衰。

斗鸡

斗鸡是以善打善斗而著称的珍禽相斗，又名"打鸡""咬鸡""军鸡"，两雄相遇或为争食，或为夺偶相互打斗时，可置生死于度外，战斗到最后一口气。斗鸡以体型魁梧、体质健壮结实、结构匀称紧凑、性强悍、善斗为基本特征。骨骼发达，骨质致密而粗硬。头、颈昂起，颈、胸、胫几乎成一直线。冠红色，冠、髯、耳垂不发达。眼大而锐，喙粗短、坚硬呈楔形，尖端微弯而甚锐，颈粗长灵活，腿强劲有力。爪粗大、坚硬锋利。全身羽毛稀薄、粗刚、短而紧贴体表，并富光泽，羽色多样，以黑羽居多，翼羽拍打有力。

斗鸡是我国古老的游戏，约有两千多年的历史。《史记》和《汉书》上多处记载有关"斗鸡走狗"之事。公元前770年，春秋战国时期的鲁季平子与邻昭伯因斗鸡之事，竟互相打起架来。

◆ 斗鸡

延伸阅读

山东蟋蟀的名产地

蟋蟀产地，以山东齐鲁大平原最为著名，而山东的宁津县是蟋蟀王国王冠上的宝石，宁津种的蟋蟀头大、项大、腿大、皮色好，同时宁津蟋蟀还有北方干旱区昆虫的体质、顽强的斗性、耐力、凶悍，有咬死不败的烈性。所以近些年来全国蟋蟀大赛中，宁津种的蟋蟀多获冠军。

雅俗共赏的酒令文化

> 酒在中国的历史中源远流长，产生了一系列的文化，其中就有酒令。喝酒行令，是中国特色的助兴方式，得体、适宜的酒令就像催化剂，能很好地活跃气氛。

酒令，古人称之为"酒戏"。实际上，酒令是饮酒时所进行的一种风流文雅、睿智隽永的娱乐活动，特别在宴席上更是一种佐酒助兴、活跃气氛的主要手段，是将文化入于酒，是酒中的社会文化、大众文化。这种游戏至今在人们的生活与娱乐中也能见到。

古代的酒令

酒令是酒席上的一种助兴游戏，一般是席间推举一人为令官，余者听令轮流说诗词、联语或其他类似游戏，违令者或负者罚饮，所以又称"行令饮酒"。

◆ 行酒令图　清　佚名

酒令游戏，最早诞生于西周，完备于隋唐。西周后期已有专门监督饮酒仪式的酒官，称为"酒监"。汉代有了"觞政"，就是在酒宴上执行觞令，对不饮尽杯中酒的人实行某种处罚。总的说来，酒令是用来罚酒的。但实行酒令最主要的目的是活跃饮酒时的气氛。何况酒席上有时坐的都是客人，互不认识是很常见的，行令就像催化剂，顿使酒席上的气氛活跃起来。

在远古时代就有了射礼，为宴饮而设的称为"燕射"。即通过射箭，决定胜负，负者饮酒。古人还有一种被称为投壶的饮酒习俗，源于西周时期的射礼。酒宴上设一壶，宾客依次将箭向壶内投去，以投入壶内多者为胜，负者受罚饮酒。

唐代是一个喝酒成风、酒令盛行的时代。在唐代诗文中酒令频繁出现，士大夫常常赋诗撰文予以赞颂。白居易诗曰："花时同醉破春愁，醉折花枝当酒筹。" 唐代的酒令名目已经十分繁多，如有历日令、罨头令、瞻相令、巢云令、手势令、旗幡令、拆字令、不语令、急口令、四字令、言小字令、雅令、招手令、骰子令、鞍马令、抛打令等，这些酒令汇总了社会上流行的许多游戏方式，为酒令增添了很多娱乐色彩。

宋代不但沿袭了酒令习俗，而且还丰富发展了酒令文化。单记载介绍各种酒令的书就有《酒令丛钞》《酒杜刍言》《醉乡律令》《嘉宾心令》《小酒令》《安雅堂酒令》《西厢酒令》《饮中八仙令》等。以后的酒令中有很大一部分是猜测性的，或猜诗，或猜物，或猜拳，总之，都是以猜测某些东西的方式来决定胜负，然后进行赏赐或罚酒。

现代的酒令

中国古代有许多风雅的酒令，不仅有趣，而且很美。如今，现代人已经难有那份风雅。不过有酒在，就有酒令。虽然那份"雅"没有了，但"趣"还在。

猜拳。这个酒令早已风行大江南北，内容已经是尽人皆知。行令之时，吆五喝六，鼓噪喧天，岂止热闹，简直可以用疯狂来形容。

布包锤。这个酒令又叫"剪子布锤"，食指和中指张开代表剪刀，伸开手掌代表布，拳头代表锤子，剪子剪布，布包锤，锤打剪刀，三者形成一个循环。可以两个人对战，也可以三人一组进行。每次喝酒的数量，则由令官确定。如果是三人一组进行，输家喝酒。如果两个人同时赢了，那么输家就要喝两杯。

老虎杠子。这种酒令由老虎、鸡、虫子、杠子四种东西形成一个循环，老虎吃鸡，鸡吃虫子，虫子咬杠子，杠子打老虎。

行酒令的时候，通常是参与者手执一根筷子，一边敲击桌面，一边说出一种东西的名称，相邻的两种相遇的时候，就分出了输赢，输家喝酒。这种酒令可以二人、三人或四人同时进行，如果多人同时进行并且只有一个输家的话，输给几个人就要喝几杯。

猜单双。这种比较流行，是一人手握一样小东西，如瓜子、火柴棒，多少不论，让别人猜手中的东西是单数还是双数。一般由令官出数，别人来猜。也可以由令官指定一人坐"庄"，坐庄的人出数，别人猜。猜单双的时候，可以一人猜，也可以在座的人同时猜。猜中者不喝，庄家喝；猜不中的话，猜者喝。有时也可以轮流出数，视出数者输赢多少决定下一个出数的人。如果出数的人输得多，喝酒之后，继续出数；如果出数的人赢得多，就由第一个输的人接着出数。

延伸阅读

击鼓传花

击鼓传花是中国古代酒宴上的助兴游戏，属于酒令的一种，又称"击鼓催花"，在唐代时就已出现。唐代《羯鼓录》一书中提到李隆基善击鼓，一次他击鼓一曲后，起初未发芽的柳枝吐出了绿色来。这就是"击鼓催花"的典故，后用作酒令，改作"击鼓传花"，成为汉族民间游戏，流行于全国各地。

游戏是这样玩的：十几人或几十人围成圆圈坐下，其中一人拿花，一人背着大家或蒙眼击鼓，鼓响传花，鼓停花止。花在谁手中，谁就摸彩，如果花束正好在两人手中，则两人可通过猜拳或其他方式决定负者。

围棋与象棋

> 围棋和中国象棋都起源于中国,都是策略性的游戏,将科学、艺术和竞技三者融为一体,有着发展智力、培养意志品质和机动灵活的战略战术思想意识的特点。几千年来长盛不衰,并逐渐地发展成了一种国际性的体育竞技活动。

今天,中国的围棋等技术在世界上处于领先地位,游戏中不仅有高深的棋技,更有诸多的人生禅理蕴含其中。但是作为炎黄子孙我们又了解多少呢?

围棋

围棋起源于中国古代,是一种策略性二人棋类游戏,使用格状棋盘及黑、白二色棋子进行对弈。目前围棋流行于亚太地区,覆盖世界范围。

围棋,在我国古代称为"弈",在整个古代棋类中可以说是棋之鼻祖,相传已有4000多年的历史。相传,上古时期尧帝的儿子丹朱不务正业,游手好闲,经常招惹祸端。尧帝为了使丹朱归善,先稳其性,娱其心,教他学围棋。结果并不如愿,帝尧十分伤心,把丹朱迁送到南方,把帝位禅让给有德有智有才的虞舜。以后的陶器上便产生了围棋方格的图形,史书便有"尧造围棋,以教丹朱"的记载。

其实,春秋战国时期围棋已在社会上广泛流传了。东汉中晚期,围棋活动渐盛行。东汉的马融在《围棋赋》中就将围棋视为小战场,把下围棋当作用兵作战。三国时,曹操、孙策、陆逊等都是疆场和棋场这样大小两个战场上的佼佼者。

南北朝时期,文人学士弈风更盛,下围棋被称为"手谈"。上层统治者也雅好弈棋,他们以棋设官,建立"棋品"制度,对有一定水平的"棋士",授予与棋艺相当的"品格"(等级)。当时的棋艺分为九品,现在日本围棋分为"九段"即源于此。

唐宋时期,由于帝王们的喜爱等原因,围棋得到长足发展,对弈之风遍及全国。唐翰林院中专门陪同皇帝下棋的专业棋手,称为"棋待诏",因棋艺一流,故有"国手"之称。唐代时,日本遣唐使团将围

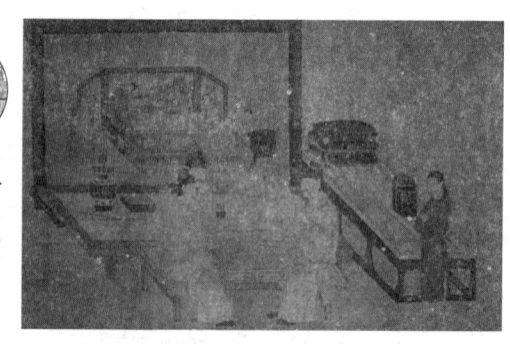

◆ 重屏会棋图　五代　周文矩

棋带回，围棋很快在日本流传。

明、清两代，围棋水平得到了迅速的提高，形成了三个著名的围棋流派：以鲍一中为冠，李冲、周源、徐希圣附之的永嘉派；以程汝亮为冠，汪曙、方子谦附之的新安派；以颜伦、李釜为冠的京师派。这时，围棋开始在市民阶层中发展起来。清康熙末到嘉庆初，弈学更盛，棋坛涌现出了一大批名家。

象棋

象棋，又称"中国象棋"。在中国有着悠久的历史，属于二人对抗性游戏的一种，由于用具简单，趣味性强，成为流行极为广泛的棋艺活动。

战国时期，已经有了关于象棋的正式记载。《楚辞·招魂》中有"蓖蔽象棋，有六簙些；分曹并进，遒相迫些；成枭而牟，呼五白些。"春秋战国时的兵制，以五人为伍，设伍长一人，共六人，当时作为军事训练的游戏，也是每方六人。可见，早期的象棋是象征当时战斗的一种游戏。

三国时期，象棋的形制不断变化，并已和印度有了传播关系。至南北朝时期的北周朝代，象棋形制发生了改革，北周武帝还制订了《象经》。隋唐时期，象棋活动稳步开展。宋代时象棋广泛流行、形制大变革的时代，先后有司马光的《七国象戏》、尹洙的《象戏格》、晁补之的《广象戏图》等著术问世，民间还流行"大象戏"。

到了北宋末，象棋定型成近代模式：32枚棋子，黑、红棋各有帅1个，车、马、炮、象、仕各2个，卒5个。南宋时期，象棋

◆ 戏赌缠头开钿局 清 任熊

已成为流行极为广泛的棋艺活动，李清照、刘克庄等文学家，文天祥等政治家，都嗜好下象棋。

元明清时期，象棋继续在民间流行，技术水平不断提高，出现了多部总结性的理论专著，其中最为重要的有《橘中秘》《适情雅趣》《梅花谱》《竹香斋象棋谱》等。杨慎、唐寅、袁枚等文人学者都爱好下棋，大批著名棋手的涌现，显示了象棋受到社会各阶层民众喜爱的状况。

延伸阅读

历史上的楚河汉界

楚河汉界，是河南省荥阳市黄河南岸广武山上的鸿沟。沟口宽约800米，深达200米，是古代的一处军事要地。西汉初年楚汉相争时，汉高祖刘邦和西楚霸王项羽仅在荥阳一带就爆发了"大战七十，小战四十"，因种种原因，项羽"乃与汉约，中分天下，割鸿沟以西为汉，以东为楚"，鸿沟便成了楚汉的边界。现在鸿沟两边还有当年两军对垒的城址，东边是霸王城，西边是汉王城。

第五讲
生肖文化篇

子鼠咬天

在剪纸、皮影、邮票、火花、雕塑等众多艺术门类中,老鼠成为了一种通人性的动物。在民间传说中,老鼠咬开了混沌的天地,它的功劳等同于盘古。人们喜爱生肖鼠,是因为老鼠的生命力强,表达了中华民族生生不息的生命循环观。

在中国民间有一首传唱很久的儿歌:"小老鼠,上灯台,偷油喝,下不来。"把老鼠说得天真可爱。据说老鼠闻到油壶里的香味,想吃,但进不去,经过反复几次,最后把长尾巴伸进壶嘴里蘸油,终于吃着油了。可见这种动物的聪明可爱之处。

在人们的心目中,鼠虽小但是活泼可爱、喜气洋洋、灵通乖巧,老鼠代表聪明及灵活,应变能力极强,就算遇到灾难或危

◆ 籽玉雕鼠摆件

机,都能很快转身及找到方法应付。因此,老鼠被列为十二生肖之首。

鼠咬天开

在中国民间有"鼠咬天开"的传说。传说在古时,天地一团混沌,其气不开,宇宙未成。这时候,出来一只鼠,在夜半子时出来活动,把混沌一团的天地咬了一个口,天地有了缝隙,其气也畅通了,宇宙遂成。子属鼠,天开于子,鼠有创世之功。这个"鼠咬天开"的传说见于清代广阳子的《广阳杂记》。

鼠咬天地的神话在我国的许多民族中都有流传。有的说,混沌一团的宇宙是一个葫芦或金鼓,也有的说,宇宙是一个密不透风的山洞或石洞,是鼠用牙齿把封闭着的葫芦、金鼓、山洞咬破了,人才从里面走出来,才有了今天的世界。

还有一些地方,流传着鼠尝试造人的传说,只不过没有成功,但是老鼠创世的传说却流传下来。

填仓节

农历正月二十五日是填仓节,又称"天仓节",这是汉族民间一个象征新年五谷丰登的节日。相传很久之前,北方曾大旱

◆ 玉鼠运财

三年,千里荒芜。统治者却不顾百姓死活,依旧横征暴敛,以致饿殍遍野。一位看守粮仓的官吏于心不忍,开仓救民,然后在正月二十五日放火烧仓,自己也在烈火中结束了生命。人们为了纪念这位为老百姓献身的无名氏仓官,就在正月二十五这一天,北方家家户户在院里或打谷场用筛过的炊灰,撒出一个个粮囤状的灰圈,内放五谷杂粮,并在其上覆盖瓦片,意即填满粮仓。

填仓节这天,粮商米贩都要祭"仓神"。仓神就是老鼠,号为"大耗星君"。民间这一天的夜晚是不许点灯的,因为填仓节是老鼠嫁女的日子,不能惊了鼠类的好事。老鼠嫁女一向是中国民间年画或剪纸的传统题材,鼠新郎、鼠新娘以及鼠傧相、宾客等一如人间的场面,虽然无不尖嘴细腿,却都穿红衫着绿裤,摇摇摆摆,结队成行,隆重而滑稽。

与鼠有关的民俗

一些与鼠有关的民俗颇为有趣,如在浙江南部古时流行"打老鼠眼"的风俗,即在元宵节时,人们煮黑豆,然后在室内撒黑豆,撒豆人站在梁下,手抛黑豆至梁上,口中念叨:"西梁上,东梁下,打得老鼠光铎铎(断种之意)。"俗信可除鼠患。

在我国戏剧舞台上,鼠戏也是五花八门,饶有风趣,如东晋时期,民间就有了"老鼠推磨""老鼠荡秋千"的鼠戏表演。到了清代,鼠戏更为盛行。此外,民间流传着不少与鼠有关的谚语,如"老鼠留不住隔夜粮""老鼠看仓,看得精光""猫咬猫,老鼠笑"等,语言朴实,却寓意较深,读来颇有韵味。

延伸阅读

老鼠嫁女的意义

老鼠嫁女的民间传说,在我国很流行。老鼠嫁女,也称"鼠娶亲""鼠纳妇""老鼠娶亲"等,是传统民俗文化中影响较大的题目之一,是在正月举行的祀鼠活动。嫁鼠包含有把灾祸、是非、鼠虫逐出家门的意思。民俗中老鼠择日婚嫁的日期大多在腊月二十三到正月二十五之间,此时正是鼠类繁殖的高峰季节,送鼠出嫁,意味着送鼠"自家而出",从人们的心理来看,便可达到杜绝鼠患的目的。子鼠为极阴的象征,而腊月至正月,正是新旧岁时交替时刻,故选择这一时段嫁鼠,还具有除旧布新、送阴迎阳、祛灾纳吉的象征意义。

第五讲 生肖文化篇

丑牛耕地

> 牛一直是人们喜欢的动物，它任劳任怨，不屈不挠，一心为人类服务，是勤奋、上进的精神化身。牛还象征着丰收、财富、祥和、力量，符合人们追求幸福、美好、平安的愿望。

在中国这个十二生肖文化流行的传统农业大国，每一年的春天都会有关于牛的话题，因为春天来了，春耕的主力——牛该登场了。古时，民间有"摸春牛"的习俗，人们会摸一下牛的不同部分，寓意带来好运。摸一下牛头，希望儿孙会出头之类，总之讨个吉利。

神牛创世纪

牛在农耕文化中起着重要的作用，并推动了人类文明的发展。人类感谢和自己共同创造文明史的伙伴，因此牛崇拜由来已久，中国很多民族都有神牛创世的神话。

塔吉克人认为，人类生活的世界由一头神牛顶着，人若干坏事，神牛会抖动牛毛或犄角发出警告，于是发生地震之灾。维吾尔族传说大地被一头公牛的一只角支撑着，公牛由一只特大的乌龟驮着，浮在水面上，牛感到劳累时就把大地从一只角换到另一只角上，这时就会发生地震。柯尔克孜人也持此说，他们常常为牛祈祷，愿它永远强壮，少发地震。苗族最大的天神"勾蒿"有两组群体神，一组是19个水牛天神，一组是15个黄牛天神，掌管着人间的吉凶祸福。土家族传说中的牛王因帮人类多打了粮食，遭到天神的惩罚，被贬到地上终生吃草，帮人耕田种粮，每年农历四月十八为牛王过生日。布依族的牛王节在农历四月初八，这一天各寨举行隆重的祭典，家家用米酒、五色糯米饭敬牛王，喂耕牛。仡佬族的牛王节在农历十月一日，人们要杀鸡备酒敬奉牛王，祈求它保佑耕牛。侗族每年农历六月六以美食供奉牛神，家家牵牛去河边洗牛，用黑糯米饭喂牛，称为"洗牛节"。

鞭春牛祈丰年

每年的2月4日通常是二十四节气中的立

◆ 和田白玉卧牛摆件

◆ 长命百岁肖牛银锁片

春，残冬退去，人们迫不及待地准备迎接春天。古人向来有残冬出土牛送寒气的习俗，到两汉固定为立春之际举行的土牛迎春仪式。

当日清晨，京城百官都着青衣、戴青帽、立青幡，送土牛于城门外，官员执鞭击土牛，以示劝农，各郡县也举行同样的仪式。随后老百姓哄抢碎牛的散土，说是"土牛之肉宜蚕，兼辟瘟疫"。争来抢去，成了一个热热闹闹的节日，谓之"鞭春""鞭牛"。

立春出土牛以祈丰收的习俗，经两汉入唐至两宋，越来越丰富多彩。汉时"立土牛六头于国都郡县城外丑地，以送大寒"。丑的方位在北方偏东，十二生肖配十二地支，牛为丑，故立土牛于丑位为最佳方位。到宋代四门都开，各出土牛，牛身饰彩，鼓乐相迎，由人装扮成主管草木生长的"句芒神"鞭打春牛，地方官行香主礼。一方面宣告包括农事在内的一年劳作开始，一方面祈祷当年的丰收。宫中也行"鞭春"仪式，自然是皇帝主礼。街市上多有泥制小春牛出卖，于是春牛不仅是迎春仪式上的主角，也成了新春之际的吉祥物。在中国几千年的农耕文化中，牛与春天具有天然的联系。

中国文化中的牛

历来人们对于牛都是一致地赞美和怜惜。北宋政治家、文学家王安石曾写下"朝耕草茫茫，暮耕水濡濡"的《耕牛》诗篇；南宋宰相、民族英雄李纲更留下"但得众生皆得饱，不辞羸病卧残阳"的千古名句。在传说故事中，人们将它塑造成乐于助人、有情有义的感人形象，牛郎织女传说中的老牛早已为人知晓。有关牛的成语典故也很多，老牛舐犊，比喻父母疼爱子女的深挚感情；牛刀小试，比喻有本领的人初次任职就已经表现出才干；庖丁解牛，比喻做事得心应手；对牛弹琴，比喻对愚蠢的人讲深刻的道理或说话不看对象、无的放矢。

延伸阅读

鞭牛的传说

传说，牛原来是一种奇蹄目野生动物，健步如飞，力大无穷，从不服人管辖。玉皇大帝看百姓耕作辛苦，就想让牛帮人类耕田。可又怕牛眼睛一瞪，人类不敢靠近，况且牛行动敏捷，人类难以驯服，自由自在的牛也不会答应这苦差事。玉皇大帝便心生一计，他把所有的牛都召集到天庭，对它们说："你们想跑得更快，走得更远吗？只要把单蹄变成双蹄就行了。你们想免受冬春吃食困难，只要你们帮人类耕田，这些我都让你们得到。"牛听了都愿意到人间去，玉帝就在天门放一把刃朝上的快刀，牛步出天门时，单蹄都被劈成两半，从此牛的行动就迟缓了。到了冬、春天，人类也只给牛吃铡过的草，玉帝还赐给人类皮鞭，对不驯服的牛任意鞭打，牛就乖乖地听话了。

第五讲 生肖文化篇

寅虎啸天

> 虎是人们喜爱的吉祥瑞兽，民间尊其为兽中之王。传说老虎有"镇宅避邪，消灾降福"的神力，人们视虎为保护神，让儿童戴虎头帽，认为可以避妖魔、驱瘟病，健康成长。

中国人对虎的崇拜，距今已有上万年历史。虎文化和龙文化相互交融，成为中华民族文化的重要组成部分。在许多中国的成语里，都可以寻觅到龙虎的踪影，虎踞龙盘、虎啸龙吟、卧虎藏龙、龙骧虎步、龙骧虎视……老虎比任何动物都能代表中华民族勇猛上进、虎虎生威的民族精神，而虎文化和龙文化互为纽带，构成了中华民族"龙腾虎跃"的民族精神。

生肖虎的传说

远古的时候，属相中有狮子，没有老虎。由于狮子太凶残，名声不好，玉皇大帝想把狮子除名，补进天宫的殿前卫士。

不久之后，地上的飞禽走兽见无人镇管，开始胡作非为，给人间造成了灾难。这事惊动了土地神，土地神连忙上报天庭，请玉帝派统勇天神镇住百兽。玉帝便派老虎下凡，老虎要求每胜一次，便给他记一功。玉帝只求人间安宁，当然满口答应了老虎的要求。

来到人间，老虎了解到狮子、熊、马是当时最厉害的三种动物，就专门向这三种动物挑战。老虎凭借着勇猛和高超的武艺连续击败了狮子、熊、马。其他恶兽闻风而逃，藏进了无人居住的森林荒野。人间欢天喜地，感谢老虎为人世间立了大功。回到天庭，玉帝因老虎连胜，便在它的前额刻下了三条横线。

◆ 傲虎生威

后来，人间又受到东海龟怪的骚扰，大地一片汪洋。虾兵蟹将作恶人间，老虎又来到凡间，咬死了龟怪。玉帝一高兴，又给老虎记一大功，在额头的三横之中又添了一竖。于是一个醒目的"王"字出现在老虎前额。从此，老虎便为百兽之王，总管百兽。

在狮子的恶名传到天宫后，玉帝便决定除去狮子的属相头衔，补进了兽王虎。从此，虎成为了属相，狮子则被贬到遥远的南方去。当然，老虎也从玉帝的殿前卫士下凡到人间，永保天下安宁。

中国虎文化

在民间，人们对虎的喜爱已久，且关于虎的习俗也很多。虎的威武和勇猛为人们所羡慕，故常被用来象征和比喻诸多的人和事。如"虎将"喻之英勇善战之士；"虎子"喻为少年雄健奋发；"虎士""虎夫"喻为英雄好汉。民间百姓称少年儿女为"虎娃""虎妞"，喻其结实粗壮。

民间视虎为神兽，借它的威武和庄严来镇祟辟邪和保佑安宁，由此在民间又创作和制造了大量以虎为主体或借喻虎的艺术品和工艺装饰品。在民间，常见的是多把虎的形态制作成如给小儿穿的虎头鞋、戴的虎头帽、睡的虎枕头和众多的虎玩具等。这些制品其形象威武逼真，又笨拙可爱，希冀于孩子长得虎头虎脑、健康活泼。故而人们又将虎视为儿童的保护神，多加崇拜和敬仰，为虎立庙者各地都有。

民间借虎辟邪，是在端午节戴艾虎的习俗。艾虎是用艾叶剪成或艾蒿编成的虎

◆ 百无禁忌肖虎银锁片

形，戴在头上或挂在门上。端午节在小儿额头上用雄黄酒画"王"字的习俗，其寓意也在于借虎来祛瘟禳毒。

延伸阅读

中国人对虎的崇拜

在中华文化中，虎文化是起源最早的图腾文化之一，它源于远古自然崇拜和图腾崇拜。《易传·文言》中有"云从龙，风从虎"的名言。据称伏羲"风姓"，出生于西部天水山区，故伏羲是虎的化身。1942年在湖南长沙东郊王家祖屋山发掘战国时期楚墓的帛书甲篇，经学者们研究释文大意为：在天地尚未形成、世界处于混沌状态之时，先有风虎伏羲、云龙女娲二神结为夫妇，生了四子。这四子后来成为代表四时的四神。著名学者梁启超先生曾预言，伏羲是虎的化身，中华民族的伏羲虎文化是全球最古老的图腾文化。《山海经·大荒西经》中称：昆仑之丘有神，人面虎身……虎齿，有豹尾，穴处，名曰西王母。后来西王母成为一个羌族女性部落的先祖，并以母虎作为始祖的图腾形象。

卯兔弄月

> "兔"在中国是一个美好的字,既是人的生肖之一,也与人类的生命、人们的美好希望密切相连。在中国,兔子绝大多数都是月亮的象征,又是新生命和兴旺发达的象征。

兔子善于跳跃,跑得很快,给人可爱的印象。兔子温顺安详,给人以平和吉祥的感受。兔子在与人类长期的亲密相处中,产生了一系列人文社会属性,具有特殊的文化内涵。大家比较熟悉的守株待兔、狡兔三窟、惊若逃兔、兔死狐悲、兔死狗烹、兔起鹘落、龟兔赛跑、玉兔捣药等,不仅反映了兔的自然属性,还赋予了兔以人文的特征。

生肖兔的来历

有一天,玉皇大帝排生肖,依照规则,谁先到就让谁当生肖。黄牛与兔子约定,鸡叫头遍就起来去天宫争生肖。鸡叫头遍,黄牛起床时,兔子早就一个人跑了。兔子跑了一阵子,回头一看,不见任何动物的影子。兔子心想,我今天起得最早,跑得又最快,就是睡上一觉,这生肖的头名也非我莫属,于是在草地上呼呼大睡起来。

黄牛虽然落后,但它凭借坚韧的耐力和平时练就的铁脚,一鼓作气,当兔子还在酣睡的时候,就先到了天宫。一阵急促的脚步声惊醒了兔子,睁眼一看,原来是老虎一阵风般地跑过去,这下兔子急了,赶紧追赶,可惜慢了一步,始终还是落在了老虎之后。由于牛的双角间还蹲了一只投机取巧的小老鼠,结果兔子只排在了第四位,前三名是鼠、牛、虎。

玉兔捣药的故事

很久以前,有一对修行千年的兔子,得道成了仙。它们有四个可爱的女儿,个个生得纯白伶俐。一天,玉皇大帝召见雄兔上天宫,它依依不舍地离开妻儿。正当它来到南天门时,看到太白金星带领天将押着嫦娥从身边走过。兔仙不知发生了什么事,就问旁边一位看守天门的天神。听完她的遭遇后,兔仙觉得嫦娥无辜受罪,很同情她。但

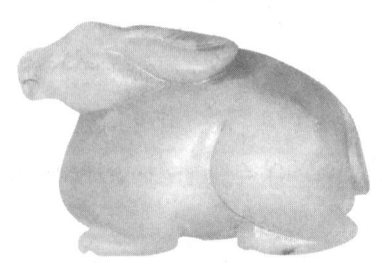

◆ 白玉兔

◆ 《梧桐双兔图轴》清 冷枚

是自己力量微薄,能帮什么忙呢?想到嫦娥一个人关在月宫里,要是有人陪伴就好了,忽然想到自己的四个女儿,它立即飞奔回家。

兔仙把嫦娥的遭遇告诉雌兔,并说想送一个孩子跟嫦娥作伴。雌兔虽然深深同情嫦娥,但是又舍不得自己的宝贝女儿!几个女儿也舍不得离开父母,个个泪流满面。雄兔语重心长地说道:"如果是我孤独地被关起来,你们愿意陪伴我吗?嫦娥为了解救百姓,受到牵累,我们能不同情她吗?孩子,我们不能只想到自己呀!"

孩子们明白了父亲的心,都表示愿意去,雄兔和雌兔含着泪笑了。最终由最小的女儿常年陪伴嫦娥。

戏里白兔

12世纪的江南流行四大南戏,其中与月亮和兔子有关的就有两出:《拜月亭》《白兔记》。《拜月亭》正是以拜月习俗为戏线的爱情故事;《白兔记》则是由一只白兔引出了一个家庭大团圆。《白兔记》剧取材于民间传说:刘知远家贫,外出投军,妻李三娘在嫌贫爱富的娘家受尽歧视和折磨,生下一子托人送往刘知远处抚养。十余年后,刘已显贵,其子射猎,追踪一白兔而得见李三娘,于是苦尽甘来,一家团圆。

挂兔头的习俗

古代汉族有"挂兔头"的岁时习俗,流行于全国许多地区。每年农历正月初一,人们用面兔头,以竹筒盛雪水,与年幡面具同挂在门额上,以示镇邪驱灾。

汉族有生育忌兔肉的习俗,因为兔子豁嘴,所以孕妇妊娠时禁食兔肉,以免孩子出生时豁嘴。另外还有赠兔画的育儿风俗,画中有六个小孩围着一张桌子,桌上站一手持兔子吉祥图的人,祝受赠的孩子将来生活安宁,步步高升。

延伸阅读

兔儿爷

传说一年,北京城里闹瘟疫。嫦娥看到此情景,心里十分难过,就派身边的玉兔去为百姓治病。玉兔变成了一个少女,她挨家挨户地走,治好了很多人。人们为了感谢玉兔,纷纷送东西给她,可玉兔什么也不要,只是向别人借衣服穿,每到一处就换一身装扮。为了能给更多的人治病,玉兔就骑上马、鹿或狮子、老虎,走遍了京城内外。为了纪念玉兔,人们用泥塑造了玉兔的形象,有骑鹿的,有乘凤的,有披挂着铠甲的,也有身着各种样式的衣服的,千姿百态,非常可爱。每到农历八月十五那一天,家家都要供奉她,给她摆上好吃的瓜果素豆,用来酬谢她给人间带来的吉祥和幸福,还亲切地称她为"兔爷儿""兔奶奶"。

第五讲 生肖文化篇

辰龙腾云

> 龙是一种内涵丰富的文化符号，是中国最大的吉祥物，是中华民族的象征。中国龙的精神是团结凝聚的精神，是造福人类的精神，也是奋发开拓的精神。

龙是人们公认的华夏民族的图腾。中国人对龙的感情非比寻常，一向以"龙的传人"自居。时至今天，龙仍被华人视为中华民族的精神象征，逢年过节及各种盛大庆典，中国人都会舞龙庆贺，并把这种习俗带到世界各地。

龙帝的传说

龙帝，即天帝，据说是华夏民族的始祖黄帝的化身。在远古的时候，有着龙的血缘的黄帝曾四处巡视体察民情。他叫人开采首山的铜，然后运到荆山脚下铸鼎以纪念自己大战蚩尤的胜利。鼎铸好之后，黄帝专门在荆山举行了一个庆功大典。应邀出席典礼的不仅有各路神灵，还有八方百姓，大家都想看黄帝铸的鼎到底是什么样子。时辰一到，黄帝亲自揭幕，只见一只高逾丈三、口大如缸的铜鼎闪着耀眼的金光呈现于面前，众人啧啧称赞，上前细看，鼎身上刻着一条矫健的游龙在一片祥云中穿梭，周围是四方鬼神和各种珍禽异兽，可谓千姿百态，惟妙惟肖。

正当人们怀着崇敬的心欣赏巨鼎和上面的图案时，忽然天空中浓云密布，天色很快阴暗下来，大家都以为要下雨，突然一道金光穿透浓云，一条披着金甲的神龙破云而来，它的尾巴和下半身拖在云中，脑袋靠在宝鼎上，长长的龙须顺着鼎足垂到地面。黄帝明白这是天庭派神龙来接他上天了，便纵身一跃，跨上龙背，飞回天庭。人间百姓舍不得放黄帝这样贤良英明的君主回去，大伙儿扯着龙须不让走，结果扯落了很多龙须，黄帝和神龙最终还是走了。据说这龙须落在地上，便生出许多细小修长的小草，人们以后就把这草叫作"龙须草"了。

龙的起源

考古专家认为，早期的龙就是一条头

◆ 玉龙佩

◆ 长命富贵肖龙花钱

上带角的蛇；有些人则认为，最初的龙，龙头很像猪，龙身则与蛇身相同；还有人指出，龙是由鳄鱼蜕变而成的；著名学者闻一多先生认为，龙是由蛇与其他多种动物综合形成的，它以蛇身为基础，融入了马的鬃毛，牛的尾巴，鹿的角，狗的爪，鱼的鳞和须……

从许多出土的带有有关龙的图形的文物中分析，龙的形成经历了一段相当久远的历史。河南濮阳出土的蚌龙，距现在已有6000年历史，它一方面体现着仰韶文化的脉络，另一方面又证明了龙的最初形成。

关于龙的起源，在经历了长期的研究和考证后，人们终于取得了一个较为一致的共识：龙是多种动物的综合体，是原始社会形成的一种图腾崇拜标志。

华夏图腾

自殷契甲骨文出现结构完整之"龙"字，迄今已3000余年之久，而出现"龙"之图案与传说便更早，可上溯至史前文化。龙被中国先民作为祖神敬奉，普遍尊尚"龙"，中国人经常自称"龙的传人"，龙乃中华民族发祥及文化肇端之象征。龙与凤凰、麒麟、龟一起并称"四瑞兽"。东方的龙和善、高贵、威武、华美，能上天，能下地，能潜入深渊，变化无穷，在大起大落之中仍能保持一种从容。龙成为一种文化，在中华儿女的心中，占有不可取代的地位。

◆ 中国龙

延伸阅读

貔貅

相传貔貅是一种凶猛瑞兽，雄性名"貔"，雌性名"貅"，现在没有雌雄之分了。古时这种瑞兽分一角和两角，一角的称为"天禄"，两角的称为"辟邪"，现在多以一角造型为主。南方人喜欢称这种瑞兽为"貔貅"，北方人则依然称为"辟邪"。

貔貅在南方及东南亚一带都称其为龙的第九子，大嘴无肛，只进不出，被奉为催财灵兽。铜制貔貅，磨光后的色泽接近黄金，适合用来生财。一些古老大屋会利用质坚的木材雕造貔貅，然后放在横梁上用来挡解煞。瓷制貔貅用于埋在地下，一样是辟邪化煞用的。玉貔貅随身佩戴，可护佑自己的身体，又有很强的催财力量。

巳蛇乘雾

> 蛇在中国文化中的地位非常突出，蛇是华夏民族的重要图腾，在人们心目当中，蛇是有灵性的动物，人们称之为"小龙"并赋予蛇很多吉祥的象征意义。

盘古、女娲两位创天地、造人类的始祖以及伏羲、炎帝和黄帝这三位至高无上的统治者，他们的形象都为人面蛇身造型，这反映出蛇在远古时期人们心目中的地位以及先祖们对于蛇的崇拜。

蛇的传说

很久以前，蛇和青蛙是好朋友。那时蛇有四条腿，青蛙却没有腿，靠肚子蠕动爬行。蛇好吃懒做，青蛙十分勤快，不但捉虫给蛇吃，还帮助人们捕害虫。人们开始厌恶蛇，喜欢青蛙了。据说巳时的蛇不会伤人，也不在人行走的路上游荡，多隐蔽在草丛中，这样蛇便成了巳时的代表动物了。

蛇发现人们讨厌它，开始仇视人，见人就咬，见畜就吃，弄得人间不得安宁。土地神见状，到天庭告状。玉帝将蛇传上天庭，劝它改恶从善，蛇却口出狂言，决无悔改之意。玉帝大怒，令神兵砍去蛇的四条腿，以免再害人。从此，蛇就失去了四条腿，玉帝又见青蛙有功于人类，便将蛇的四条腿赐给了青蛙。

青蛙有了腿后更为勤快了。蛇知错改过，决心重新改造自己，也开始吃害虫并拖着长长的躯体，一声不响地为人类做好事，还跟着龙学治水。蛇死后，也将自己的躯体献给人类，作为药物救治了许多病人。玉帝见蛇知过能改，奋发向上，在册封

◆ 蛇形玉挂件

◆ 驱邪避恶背龟蛇七星剑花钱

十二生肖时,让它排在龙的后面,当上了人类的生肖。

蛇当上生肖以后,自然不会主动伤人了,一旦恶念萌发,便将恶念化成一层皮蜕下。尽管如此,蛇还是对青蛙拥有它的四条腿怀恨在心。直到今天,蛇还是见到青蛙就咬。青蛙自知占了蛇的便宜,见了蛇就会吓得发抖,急急忙忙地躲开。

图腾崇拜

在《山海经》中,人首蛇身的神数量巨大。可见,蛇在远古先民心中的地位之高,无与伦比。在一切动物崇拜里面,对蛇的崇拜是最广泛的,在大多数原始氏族的宗教信仰中,蛇曾经占据一个突出的地位。在马家窑文化的彩陶上发现有蛙、鸟的图像;在仰韶文化的陶器上还有蛇的图像;从半坡村出土的陶器上,也看到有人头、鸟兽的图像,这些图像有些可能就是当时的氏族图腾。传说中的汉族祖先,亦有不少是蛇的化身。

中国人认为蛇有灵性,中国传统文化的四象(朱雀、玄武、青龙、白虎)之一的玄武,象征北方的灵兽,就是龟与蛇(或龟蛇)。乡间塑造神像,往往抓小蛇放入泥胎头部或腹内,以显示神性灵验。遇蛇要避,蛇有难要救,忌讳打蛇。这些都有深刻的图腾崇拜性质。

蛇的形象

在中国文化中蛇有正面的象征价值。传说蛇与龙同类,人们认为蛇是神的化身,是吉祥物,蛇主吉运、旺财富,故又称"祥蛇""灵蛇""小龙",把蛇当神仙供奉。

蛇在中国文学作品中被奉若神明,是智慧的象征、善良和正义的代表。关于蛇的民间传说很多,其中以《白蛇传》最为著名。《白蛇传》中敢爱敢恨的白娘子是一个善良、受人喜爱的蛇精形象,白娘子也成为中国文艺舞台一个具有永恒魅力的艺术形象。

延伸阅读

家蛇不能打

蛇在中国人的眼中,有很多灵异之处,如中国人对居住在自己房内的家蛇一般持保护态度,尤其是北方的中国人,视家蛇为"镇宅之宝",礼敬相加。家蛇指生活于住宅内的一种蛇,常盘绕于梁、檩、墙缝、瓦楞、阁楼的一种无毒蛇。人们认为家蛇会保护人,家有了家蛇,米囤里的米就会自行满出来而取不空。若杀死蛇,蛇就会采取报复行动,于家门不利。所以如果在家中发现蛇,就将其捉入罐中或挑在长杆上,然后送到山谷中,并求其躲进山洞,不要再跟随回家。

午马行空

> 中国人对马非常偏爱，把马当成神一样来祭拜，旧时许多地方都有马神庙，以祭祀马王爷。此外，还有很多与马有关的故事。马被人们赋予了一种灵性，人与马几千年的感情已沉淀在民俗中。

马在4000年前被人类驯服，晚于狗、猪、羊、牛等其他家畜。在传统的交通运输工具中，马车占有举足轻重的地位，马是役力的重要来源。当然，在古代，马最显赫的功用是参与了人类的战争，在陕西西安还有被称为世界奇迹的"秦始皇兵马俑"。在中国语言中有许多与马有关的词语，如龙马精神、一马当先、千军万马、汗马功劳、车水马龙、金戈铁马、马到成功等。无论是汉族还是少数民族，都对肖马有着各种各样的崇信，这些也成为肖马文化中一个非常重要的方面。

马的传说

传说一年的大年初一，各种动物从四面八方赶到神仙宫报到，千里马神风也想成为生肖之首，它一阵风似的朝神仙宫跑去。突然，它听见了几声凄凉的哭声，便放慢了脚步，想探个究竟。

原来，一个荒凉的村庄正在闹瘟疫，死了好多人。神风听一位老人说，从村庄出发往东走20里，有一座宝芝山。山上有一个宝芝泉，泉水可医百病，但泉边有一只催眠猫，上山取水时催眠猫会给人催眠，这时千万不能睡，睡了便会被那只猫害死。村里有几个青年去采药都一去不复返。神风向老人要了一个空葫芦挂在脖子上，一阵风似的奔向了宝芝山。

神风来到了宝芝山，小心地向山上走去，突然它闻到了一股花香味，马上开始犯困。它意识到催眠猫来了，闪电一般地飞到

◆ 白玉马挂件

催眠猫面前，后脚用力一蹬，催眠猫撞到树上昏了过去。神风跑到宝芝泉边，用葫芦装满了泉水，欣喜万分地朝山下奔去。

到了村庄里，神风把泉水交给了老

人，老人把神水掺进了井水中，神风驮着水，挨家挨户送去，人们喝了井水，纷纷病愈。他们想谢谢神风，神风却不见了，它飞快地跑到了神仙宫，遗憾的是它只能排在生肖第七位，可神风还是挺高兴。

改变人类历史的马

在几千年的刀光剑影中，无数匹马和人一起创造着历史。成吉思汗的铁骑横扫欧亚两大洲时，让人们更深刻地认识到，没有任何动物像马这样深入地影响着人类历史。而且，骑兵的威慑力一直延续到热兵器时代。

汉武帝刘彻为获取西域的名马，甚至不惜发动战争。他派李广利将军远征大宛，所得的战利品只是十几匹"汗血宝马"。此马毛色发红，出的汗在阳光下看似流血，日行千里，因其名贵也称"天马"。

一些名马甚至与名将一起载入史册，这在冷兵器时代屡见不鲜。西楚霸王项羽兵败无颜见江东父老而不肯过乌江（今安徽省和县东北），自杀前却将爱马乌骓托付给亭长。英雄一世，临终时为伴自己攻城拔寨的爱马安排生路，此马因此而名扬千古。三国时代，有"人中吕布，马中赤兔"之说，吕布"飞将"之名实赖赤兔之快。赤兔归关羽之后，又助关羽屡立战功。张飞的坐骑也十分了得，"人中张飞，马中玉追"。刘备的"的卢"危急时刻跃过檀溪，使追兵瞠目结舌。

有关马的民俗文化

中国自古有祭马的民间风俗。春祭马祖，夏祭先牧，秋祭马社，冬祭马步。马祖为天驷，是马在天上的星宿；先牧是教人牧

◆ 追风之马花钱

马的神；马社是马厩中的土地神；马步是危害马群的灾神。

汉族民间信仰马王爷，即司马之神，四臂三目，相貌狰狞。旧时民间争执，人常以"让你知道知道马王爷三只眼！"相威胁。各民族与马有关联的节日也不少，对人类最亲密的朋友同样感情颇深。

中国有很多由马而生发的成语和熟语。如"老马识途"比喻有经验的人办事稳妥，"老骥伏枥"激发了多少老年人的豪情，"青梅竹马"诗化了男女儿童间纯真的友情，"塞翁失马"揭示了生活中的辩证法。成语比喻精当，有的富于哲理。

延伸阅读

苗族斗马

斗马是广西融水苗族自治县的传统文体活动。相传500年前，一位漂亮、聪慧的苗族姑娘，招来了无数求婚者。她家的门槛被众多的托媒提亲者踏平了，姑娘的父母还是取舍难定，于是交由女儿定夺。姑娘想出一计，采取斗马决胜的方式选择了如意郎君。经过百年的演变，斗马逐渐变成了今天广大人民群众情有独钟的文化娱乐活动。芦笙斗马活动在每年的系列坡会中举行，参加人数少则几千，多则几万人。

未羊开泰

作为祭祀活动中一种非常重要的祭品，羊在古代受到了先民们的普遍崇拜，并且还被某些民族视为图腾。许慎在《说文解字》中说："羊，祥也。"羊为吉祥的习俗一直流传至今，身体洁白、性情温顺的羊也逐渐成为人们生活和平、安居乐业的代名词。

在中国，驯养羊的历史大约已有8000年。从考古发现的羊骨化石和与羊有关的工艺品来看，华夏先民在新石器时期就已开始养羊，并且牧羊的方式多种多样。人们对于羊有着与生俱来的好感，肖羊文化延及人们生活的各个方面，成为民风民俗中一道亮丽的风景。

羊的传说

在远古洪荒时代，人间没有五谷，人靠蔬菜和野草为生。有一年秋天，一只神羊从天宫来到凡间，发现人类面有菜色，神情萎靡，便善心大发，回到天宫后趁半夜守护天神熟睡的时候，偷偷溜进御田摘下五谷含在口中，趁天未亮来到凡间，把种子交给人类，又告诉人类种植五谷的方法后悄悄地回到天宫。

人类播下五谷的种子，当年就长出了庄稼。在收获时，人类见到五谷的穗很像羊头，又像羊尾，收获的粮食又香又甜，收获的麻织成的衣裳又轻又暖。人们在秋收冬藏之后，便举行了盛大的祭祀仪式，以感谢神羊的送种之恩。

盛大的祭羊仪式惊动了玉帝，玉帝追查得知是神羊把五谷带给人间。玉帝迁怒神羊，命令天宫宰羊于人间，并要人们吃掉羊肉。第二年，在神羊行刑的地方先是长出了青草，后来长出了羊羔。从此，羊在人间传宗接代，以吃草为生，把自己的肉、奶无私地贡献给人类。人类则出于对羊舍身的感谢，每年都举行祭祀，以示纪念。

当人类听说玉帝要挑十二种动物来做人类生肖并赐为神的时候，一致推举羊作为生肖之一。玉帝难拗众人意见，只好同意羊当上了生肖。

◆ 白玉三羊开泰摆件

◆ 三羊开泰图 清 任伯年

羊的象征

羊与中华民族的传统文化有着很深的历史渊源。

许慎在《说文解字》中解释："羊，祥也。"把羊作为民族的图腾并且用来祭祀，正是"羊为吉祥"的真实写照。"美"字也与"羊"有着千丝万缕的关系。许慎《说文解字》中解释："美，甘也。从羊，从大。"于是有人认为"羊大为美"，先民头戴羊角跳舞或举行仪式，以羊角为装饰从而产生了美，于是有人认为"羊人为美"。

"美"与"善"是相通的，羊也是"善"的化身。羊的群居、跪乳等习性也都被人们视为善良、亲和、有礼、讲求德行的表现。《诗经·国风·羔羊》篇指出，国君让大臣穿上洁白柔顺的羔皮衣服，是希望他们的品德操行如同羔羊那样，节俭正直、表里如一。《诗经·郑风·羔裘》篇也以羔裘朝服为喻，认为君子应该具有正直、刚强的美德，中正平和、刚柔相济。可见，羊在人们心目中是各种美好品德的结合与化身，这也体现了肖羊文化所具有的独特内涵。

民俗文化

古人说"羊致清和"，人们总觉得羊年是清静祥和之年。新春伊始，人们最先想起的吉祥话是"三阳开泰"。"三阳开泰"具象化为吉祥图案，即阳光下的三只羊。这里取"阳"与"羊"的谐音，于是三羊并列就频频地出现在民间年画、剪纸之中，给千家万户再添上几分喜气。

古人有年初在门上悬羊头、鸡头的习俗。"鸡"与"吉"一音之转，"羊"与"祥"本来相通，悬二物是想祈求吉祥。

延伸阅读

二郎赔情

旧时河北南部民间流行着"送羊"的风俗。每年农历六月间，外祖父或舅舅给小外甥送羊，早先是送活羊，后来演变为面蒸的羊。据说这一习俗与著名的沉香劈山救母的故事有关。民间传说沉香劈山救母后，还要用斧劈虐待其母的舅舅二郎神。二郎神已彻底服输，为修兄妹、舅甥之好，每年送一对羊给外甥赔情。从此，民间留下送羊的习俗。

申猴无邪

> 猴在中国民俗文化中无处不在、无所不能。猴诗、猴戏、猴拳、猴工艺品,在人民生活中,无论炕头、墙头、码头、槽头、口头,乃至寺庙石雕、居民建筑,都有"猴先生"的位置。人们崇拜猴,喜爱猴,一直视猴为吉祥物。

猴是灵长目中的动物,动物界最高等的类群。猴子的形象俏皮玲珑、活泼可爱,人们从骨子里喜欢这个与人类有颇多相似之处的灵长类动物。《西游记》中陪着唐僧去西天取经的斗战胜佛孙悟空,似乎成了"聪明""机警"等的代名词。而在日常生活中如果这个人相当精明的话,人们总会说"这人猴精猴精的"。人们从猴的习性、动作、表情等中摸索出众多供人们愉悦甚至强身健体的花样来,极大地丰富了人们的文化生活,进一步增加了猴与人之间的联系,使肖猴文化具有了更加强大的生命力。

猴的神话形象

《山海经》中西王母的形象本身就是猴,她似人,而又有猴子那样的"豹尾"和尖尖的"虎牙",头部有丛毛,"蓬发戴胜","善啸"。商朝的女始祖是"有狨氏简狄",狨就是金丝猴,简狄与夒结婚,夒是一种猿猴,夒和简狄的儿子叫"契",就是狒狒。在神农架、巫山一带流传着"山鬼"的传说,山鬼实质上就是山中的猿猴。

猴子的吉祥象征

侯是中国古代的爵位之一。历代封爵制度虽然不尽相同,但大都有"侯爵"一级。作为富贵和尊严的象征,人们无不期望加官封侯,因为"猴"与"侯"谐音,人们便自然而然地选择了猴子作为"侯"的象征,由此,猴便成了象征升迁的吉祥物,为此人们还创造了许多吉祥图案。

传统的吉祥图案"封侯挂印"由猴子、枫树、蜜蜂、印绶组成,"枫""蜂"为"封","猴"指"侯爵"。封侯挂印,意为皇帝赐爵授印予臣下,隐喻"高升"之意。另外,还有"马上封侯"的图案:以猴

◆ 白玉猴挂件

子骑于马上,"马上"为立刻之意,"马上封侯"意思是说立刻就要受封,做显官登高位,寓意功名富贵指日可待。又有"辈辈封侯":一老猴坐在松树上,背上背着一个小猴;或小猴骑在老猴脖子之上。"猴"与"侯","辈"与"背"谐音,大小猴亦为两辈,寓意代代为显赫权贵。在民间,还有"猿猴托印"的年画:画上,猴子做出托印、捉蜂、摘桃、攀树等各种动作,衬以牡丹花开,象征富贵贤达、人寿年丰的美好愿望。

猴的艺术形象

河南淮阳县每年农历二月二至三月三,都会举行盛大的传统庙会,祭祀人祖伏羲、女娲。庙会上出售的民间玩具中,最吸引人的是人祖猴。此猴半人半猴,全身长毛,生殖器官清晰可辨,整体造型古拙神秘。据说,伏羲、女娲当初用泥捏出的人类就是这个样子。

在北京过年过节的庙会上,有一种毛猴。此猴是以带绒毛的中药材"辛夷"作猴身,"蝉蜕"作头和四肢而成。传说,清代一家中药店的两个小伙计,常受账房先生欺压,便用这两种中药材粘出人不人猴不猴的玩意儿来讽刺这个账房先生。传到社会上便成了一种小工艺品,叫做"半寸猢狲"。毛猴的造型千姿百态,反映了老北京的市井生活,猴的拟人化和人的拟猴化体现了老北京人的生活情趣和幽默感。

《西游记》的很多情节都已家喻户晓,妇孺皆知,其中的孙悟空形象更是受到广大人民群众的喜爱。孙悟空是全书中最光

◆ 本命星官肖猴花钱

辉的形象,他那种不屈不挠的斗争精神,横扫一切妖魔鬼怪的大无畏气概,反映了人民的愿望和要求。他代表了一种正义的力量,表现出人民战胜一切困难的必胜信念。

延伸阅读

避马瘟

古书上说,养马的人在马厩中养一只猴,能防止马群得病。旧时中国西南高原上的行商,驱赶马帮长途贩运时,也常带一只猴子同行。据说,猴对骡马的疾病很敏感,常能帮人发现病马,以防瘟疫扩散。住店前先让猴子嗅一遍,无疫情方安置马匹。于是,民间也有猴能避马瘟之说,猴也有了"避马瘟"之别号。《西游记》中玉皇大帝封孙悟空为"弼马温",就是取"避马瘟"之谐音,让孙悟空掌管天马,应该说是"专业对口"。至于老孙嫌待遇太低,另当别论,但猴子是防止瘟疫的吉祥物,确是事实。

第五讲 生肖文化篇

酉鸡有吉

> 日出而作、日落而息是千百年来人们不变的习惯，而鸡鸣于晨这一特长被人们广泛地运用于日常生活当中。鸡能够选入十二生肖，可见在人们的心目中享有很高的地位。随着社会的发展，鸡被人们赋予了丰富的象征意义。

鸡是人类饲养最普遍的家禽。家鸡源于野生的原鸡，其驯化历史至少约4000年。日常生活当中，人们常常鸡狗并论，且总是鸡在前狗在后，如"鸡犬之声相闻""一人得道，鸡犬升天"。此外，还有很多与鸡有关的故事，如祖逖闻鸡起舞、周扒皮半夜鸡叫，这两个故事也说明了鸡在过去成为了人们主要的报时工具。在现代快节奏的城市生活中，我们几乎听闻不到早晨的鸡鸣了，但是它却留给了我们许多故事。

鸡的生肖传说

传说，鸡王比较爱争强好胜，成天惹是生非。玉帝封生肖的时候，考虑了动物对人类有无功劳，鸡王没有封上。

有一天，鸡王看到已被封为生肖的马受到人类的宠爱，金鞍银镫，心中十分羡慕，于是上前询问道："你有今天的荣誉，靠的是什么？"马回答："我平时耕田运物，战时冲锋陷阵，给人类立下汗马功劳，当然我应该受到爱戴。要得到人们的爱戴不难，只要你能发挥自己的长处，给人们实实在在地办点事就行了。拿已封生肖的动物来说，牛能耕田，狗能守门，龙可降雨，你天生金嗓子，说不定对人类有帮助呢。"

鸡王听了，决定用自己的金嗓子唤醒沉睡的人们。每天拂晓，鸡王就早早起床，亮开嗓子歌唱，把人们从睡梦中唤醒。人们对鸡王的功劳十分感激，决定请玉帝把鸡也作为生肖赐封为神。当时玉帝封生肖的标准只要走兽，不要飞禽，六畜中的马、牛、

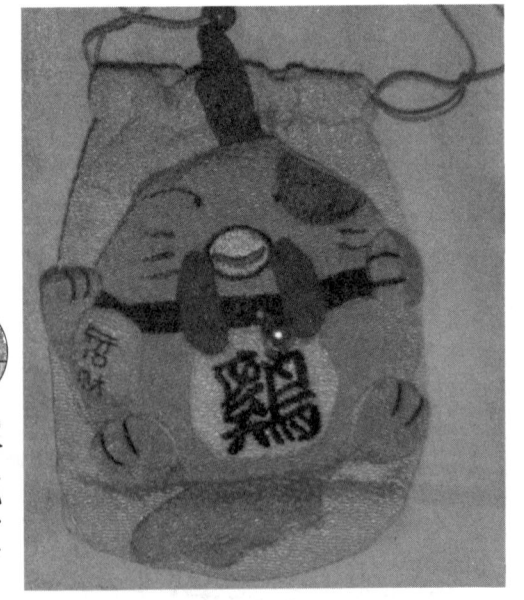

◆ 招财鸡锦囊

◆ 明成化斗彩鸡缸杯

羊、狗都有份，唯独没有鸡。

一天晚上，鸡王为这事想不通，翻来覆去睡不着，一缕幽魂直飞天宫，来到玉帝殿前，向玉帝哭诉，自己每天司晨，唤起众生，功劳很大，却不让入选属相，实在想不通。说完后，泪流不止。玉帝一想，鸡王的功劳确实挺大，自己规定的挑生肖标准也有不足，于是摘下一朵殿前花戴在鸡王头上，以示嘉奖。

鸡王醒来后，发现头上真有一朵红花，于是戴红花去见四大天王，四大天王认出这是玉帝的"御炉红花"，知道玉帝看重鸡王，于是破格让鸡王参与生肖竞争。

到了争排生肖的那天，鸡与狗同时起床，相并而进。快到天宫时，鸡怕狗占了先，就连飞扑地跑到前面去了。狗急起直追，一直没追上，结果排在鸡之后。从此，狗对鸡再无好感，见到鸡就追，直到今天也余气未消，"狗撵鸡飞"的现象至今可见。

五德之禽

我国古代特别重视鸡，称它为"五德之禽"。《韩诗外传》说，头戴冠是文，足搏距是武，敌在面前敢拼是勇，见了食物呼同伴来食是仁，守夜而不失时是信。所以人们不但在过年时剪鸡，而且也把新年首日定为鸡日。

酉鸡有吉

古代神话中有鸡是重明鸟变形的说法。据说尧帝时，远方的友邦上贡了一种能辟邪的重明鸟。大家都欢迎重明鸟的到来，可是贡使不是年年都来，人们就刻一个木头的重明鸟，或用铜铸重明鸟放在门户，或者在门窗上画重明鸟，吓退妖魔鬼怪，使它们不敢再来。因重明鸟模样类似鸡，以后就逐步改为画鸡或剪窗花贴在门窗上，也即成为后世剪纸艺术的源头。

可见，画鸡于门户之上有辟邪的作用。旧时富贵人家喜欢画大鸡于石上，画石上大鸡取"室上大吉"之意。鸡头上有冠，"冠"与"官"音同，将雄鸡与鸡冠花画在一起，便是一幅"官上加官图"，以祝升迁、腾达。画一只雄鸡与五只鸡雏相戏于窠，谓之"五子登科"，暗喻科举考试中金榜题名，自是吉祥。

延伸阅读

长命鸡与婚俗

在古时有一种留"长命鸡"的习俗。临近娶亲时，男方要准备大红公鸡一只，女方准备一只母鸡，母鸡表示新娘为"吉人"。出嫁时，女方准备的母鸡一定要由自己未成年的弟弟或其他男孩抱着，随花轿出发，并要在公鸡未鸣之前赶到男家。人们认为公鸡不睡觉，而母鸡不睡，寓以气势压倒公鸡。然后，男方将公鸡交给抱鸡人，将公鸡、母鸡一同拴在桌腿上，并不时打公鸡，直到公鸡有气无力，这是妻子制服丈夫的象征。之后，这两只鸡不得杀掉，故称"长命鸡"。

戌狗旺财

> 在长期的历史发展过程中，人类与狗结下了深厚的友谊。狗通常被称为"人类最忠实的朋友"，人们因为喜爱狗，于是创造了丰富多彩的肖狗文化。

狗作为与人类关系最为密切的动物，无疑对于人类的发展和进步产生了重大的作用。人们赞美狗忠诚老实可靠，认为狗受了神的委派保护人的生命和财产安全，帮助人看护棚圈、狩猎、守夜，任劳任怨、毫无怨言。其实，对主人的忠诚是狗的本能。

狗的生肖传说

传说，在玉帝下旨挑选十二动物当属相的时候，动物们在心中都暗自较劲。动物们都尽量把自己的优点表现出来。想在玉帝面前证明已是人类的得力助手。不仅如此，动物们还都想把自己的位置排在前面，因

◆ 和田青白玉狗摆件

此，都在争论谁对人类贡献大……猫和狗同人的关系十分密切，猫认为狗吃得太多，成天只知道趴在门口，没什么贡献。狗认为猫成天只吃好的，也没干什么事，不过是念念经，吓唬吓唬老鼠，也没什么贡献。他们争执不休，于是一同到玉帝面前评理。

玉帝问狗："你一顿要吃多少？"狗老老实实地回答："我每天看门守院，一顿一盆。"玉帝又问猫："你一顿吃多少？"猫灵机一动，说："我会念经，抓老鼠，每顿吃一灯盏。"猫只是想巧妙地告诉玉帝自己能自食其力，抓老鼠吃，那么，它的贡献就会比狗大。听了狗和猫的话，玉帝断定，猫吃得少干事多，贡献比狗大，狗一听，气极了，觉得猫用不光彩的谎言战胜了自己，于是就追咬猫。猫自知理亏，一路跑个不停，到了家也不敢露面，东躲西藏，不敢出来。

趁着猫躲避它的时候，狗连忙同鸡一块去天宫排队当上了生肖。躲在暗处的猫很久不见狗的影子，出来后才知道狗抢先排队当属相去了，它连忙飞跑到天宫，结果与生肖无缘。

狗的进化

早在母系氏族社会时期，生活在黄河

◆ 本命星官肖狗花钱

流域的原始人就已经开始养狗，《周礼》设犬人官职，专司相犬牵犬以供祭祀。汉代朝廷设狗监，是掌管皇帝猎犬的官员。到了唐代，五场之中有狗坊，是专为皇帝饲养猎犬的官署。在人类社会进入畜牧和小农生产时期，狗守户报警，照看畜群，成全了人类的大业。"伏"字便是人类对狗尊卑态度的体现。狗与人的关系始终像"伏"字一样难以割舍，狗永远忠心于它过去的女仆，今天的主人。

黄耳寄书

在通信技术不发达的时代，狗还可以充当人们的信使。《述异记》中记载了这样一则故事：魏晋时代的文人陆机养了一只善解人意的狗，名叫"黄耳"。一次，陆机在京师有要事要通报自己的家人，但事关重大，一时又找不到值得信任的人托付，于是就吩咐黄耳说："我把这封信给你，你一定要替我带回家去，并且还要拿到回信后方能回来。"说完陆机把信绑在了黄耳的后腿上，黄耳就出发了。

到四十九天的时候，黄耳还没有回来，陆机心急如焚。到了第五十天，黄耳终于面容憔悴地狂奔了回来。陆机连忙从黄耳的腿上取下回信，匆匆阅读。等陆机读完信后，才发觉黄耳因过度劳累力竭而亡了。陆机十分悲痛，替黄耳筑了座坟冢，这就是后来的"黄耳坟"。

瑞狗旺财

狗忠实于主人，更通人性，所以人们普遍喜欢养狗，很多人给自己的狗起个亲昵吉祥的名字：旺财或来福。据说最早把狗叫旺财是在当时的广东香港地区，旺财也是口音"旺旺"的意思。狗年送礼都想讨"口彩"，狗年的礼品都沾上了"旺"字。"天狗守吉祥"和"天狗保平安"成为对联中最常用的话。

延伸阅读

义犬救主

三国时，襄阳人李信纯家中养了一条叫黑龙的狗。一天，李在城外饮酒大醉，没有到家就倒在了路上。这时正遇到太守郑瑕出猎，他见草深就叫人放火烧草。在李信纯倒的地方北边有一条小溪，大概距离李信纯三五十步的距离。黑龙见状便奔往水中，把身子整湿后返回将主人周边弄湿，李才幸免于难，狗却因奔波疲乏而死。李醒来见黑龙死在身边而且浑身湿漉漉的，惊讶之间又看到身边火烧的痕迹，方知是黑龙救了他。李信纯大声痛哭，太守也被感动，下令用棺椁衣衾厚葬黑龙，立义犬冢。

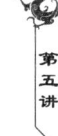

第五讲 生肖文化篇

亥猪送福

> 猪与人们日常的生活关系最为密切,其特有的形态常被人们视为有福、富贵、好运、可爱、聪明的象征,因此产生了许多与猪有关的风俗。

猪是人类最早驯养的动物之一,也是最早被用于祭祀的动物。汉族风俗,凡重大祭祀活动,祭品必用猪,并以用猪头为重,俗称"猪头三牲"。人与猪长时期的交往和接触,猪对于人们的日常生活以及日常观念甚至习俗的形成都有着很深的影响。

居无豕,不成家

猪古时称"豕",是人类最早驯化的动物之一,与马、牛、羊、鸡、犬并称六畜。从原始父系氏族社会到近代,猪一直是人们夸耀财富的标志。汉字"家"古时的写法是人字形的屋顶下一个"豕"字,即屋里有豕方可为家。"家"的字形说明了人与猪的关系和生活状态。

人们对猪的崇拜

原始祭祀活动中,猪是最常用的祭祀品。猪能凫水,因此被古人视为"水畜"。祈天求雨或防涝的祭祀活动中,"水畜"应该是沟通人神的最理想信物了。祈来祈去,难免沾点"仙气",甚至有了猪为雷电之神的传说,这就和龙神更为接近了。

中国古代民间重视面相,又有崇拜猪的传统,猪的肥头大耳自然成了美好和福气的象征,在中国历史上大耳的名人也着实不少。据说治水的大禹就长着一双特异的耳朵,据说这种面相特征预示着他能够疏导泛滥数十年的大洪水。春秋五霸之一的晋文公名叫重耳,"重"即"大",也是"大耳"的意思。"两耳垂肩,双手过膝"的刘备更是家喻户晓。可见,以大耳为美、为贵的观念古已有之,并流传至今,现在我们还常常认为耳垂厚大的人有福气。

古籍《客退记谈》曰:"猪入门,百福臻。"千百年来人们总是盼望猪能带来财

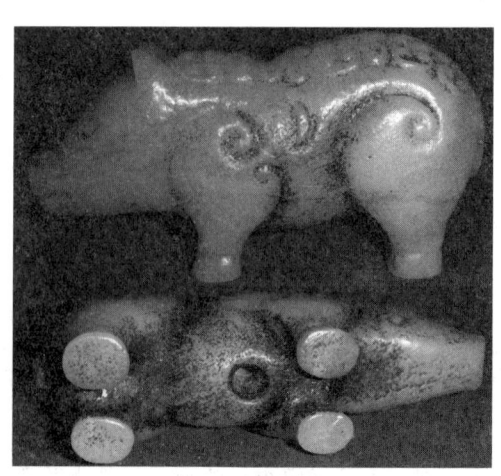

◆ 玉猪摆件

◆ 长命百岁肖猪银锁片

得摇摇欲坠时，元顺帝惊恐万分，从恐朱发展到恐猪。做噩梦梦见大猪，立即下令禁止百姓畜猪。结果禁猪并不能挽救元王朝的命运，及至大兵压临城下，只能且叹且泣，开北门遁逃。于是有人附会说，猪者朱也，此乃上天的明示。

明武宗朱厚照生于1491年，其年干支辛亥，是猪年。他想禁止养猪，一因本命肖猪，二因朱姓谐音，于正德十四年（1519年）下诏，禁养猪并不准易卖宰杀，违者罪及家小，永远流放边疆。有大臣直谏，武宗置之不理。直到清明祭礼时找不到猪，礼部官员多次进言，朱厚照才不得不废除禁令。

肥猪旺财

猪在传统文化中是财富的象征，是最常用的旺财吉祥灵物。"猪送元宝"吉祥物，一头肥硕健壮、笑容可掬的猪，立于元宝钱堆之上，双手拱送一枚大元宝。寓示着财神护佑，旺财催富，吉祥如意。

在中国文化中，猪还有其他许多寓意和象征。自从唐代开始，写金榜题名要用红朱（猪）笔写，而"蹄"与"题"谐音，所以猪成了"金榜题名、步步高升"的吉祥物。

富和好运。所以，肥猪拱门、猪驮聚宝盆成为年画、剪纸和刺绣等民间美术世代因袭的画面。

帝王尊，延及猪

帝王之尊，贵不可言，但贵到极点，也不能自选生肖。于是有些帝王便与猪有了一层摆脱不了的干系，而另一些人虽非生肖属猪，却也与猪有缘。汉武帝刘彻未生时，其父汉景帝梦见一只红色的猪从云端直下崇芳阁，景帝醒来见红气如霞、遮窗蔽户，于是改崇芳阁为猗兰殿，后来武帝就降生于此殿。若按迷信说法，武帝当为天上赤猪转世，虽然他并不属猪。

元朝被朱元璋率领的农民起义军冲击

延伸阅读

关于猪的神话传说

古代神话传说中，开天辟地的豨韦氏即是上古的大猪形象。豨韦氏是一个掌管天地、阴阳交通的神，这可能与先民以猪腹象征混沌未开的宇宙有关。在开天辟地中，猪先凿破鸿蒙，剖判天地，然后再由其他创世伟人轮番上阵。如果没有猪劈开天地，伏羲、黄帝、西王母众神甚至难以施其所长。

第六讲
礼俗禁忌篇

跪拜礼

> 跪拜是中华民族的传统礼节，随着时代的发展，文明的进步，世界倡导平等自由，早已将跪拜之礼抛弃。但我们今天在拜神、拜祖、拜师仪式上仍能看到。

看古装电视剧，经常见到大臣对皇帝行跪拜礼，子女对亲长行跪拜礼。为什么会产生这样的生活礼节呢？这要从古代人们的物质条件和生活习惯谈起。

席地而坐终成跪拜礼

汉代之前，中国还没有正式的凳椅。人们在进食、议事、看书的时候，只是在地上铺一条用芦苇、竹篾等编成的铺垫用具。人们坐在席子上，这就是成语"席地而坐"的来历。如果请客人坐正席，则需要多铺一重席子，以表示恭敬。就连朝廷的最高统治者也是"席地而坐"，只不过所坐的席子要比普通老百姓好得多，如周代每次举行大朝觐时，五者所坐的席位，放有绣着黑白斧形的屏风，屏风前面南向铺设着莞草编成的席子，上面再加上五彩蒲席和桃枝竹席，左右摆设玉。

不过，古代所谓"坐"的姿势，和我们现代人的"坐"完全不一样。古人坐的时候要两膝着地，然后将臀部坐在后脚跟上面，脚掌向后且向外。古人的"坐"，实际上就是我们现在的"跪"。在接待宾客

◆ 《高逸图》（局部）唐 孙位

中，每当"坐"着向客人致谢时，为了表示尊敬，往往伸直上半身，也就是"引身而起"，使坐变成了跪，然后俯身向下，就这样，逐渐形成了日常生活中的跪拜礼。

如何来行礼

不跪不叫"拜"一直被古人所信奉。拜，在古代就是"行礼"的意思。按照周代礼仪的规定，当时对跪拜的动作和对象，作了严格的规范，《周礼·春官·大祝》分礼拜为：稽首、顿首、空首、振动、吉拜、凶拜、奇拜、褒拜、肃拜，合称九拜。

稽首时，拜者必须屈膝跪地，左手按右手，支撑在地上，然后，缓缓叩首到地，稽留多时，手在膝前，头在手后，这是"九拜"中最重的礼节。一般用于臣子拜见君王和祭祀祖先的礼仪中。顿首和稽首大致相同，不同于顿首礼拜时必须急叩头，额触地而拜，一般用于下对上的敬礼。空首，双膝着地，两手拱合，俯头到手，与心平而不到地。

振动，不仅要跪拜、顿首，拜后还要"踊"，即跳踊，一般都在丧事时，拜者往往搥胸、顿足，跳跃而哭，表示极度悲哀。吉拜时，则在行礼时，先空首，后顿首。凶拜时，先顿首，后空首。奇拜时，一拜即可；褒拜时，再拜、三拜，古代以再拜为重。

肃拜是古代女子跪拜礼的一种，行礼的时候跪双膝后，两手先到地，再拱手，同时低头，到手为止。肃就是"手到地"的意思，后来在书信来往中为了表示对对方的尊敬，往往上"谨肃"，妇女行礼也称"端肃"。

◆ 清康熙青花五彩人物故事图盖罐。图中一男子与一女子双双向一官员行跪拜礼

到了汉代以后，才渐渐有高座，凳椅先后问世，人们不再"席地而坐"，因而使原来生活中的"跪坐"起了很大变化。但跪拜礼仍然存在，变成了等级差别的标志，广泛运用于官场之中。在民间，如祭祀、祝寿等风俗中，仍世代相传。

延伸阅读

中外礼仪之争

1793年，英国使团为83岁高龄的乾隆皇帝送上寿礼，英使团信中"情词极为恭顺恳挚"，因此乾隆帝命令沿海官员妥善接待。使节未到，礼物已先期到达，这让乾隆相当满意。马嘎尔尼勋爵带领的使团即将面见乾隆的前夕，双方就朝见礼节进行商讨时，中国官员要求马嘎尔尼等人向乾隆行三拜九叩大礼，而英国使团坚持要行面见本国国王时的单膝跪拜吻手礼。眼看原定觐见日期将至，双方终于达成一致：英国使团官员以单膝跪拜礼见皇帝。最后乾隆表示宽容，让马嘎尔尼行单腿屈膝礼。

尊师之礼

> 尊师是中华民族的优秀传统，老师是"传道"者，尊重老师是敬道的延伸，尊师礼仪是敬道仪式的一部分。在中国几千年的历史中，尊师礼仪一直备受推崇，影响深远。

韩愈说："师者，所以传道、授业、解惑也。"荀子说："君子隆师而亲友。"关汉卿说："一日之师，终身为父。"谭嗣同说："为学莫重于尊师。"一直以来，中国人都有尊师的传统，尊师礼节至今被我们所传扬，国家规定每年的9月10日为教师节。

尊师重教礼仪

古代，人们把教师与天、地、君、亲并列敬仰。最早记载我国尊师重教的古籍是《礼记·学记》，书中记述："凡学之道严师为难。严师难后道尊，道尊然后民知敬学。"由此说明尊师是最重要的。只有尊师，才能重道；只有重道，才会使人重视学习，重视教育。

中国古代对于尊师有一整套严格的礼数法度。《礼记·曲礼上》载："礼，闻取于人，不闻取人；礼，闻来学，不闻往教。"意思是学习之礼，只听说到老师处学习，没听说让老师上门来教的；懂礼的人，只听说别人主动来学，没听说主动去教人的，足见师道之尊。师生相处，尊师的礼数套路严格细致。诸如出行、站立、路遇、谈话、饮食、穿戴等都有详细的条目规定。比如跟老师出行，只能尾随其后，不可越过老师而与旁人搭腔说话。路遇老师，要快步向前，先站正了，再拱手向老师表示敬意；老师问话就答，不问速退一侧。在座谈或筵席之间，面前倘有老师的书籍或琴瑟等，应跪着把它搬开，切不可抬脚跨过。陪老师闲坐，老师问事，要等老师说完才回答；向老

◆ 孔子像 宋 马远

◆ 孔庙區。"万世师表"由康熙题写,封孔子为"万世皇帝之师,千古人类之表"。"斯文在兹"是光绪写的,意为"天下的文化都在这里"

会,被后世尊为"大成至圣先师",世称孔圣人。

程门立雪

北宋才子杨时,中了进士后,放弃做官,继续求学。杨时仰慕当时的大学问家程颢、程颐兄弟的学识,投奔洛阳程颢门下,拜师求学。4年后程颢去世,杨时又继续拜程颐为师。这时杨时已经40岁,仍尊师如故,刻苦学习。一天,大雪纷飞,天寒地冻,杨时碰到疑难问题,便约同学游酢冒着凛冽的寒风一同前往程颐家求教。当他们来到程颐家,见老师坐在椅子上已经睡着了,他们不忍打搅,怕影响老师休息,就静静地侍立在门外等候。当程颐一觉醒来时他们的脚下已积雪一尺深了,身上飘满了雪。程颐忙把两人请进屋去,为他们讲学。

后来,这个故事成了成语,比喻求学心切和对有学问长者的尊敬。

师请教时要起立。老师召唤时,答应不能用"诺",而要用"唯"来回答,并且立即起立,以示恭敬。

中国古代有一整套严格的避讳制度:子孙要避讳父祖之名,百姓要避讳官长之名,臣民要避讳君主之名。可是,严格礼制下也有不必避讳的情况:一是《礼记·曲礼上》载:"诗书不讳,临文不讳,庙中不讳"。也就是说,除了在被古人看作是头等大事的祭祀时,面对着诸神或祖宗英灵,可以不必避讳外,那就是在诵读《诗经》《尚书》等儒家经典之时或教师教学之际可以不必避讳了。显然,这也是给予教师的一种"特权"。

周朝"礼崩乐坏",官学式微,私学兴起。孔子首创私学,打破了"学在官府"的限制,一般平民有了可以接受教育的机

> **延伸阅读**
>
> #### 释菜礼
>
> 释菜礼是中国古代流传下来的两大祭孔仪式之一,是西周时期的立学礼,在开学时举行,已有3000多年的历史,20世纪初停办科举和私塾之后,释菜礼也随之中断。释菜礼摆放的四样果蔬,水芹代表青年学子,相传学子考中秀才后,须在泮池里采些水芹,并插在帽上到孔庙祭拜。酱韭菜花代表才华,红枣代表早立志,栗子代表敬畏之心。这四样果蔬虽然简单,但却代表着对至圣先师的崇敬之心和刻苦学习的志向。

第六讲　礼俗禁忌篇

尊老之礼

> 重视人伦道德、敬老尊老是中国文化传统中的精华,也是中华民族强大的凝聚力和亲和力的具体体现。"老吾老以及人之老"不仅是道德伦理问题,更具有国家政治意义。

中国作为礼仪之邦,尊老传统自古便有之,并一代代地被我们传承下来。

尊老尚齿的传统

尊老尚齿(意指敬老)是中国的传统美德,形成于尧舜,发展于夏商,到了周代,已经形成行为规范和社会准则。先秦三代虽然各有侧重,但是在尊敬老人上是一致的,并且还都拥有一套养老礼制。

《礼记·祭义》载:"凡养老,有虞氏以燕礼,夏后氏以飨礼,殷人以食礼,周人修而兼用之。"在先秦三代,燕礼、飨礼和食礼是用来款待宾客的不同礼仪,用款待宾客的礼仪来对待老人,足以表明先秦三代尊老尚齿的程度。尊老尚齿不仅有利于吸引人心,更为重要的是还利于安邦定国。先秦时期设有负责养老的官职,如太宰、大司徒、乡大夫。对鳏寡孤独者进行特殊照顾,让鳏寡孤独者"皆有所养",是先秦时期养老制度的重要内容。由此可以看出当时国家对养老事务的重视。

周代的养老敬老爱老礼仪,对前是集大成者,对后是垂训万世。后世的历代王朝,无不以其为蓝本,有所增益,各成鸿制,尤其是汉朝以及明清,使之更加完备。

西汉初期,国家刚刚恢复安定,汉高祖就颁布了养老诏令,凡80岁以上的老人均可享受"养衰老、授几杖,行糜粥饮食"的待遇。汉成帝时又将享受这种法定待遇的老人的最低年龄降到了70岁。每年秋天,由地方政府普查人口,对高龄老人进行登记造册,并举行隆重的授杖仪式。

汉代时开始设立居养机构,专门收养孤老贫病、不能自存者。521年,梁武帝颁

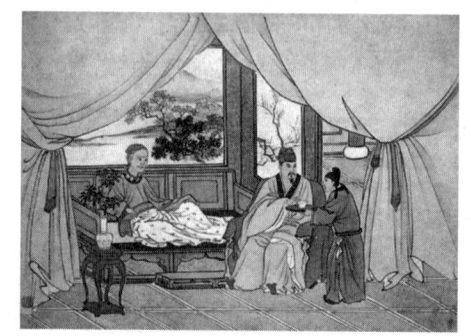

◆ 亲尝汤药。汉文帝刘恒奉养母亲薄太后,从不怠慢。母亲有一次患病竟三年之久,文帝亲自殷勤看护,在侧伺候竟目不交睫,衣不解带

布诏令，决定在京师建康置"孤老院"。隋唐五代也继续设立这类机构，并派官吏专门负责相关事宜。元代设有养济院，收养"诸鳏寡孤独、老弱病残、穷而无告者"。

自先秦以来，流行于社会的乡饮酒礼，一直为历代传承。乡饮酒礼由政府出面主持，劝励人们尊敬长老，提倡尊老的风气，这种乡饮酒礼直至清朝光绪年间才被废止。

"以孝治天下"的思想

推行孝道是中国古代治国的重要措施。孟子认为，子孝则家齐。天子养老，等于养天下之父亲，以父统子，则天下归心，忠君则天下太平，这就是"以孝治天下"的基本思路。汉代推行"以孝治天下"的政策，高祖刘邦后的每一位皇帝的谥号前都加了一个"孝"字。不仅如此，汉统治者还通过举荐的方式，把民间那些"孝悌力田"者吸收到朝廷做官。

受到汉代的影响，后来各朝各代对"孝"都有相当的重视，逐渐形成了中华民族敬老养老的传统美德。老吾老以及人之老，便是流传千年的金玉良言。

二十四孝

元代郭居敬辑录古代24个孝子的故事，编成《二十四孝》，用训童蒙，成为宣传孝道的通俗读物。以后，又有人刊行《二十四孝图诗》《女二十四孝图》等，流传甚广。

《二十四孝》由历代24个孝子从不同角度、不同环境、不同遭遇行孝的故事集成，包括下面二十四个故事：孝感动天、戏彩娱亲、鹿乳奉亲、百里负米、啮指痛心、

◆ 百里负米。仲由（即子路），是孔子的学生，他非常孝敬父母，为了让父母吃到米，走到百里之外去买米，再背着米赶回家里，奉养双亲

芦衣顺母、亲尝汤药、拾葚异器、埋儿奉母、卖身葬父、刻木事亲、涌泉跃鲤、怀橘遗亲、扇枕温衾、行佣供母、闻雷泣墓、哭竹生笋、卧冰求鲤、扼虎救父、恣蚊饱血、尝粪忧心、乳姑不怠、涤亲溺器、弃官寻母。

延伸阅读

黄香温席

黄香，东汉人，少年的时候就善写文章，当时的人称颂他："天下无双，江夏黄香。"但黄香最难能可贵的，还是他很小就知道孝敬父亲。黄香9岁的时候母亲去世了。他十分悲伤，就把对母亲的思念和爱全部倾注到父亲身上。冬夜，天气寒冷，黄香就先钻到父亲的被窝里，躺一会儿才回到自己的床上睡觉。夏天夜里很热，黄香就手执蒲扇，对着父亲的枕席使劲扇。

第六讲　礼俗禁忌篇

祭天之礼

> "天"是中国传统信仰体系的一个核心概念,天是自然的,亦是神格化、人格化的,是道德、民意之化身,故而"敬天祭祖"一直都是中国文化最基本的信仰要素。

在古代社会,悠悠苍天,变化万端而又神秘莫测,激发出人们丰富的想象力,创造了自然界中不存在的天神。土地是万物滋生的本源,是人类生存的根基,人们想象出各种土地神。天神、土地神观念产生之后,祭祀的场所、仪式等文化元素也就相继产生了。

古代帝王之祭天

中华民族自古就有祭天礼俗及无形的对天的信仰。周代制定礼乐,最高等级的六代乐舞用于郊庙祭祀,以《云门》用于祭天、《大咸》用于祭地。在重要的节日中,古代帝王要进行祭天活动,而当遇到天灾人祸之类的大事情的时候,同样帝王会以天子之身来替民众祈愿。

古代帝王亲自参加的重要祭祀有三项:天地、社稷、宗庙,其中最隆重的要数祭天。皇帝每年冬至祭天;皇帝登位也须祭告天地,表示"受命于天"。祭天起源很早,《周礼·大司乐》云:"冬至日祀天于地上之圜丘";但是采取周制祭天,其实是很晚以后魏晋时期的事。

祭天之礼,至少在周代已经存在。当时已实行"祭天圜丘,祀地方丘"的制度,冬至到南郊祭天,夏至到北郊祭地。春秋时期齐国境内便有了祭祀"八神将"的活动,祭天是其中的活动之一。秦始皇统一六国后,更是亲临泰山进行封禅(封为"祭天",禅为"祭地")活动。汉代以后,儒学与宗教有了一次大规模的联姻。这时,儒家典籍被经典化、神圣化。以董仲舒为首的儒家学者,吸收了战国以来开始流行的阴阳五行思想,对原始儒学进行了一番神学化的改造,构筑了一个融宗教与儒学为一体的思想体系,并为天子祭天做了新的解释。他认为,帝王既然是"天子",就应该对上天行孝道,认为天子不祭祀上天,就像为人子不

◆ 秦皇祭天塑像

侍奉父亲一样，是大逆不道的。同时，汉代人还建立了一整套郊社宗庙制度。这套制度在东汉最终被以国家法典的形式固定下来，成为后来历代国家宗教的基本模式。

天坛：古代祭天建筑群

天坛是中国明、清两朝历代皇帝祭天之地，总面积为273公顷，是世界上最大的古代祭天建筑群。天坛始建于明永乐十八年（1420年），用工14年，与紫禁城同时建成，名"天地坛"。嘉靖九年（1530年）因立四郊分祀制度，于十三年（1534年）改称"天坛"。清乾隆、光绪帝重修改建后，才形成现在天坛公园的格局。

在明朝初年，天与地原是合并一起祭祀，南北的郊坛都一样，设祭的地方名叫"大祀殿"。嘉靖九年改为天地分祀，在天坛建圜丘坛，专用来祭天，另在北郊建方泽坛祭地，原来合祀天地的大祀殿，逐渐废而不用。清廷入关后，一切仍按明朝旧制。天坛的主要建筑祈年殿、皇穹宇、圜丘等均在乾隆时期改建，并一直留存至今。1998年，天坛被列入《世界遗产名录》。

纳西族的祭天

祭天，纳西语叫"孟本"，是丽江、中甸等地区纳西族古老而又隆重的庆典活动。民间流传"纳西祭天人"和"纳西祭天大"的俗语，充分表明了祭天在纳西人心目中的重要位置。元明清的汉文史书中有关于纳西族祭天的记载，并有一套完整的祭天规程和繁杂的仪式，说明纳西族祭天历史的久远。

纳西祭天有春祭和秋祭，其中春祭又称

◆ 纳西族祭天场

为"大祭"，在春节期间进行，是春节活动的主要内容，故称"春节大祭"。秋祭在七月中旬举行，因而也叫"七月祭天"。

延伸阅读

泰山封禅

秦始皇统一中国后，于公元前219年巡行东方，先到峄山，行祭礼，刻石歌颂秦的功业。始皇帝自定礼制，整修山道，自泰山之阳登山。在岱顶行登封礼，并立石颂德。自泰山之阴下山，行降禅礼于梁父山。

元封元年（公元前110年）三月，汉武帝率群臣东巡，至泰山，派人在岱顶立石。之后，东巡海上。四月，返至泰山，自定封禅礼仪：至梁父山礼祠"地主"神，其后举行封祀礼，在山下东方建封坛，高九尺，其下埋藏玉牒书；行封祀礼之后，武帝独与侍中奉车子侯登泰山，行登封礼，第二天自岱阴下，按祭后土的礼仪，禅泰山东北麓的肃然山。此后，汉武帝又曾五次来泰山举行封禅仪式。

第六讲　礼俗禁忌篇

诞生礼

> 诞生礼是一个具有连续性的人生礼仪，从妇女未孕时的求子到婴儿周岁，一切礼仪都围绕着长命的主题，是对婴儿降生人世的一种认可和祝愿。

诞生礼又称"人生开端礼"或"童礼"。中国古代生命观重生轻死，因此把人的诞生视为人生的第一大礼，以各种不同的仪礼来庆祝，由此形成许多特殊的饮食习俗。

求子食俗

向神求子：祭拜主管生育的观音菩萨、碧霞仙君、百花神、尼山神等，供上三牲福礼，并给神祇披红挂匾。送食求子：吃喜蛋、喜瓜、莴苣、子母芋头之类，据说多吃这类食品，便可受孕。送物求子：包括送灯、送砖、送泥娃娃、送麒麟盆，相传这都是得子的征兆。

保胎食俗

对于孕妇，古人是食养与胎教并重，还有"催生"之俗。在食养方面，强调"酸儿辣女""一人吃两人饭"，重视荤汤、油饭、青菜与水果，忌讳兔肉（据说生子会豁唇）、生姜（据说生子会六指）、麻雀（据说生子会淫乱），以及一切凶猛丑恶之物（据说生子会残暴）。

在胎教方面，要求孕妇行坐端正，多听美言，有人为她诵读诗书，演奏礼乐。同时不可四处胡乱走动，不可与人争吵斗气，不可从事繁重劳动，并且节制房事。

在催生方面，名堂也很多。湘西一带是孕妇的母亲做一顿饭，二至五道食肴，饭食必须一次吃完，意谓"早生""顺生"。侗族是由娘家送大米饭、鸡蛋与炒肉，七天一次，直至分娩为止。浙江是送喜蛋、桂圆、大枣和红漆筷，内含"早生贵子"之意。

◆ 莲生贵子 清 冷枚

添丁报喜

孩子出生后，产妇家向亲友分红蛋或糖果，亲友收到红蛋后就要准备鸡、肉、蛋、面等礼品，送给产妇补身体。在婴儿降生当天，汉族有"贺当朝"，亲友带着母鸡、鸡蛋、蹄膀、米酒、糯米、红糖前来祝贺，产妇家开"流水席"分批接待。少数民族，土家族有"踩生酒"，畲族有"报生宴"，仫佬族有"报丁祭"。

产妇调养

孩子出生后，产妇开始坐月子，一方面补身，一方面开奶。食物多为小米稀饭、肉汤面、煮鲫鱼、炖蹄膀、煨母鸡、荷包蛋、甜米酒之类，一日四至五餐，持续月余。坐月子期内产妇要比平时多加衣服，前额要用帕子遮住以免受风；吃食不能太饱以免伤脾胃；产妇不能多说话以免造成舌疾；产妇不能干活以免造成劳疾；产妇不能用冷水洗手以免弄坏关节。同时还禁止生人进入产妇房中，以免造成婴儿的疾病，只许产妇的母亲、婆婆、丈夫等照料产妇的人入内。

育婴食俗

婴儿出世第三天，亲朋好友们都会前来祝贺。这一天要给婴儿洗澡，俗称"洗三朝"。给婴儿洗澡时念诵"长流水，水流长，聪明伶俐好儿郎""先洗头，做王侯，后洗沟，做知州"的喜歌。

婴儿满月时，生父携糖饼请长者为孩子取名，叫"命名礼"；用供品酬谢剃头匠，叫"剃头礼"。然后小儿与亲友见面，设宴祝贺。亲朋须赠送长命锁，婴儿要例行认舅礼。

◆ 长命锁

婴儿出生满百天，举行仪式庆祝，祝婴儿长寿，贺礼必须以百计数，鸡蛋、烧饼、礼馍、挂面均可，体现百禄、百福之意。

孩子周岁时，放一些物品让其抓取，以此来试其志向，预测其未来的前程，俗称"抓周"。抓周后，诞生礼结束。

延伸阅读

抓周的起源

相传，三国时吴王孙权称帝不久，太子孙登得病而亡，孙权只能在其他儿子中选太子。有个叫景养的西湖布衣求见孙权，进言立嗣传位乃千秋万代的大业，不仅要看皇子是否贤德，而且要看皇孙的天赋。孙权遂命景养选择一个吉日让诸皇子各自将儿子抱进宫来，让小皇孙们任意抓取所摆放的物品。只有孙和之子孙皓，一手抓过简册，一手抓过绶带。孙权于是册立孙和为太子。其他皇子不服，各自交结大臣，明争暗斗，迫使孙权废黜孙和，另立孙亮为嗣。孙权死后，孙亮仅在位七年，便被政变推翻，改由孙休为帝。孙休死后，大臣们都希望拥戴一位年纪稍长的皇子为帝，恰好选中年过二十的孙皓。这时一些老臣回想起先前景养采用的选嗣方式，不由啧啧称奇。"抓周"的习俗由此而成并传承至今。

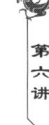

寿诞之礼

古人云："寿是五福之首。"由于人们对长寿的祈盼和追求，很早就形成一整套祝贺寿诞的风俗。每逢老年人的寿辰，晚辈要带着食品、寿幛、寿联等寿礼，前去祝寿。而在这其中，也有颇多的禁忌。

民间举办寿诞仪礼大多只限于老人和小孩，老人"做寿"，小孩"过生日"。寿诞对于老人尤其重要，因此在这中间颇有讲究。

传统的寿诞

老人50岁以上，开始在诞辰日举办庆祝活动，逢十称"大寿"，如"五十大寿""六十大寿""七十大寿"等。寿诞多由晚辈操持。作寿前要向至亲好友发请柬，发放日期一般在作寿的前三日，否则为失礼。民谚："三日为请，二日为叫，当天为提来。"亲友接到请柬，便准备寿礼届时前往，俗称"拜寿"。主人还要大摆寿宴，宾客痛饮，有的还请来堂会，增加喜庆气氛。

寿诞前一天，庆寿之家先要设寿堂。寿堂一般在堂屋正厅，屋内张灯结彩，正面墙壁中间悬挂中堂图画，男寿多为南极仙翁，女寿多为瑶池王母，或八仙庆寿、或百寿图、或红纸书一大金色"寿"字。中堂两边为"福如东海长流水，寿比南山不老松"等祝福语句的对联。墙下放礼桌，桌上陈寿桃、寿糕、寿酒等，两边两只红蜡烛。桌前地上铺设红毡或花席，以备后辈人行礼。

寿诞这天，儿孙、亲友们带着蛋糕、肉类、酒、茶及其他礼品来为老人祝寿。老

◆ 康熙为孝庄皇太后御书的"福"字

人穿戴一新居于首座,接受晚辈跪拜,分赠"寿钱"。拜寿毕,开筵席。儿孙、亲友们一一敬酒,祝老人健康长寿。老人吃长寿面,取"绵长"之意,以祝寿星延年益寿。筵毕,向四邻分赠寿包、金团。

出嫁的女儿为表示对父母寿诞的重视,父母66岁寿诞之时,女儿送上一块肉,肉要切66块,意取"六六大顺"的吉言;父母77岁寿诞,女儿送只老母鸡;父母88岁寿诞,女儿送只鸭。老人六旬后,每逢数九寒天,出嫁的女儿都要送一只鸡或鸭,用以"抚芳",每逢闰月年,出嫁的女儿要为父母送闰月鞋袜或衣料。

寿诞禁忌

民间祝寿,相关的禁忌颇多。俗话说"七十三,八十四,阎王不叫自己去。"据说圣人孔子只活到73岁,亚圣孟子84岁时去世,迷信说法这两年是"损头年",老人很难平安度过这两道坎,所以老人的年龄忌说73和84,如有人问及寿龄,必少说一岁或多说一岁,避开这两个年岁,相应的也就没有73岁和84岁的寿辰。

民间忌讳说百岁,认为百岁是人寿命的极限,到了百岁也就是活到头了。逢百岁时多数仍说99岁(久久无限长之意)。做寿还有"做九不做十"之俗,逢十的整寿必须提前一年祝寿,也称"做九头",如"六十大寿"要提前到59岁生日时庆贺,"八十大寿"要在79岁时举行。这是因为方言"十"与"死"的发音相近,犯忌;而"九"与"久"音同,吉利。一般做寿忌间隔,一旦开始做寿必须年年连做,不能间断,否则再次庆寿时就成为"断头生"。

参加祝寿活动的服饰宜选用色调明快、含有吉庆之意的红、黄等色,切忌穿全黑、全白的服装,也忌穿黑白相配的服装。送礼时要注意一些老人家忌讳的东西,不能送梨,因为"梨"与"离"谐音,意喻分离;不要送伞,"伞"与"散"谐音;不能送鞋,"鞋"与"邪"谐音,不吉利;不能送灯,"灯"与"蹬"谐音,老人也很忌讳。

祝寿活动结束时,主人家有时会适当地赠给客人一些回礼,俗称"敬福"。对此,祝寿者应拒绝收受。

延伸阅读

长寿面的传说

相传,汉武帝崇信鬼神又相信相术。一天与众大臣聊天,说到人的寿命长短时,汉武帝说:"《相书》上讲,人的人中长,寿命就长,若人中1寸长,就可以活到100岁。"坐在汉武帝身边的大臣东方朔听后就大笑了起来,众大臣莫名其妙,都怪他对皇帝无礼。汉武帝问他笑什么,东方朔解释说:"我不是笑陛下,而是笑彭祖。人活100岁,人中1寸长,彭祖活了800岁,他的人中就长8寸,那他的脸有多长啊。"

众人听了也大笑起来,看来想长寿,靠脸长长点是不可能的,但可以想个变通的办法表达一下自己长寿的愿望。脸即面,脸长即面长,于是人们就借用长长的面条来祝福长寿。渐渐地,这种做法又演化为生日吃面条的习惯,称之为吃"长寿面"。

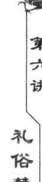

第六讲 礼俗禁忌篇

成年礼仪

成年礼是为承认年轻人具有进入社会的能力和资格而举行的人生仪礼,是一个人由个体走向社会的一道必不可少的程序。古代中国男子20岁实行冠礼,女子15岁实行笄礼。但是随着时代的发展,而今的成年礼已很少见。

中国传统社会有通过举行成人礼象征从童年进入成年的传统。在孩子适当的年龄,长辈便会为他们举行成人仪式,虽然每个民族成人礼的年龄不同,但此事无论对长辈还是孩子都尤为重要。

成年礼的本意

古代的成年礼本意是为了禁止与未成年的异性通婚,也可以说是对成年人婚姻资格的一种道德审查。冠礼即是男子跨入成年人行列的加冠礼仪。《礼记》云:"夫礼,始于冠""男子二十,冠而字"。对于冠礼非行不可,《礼记》的解释是:"凡人之所以为人者,礼义也。礼义之始在于正容体、齐颜色、顺辞令……故冠而后服备,服备而后容体正、颜色齐、辞令顺……已冠而字之,成人之道也。"照这么说,不行冠礼,则一生难以"成人"。女子的成年礼叫"笄礼",也叫"加笄",在15岁时举行。

成年礼的仪式

冠礼从氏族社会盛行的成丁礼演变而来,一直延续至明代。具体的仪式是由受礼者在宗庙中将头发盘起来,戴上礼帽。由于要穿戴的服饰很多,包括冠中、帽子、幞头、衣衫、革带、鞋靴等,于是分为3道重要程序,分3次将不同材料制成、代表不同含义的帽子一一戴上。"三加"之后,还要由父亲或其他长辈、宾客在本名之外另起一个"字",只有"冠而字"的男子,才具备日后择偶成婚的资格。

女孩由家长(或主宾)替她把头发盘结起来,加上一根簪子;改变发式表示从此结束少女时代,可以嫁人了。梳头完毕,接下来女孩需要三次加笄,每次更换相应的服

◆ 成人礼冠服

饰，从"采衣"到"襦裙"，再到"曲裾"，每加后行礼，三加的服饰，层层递进，分别有不同的涵义，象征着女孩子的成长。女孩穿上曲裾，戴好了玉簪，跪拜在家长（或主宾）面前，饮过及笄酒，听过家长（或主宾）的循循训导，就正式跨入了成年人的行列。

少数民族的成年礼

傣族、布朗族的成人礼有漆齿的礼俗，漆齿就是染齿，不染者不能公开参加社交活动。染齿前，需要先吃些酸性水果，有的用酸汁涂抹一遍牙齿，再点一束松明，让松脂滴在瓦块或木片上，再用黑烟熏齿，连染数日，直至将雪白的牙齿染成墨黑的颜色。与此不同，布朗族的孩子长到十五六岁时，要拔掉两颗门牙。

傣族、布朗族男子的成人礼还要文身和绣脚。男性以文身为荣，身上不刺纹者，人格低下，不如水中青蛙，会被姑娘们视为懦夫，很难得到女性爱慕，只能孤独终生。文身一般在十四五岁时举行。刺纹时，受刺者需服用一些带有麻醉性质的药物，文身师用墨在肌肤上绘出图案轮廓，以针蘸上颜料扎入皮肤，让颜料残留于皮肤内，形成永不消褪的纹痕。

纳西族、普米族、彝族则通过更换服饰象征成年，女的换裙，男的换裤，换过之后，方可谈情说爱。摩梭人的孩子长到13岁，便要举行成年礼。成年礼仪式一律在农历大年初一凌晨举行。行礼时，男孩站在正房左边"男柱"下，女孩站在右边"女柱"下，一只脚踩着猪膘肉，一只脚踩着粮袋，

◆ 成年的摩梭姑娘

象征终生吃用不尽。女孩由阿妈为其穿上漂亮的金边衣、百榴裙，扎上红腰带，盘缠发辫，佩上彩色项链、耳环、手镯等饰物。男孩由舅舅为其穿戴簇新男装，扎上腰带，佩上腰刀。纳西族、普米族的成人礼与此相似。

> **延伸阅读**
>
> **冠礼的兴衰**
>
> 中国的成年礼见诸文献记载的是冠礼与笄礼，这是士阶层的成年礼。汉魏六朝时期，冠礼通行于上层社会，六朝以后冠礼在主流社会逐渐沉寂。隋唐时期，由于政制与思想文化转变的关系，冠礼与其他古礼一样只是在社会上层象征性地保留着。宋代统治者积极复兴儒学，鼓吹礼义纲常，作为"养人之始"的冠礼受到重视，贵族的礼仪演变为士庶通礼。明代《朱子家礼》被视为民间社会的礼仪指南，冠礼得到较多施行。清代是传统冠礼衰落的时代，清至民国期间，民间的冠礼普遍采用了冠婚结合的方式，冠礼成为婚礼的前奏。

第六讲 礼俗禁忌篇

结婚礼仪

> 婚礼在中国原为"昏礼",属于汉传统文化精粹之一。古人认为黄昏是吉时,所以会在黄昏行娶妻之礼,故而得名。婚礼在五礼之中属嘉礼,是继男子的冠礼或女子的笄礼之后的人生第二个里程碑,因此往往隆重而盛大。

婚礼,无论在古今中外,都被认为是人生礼仪中的大礼,相应的礼俗文化也就很多。

在中国古代封建社会,婚姻取决于"父母之命,媒妁之言"。因此,婚前的一切礼仪,包括从择偶至筹备正式婚礼的一系列环节,几乎都由父母双方的家长包办,真正婚姻的当事人往往被排除在外。

最初的婚礼形式始于原始社会末期,从相传始于伏羲时代的定婚逐步演进,到夏商时的"亲迎于堂",再到周代所具备的完整的"六礼",初步奠定了中国传统婚礼的基础。

纳采

男方欲与女方结亲,请媒人往女方家提亲,得到应允后,再请媒人正式向女家纳"采择之礼"。纳采是全部婚姻程序的开始,后世纳采仪式基本循周制。清代的纳采多为定婚礼,与历代不同。

问名

问名俗称"讨八字""请庚""探问",男方请媒人到女家询问女方名字、出生日期、籍贯等;有的还要问三代以及官职等。女方把上述情况一一写在帖子上交给媒人。这帖子称"庚帖",男方接到庚帖,要请人推算占卜,称为"合八字"。历来对此有许多讲究,一个人出生的年月日时都以干支相配,共八个字,称为"生辰八字",如果男女双方的八字相合,就可以定亲;如果八字相克,则不可议婚。

纳吉

男方问名、合八字后,将卜婚的吉兆通知女方,并送礼表示要订婚。到了这一步,婚事已经大致确定下来。唐代,称为

◆ 潮剧中的拜堂

"报婚书",宋代称"过细帖""插钗",再后来又称为"传庚""定亲""换帖",也就是说到了这个阶段男女双方还要换一次帖子,这次称为"定帖",又称"龙凤帖"。延至近代,也就是"订婚",男女双方一订婚,就要受伦理约束,不可随便解除婚约了。

纳征

纳征又称"纳成""纳币",男家向女方送聘礼。到了后世,则称为"下彩礼""放定"。历来的聘礼里往往少不了茶叶,所以又称为"茶礼"。

请期

请期俗称"提日子""送日头"。男方送过聘礼之后,请人占卜求得一个吉祥的迎娶日子,派人告知女方以征得女方同意。时至今日,举行结婚典礼的日期仍为民众所看重,往往要由男女双方再三磋商才能确定下来。

亲迎

迎亲是新郎亲往女家迎娶新娘的仪式,亲迎礼是婚礼的核心。古代婚姻"六礼"中,前面五礼都只在男女双方家长和媒人之间进行,双方家族中的其他成员,甚至包括婚姻当事人在内都并不知道,也不在场。只有到了亲迎,婚姻当事人要到场,双方家族中的大多数人也到场祝贺,一齐参与仪式过程。只有在亲迎仪式正式向大家宣布婚姻的成立,大家才承认他们之间的婚姻关系。历来认为只有举行了亲迎,才算是正式结婚,否则是不算数的。从仪式程序上比较,前面五礼一般都较简短,而亲迎礼则十

◆ 古式新房

分繁复。有挂帐、催妆、拦门求利市钱红、撒谷豆、坐虚帐、走送、牵巾、挑盖头、参拜、交拜、饮交杯酒、合髻等程序。

延伸阅读

古代"媒人"称谓

媒人在中国的婚姻制度中占有重要的地位,古代婚礼从采纳、问名、纳吉、纳征到请期、婚礼,没有哪个环节能离开媒人。

《诗经·豳风·伐柯》中:"伐柯如何?匪斧不克,取妻如何?匪媒不得。"后来,便称媒人为"伐柯"或"伐柯人",称做媒为"执柯"。

唐人传奇小说中记载,做媒者是一位老人,他是主管婚姻之神,故后世又以"月老、月下老、月下老人"作为媒人的别称。

唐代元稹作《莺莺传》,写张生与崔莺莺相爱,经莺莺的侍女红娘从中设谋撮合,有情人终成眷属,元代王实甫据此改编为杂剧《西厢记》。此后,"红娘"便成了媒人的别称。

丧葬仪式

丧葬习俗是以丧葬为基础，在民间长期相沿、积淀而成的风尚和习俗。随着社会的发展、文明与进步，国家殡葬制度的改革，长期形成的丧葬习俗也在不断注入新的内容。

丧葬礼仪是既要让死去的人满意，也要让活着的人安宁。在整个丧葬的过程中，是生者与死者的对话，两者之间存在着一个坚韧的结——念祖怀亲。

穿寿衣

死者在弥留时刻须穿上寿衣。北方汉族的习俗，贴身穿白色的衬衣衬裤，再穿黑色的棉衣棉裤，最外面套上一件黑色的长袍。整套服装不能够有扣子，要全部用带子系紧，这样做表示后继有人。死者的头上要戴上一顶挽边的黑色帽，帽顶上缝一个用红布做成的疙瘩，用来驱除煞气，人们认为这样做对子孙是吉祥的。男性死者脚上要穿黑色的布鞋，女性死者要穿蓝色的布鞋。

沐浴更衣

在死者临终之前，家属必须要给他沐浴更衣。这实际上是给死者进行的第一次化妆整容。清洗尸体所用的水一般都是买来的，俗称为"买水"。买水用的钱主要是纸钱。

挺丧

在对死者进行沐浴更衣之后，还要举行"饭含"仪式。在死者的口中放入米贝、玉贝和米饭之类的东西。在其咽下最后一口气前，亲属们要将其移到正屋明间的灵床上，守护他(她)度过生命的最后时刻，这叫做"挺丧"。

报丧

报丧之制早在周代的时候就已经形成了，丧家放爆竹通知邻近的村人，发"帖"告知相距较远的亲友。有些地方的报丧有许多讲究，丧家死的是男人，必须由房族侄子到亲戚家报丧；死的是女人，必须由儿子、女儿给外婆家报丧。报丧的孝男孝女必须头上裹白布、戴斗笠，手上拿一条白布巾，跪

◆ 葬礼图

在娘家或外婆家人的面前哭报丧事，哭报完之后马上回家。当有人来奔丧，走到村头时，孝男孝女必须跪在村边路口哭迎，哭着述说丧亲的悲痛，哭谢奔丧亲人的一路辛劳，给每人递上一条白布（孝布）。

招魂送魂

死者的尸体安排就绪之后，就要选择一个合适的日子举行招魂仪式。招魂仪式的起源非常早，周代的一些文献中就有记载。招魂那天，丧家就在门前树起招魂幡，或者挂上魂帛。有的地方亲属还要登上屋顶呼喊招魂，让死者的灵魂回家来。

人死亡后，灵魂当然就要离开肉体。下一个程序就是由活着的人来给他"指路"，就是为魂灵指引升天的道路。招魂和送魂仪式，表现了两种相互矛盾的心态：一方面希望死者灵魂活转回来，另一方面则要告诉死者的灵魂迅速离开。

做七

按照古代的丧俗，灵柩最少要停三天以上。据说是希望死者还能复生，三天还不能复活，希望就彻底破灭了。近代以后，灵柩一般都在"终七"以后入葬。人们认为，人死后七天才知道自己已经死了，所以要举行"做七"，每逢七天一祭，"七七"四十九天才结束。这主要是受佛教和道教的影响。

吊唁

在"做七"之时还要进行吊唁仪式。死者家属要哭尸于室，对前来吊唁的人跪拜答谢并迎送如礼。举行简单的祭奠仪式，必须要搭灵棚。

入殓

"做七"完毕之后，就要对死者进行入殓仪式。在民间的习俗里，入殓的衣服和被子忌讳用缎子，因为"缎子"谐音"断子"；一般用绸子，"绸子"谐音是"稠子"，可以福佑后代多子多孙。

下葬

下葬是仪式的最后环节，一般都非常郑重其事。下葬的仪式反映了人们对灵魂的崇拜。汉族主要是实行土葬，墓地是死者的最终归宿，墓地的选择是埋葬死者的头等大事。墓地要选在地势宽广、山清水秀的地方，找出生气凝结的吉穴，从而可以使死者安息地下，庇佑子孙。今天，土葬渐少，多为火葬。

烧纸

人死之日起，亲人每七天烧一次纸，烧七次，四十九天，此为"烧七"。100天，1周年，3周年，也要烧纸祭祀，称为"烧百天""烧周年""烧三周年"。

延伸阅读

悬棺葬

悬棺葬是将死者棺木悬置在悬崖峭壁上的一种墓葬。棺木放置方式因时因地而有不同，有的利用峭壁间隙架设棺木，有的在峭壁上凿孔，插入木桩固定承托棺木，有的利用天然岩洞及人工凿洞来盛放棺木。葬具多为独木凿成，呈长方形，有少数以独木舟船为棺。葬式有一次葬和二次葬。中国迄今所知最早的悬棺葬是福建崇安武夷山的一、二号船棺葬，其年代经测定为距今3400—3800年，相当于中原地区的夏商文化时期。

宴饮之礼

> 在周代时，饮食礼仪已形成为一套相当完善的制度。这些饮食礼仪在以后的社会实践中不断得到完善，在古代社会发挥过重要作用，对现代社会依然产生着影响。

中国自古为礼仪之邦，讲究民以食为天，饮食礼仪自然成为饮食文化的一个重要部分。饮食礼仪是饮膳宴筵方面的社会规范与典章制度，餐饮活动中的文明教养与交际准则，赴宴人和东道主的仪表、风度、神态、气质的生动体现。现在的生活中我们的一些习俗还是在坚守着古代的传统。

宴饮礼仪

汉族传统的古代宴饮礼仪，自有一套程序。主人折柬相邀，临时迎客于门外。宾客到时，互致问候，引入客厅小坐，敬以茶点。客齐后导客入席，以左为上，视为首席，相对首座为二座，首座之下为三座，二座之下为四座。客人坐定，由主人敬酒让菜，客人以礼相谢。席间斟酒上菜也有一定的讲究：应先敬长者和主宾，最后才是主人。宴饮结束，引导客人入客厅小坐，上茶，直到辞别。

作为客人，赴宴讲究仪容，根据关系亲疏决定是否携带小礼品或好酒。赴宴守时守约；抵达后，先根据认识与否，自报家门，或由东道进行引见介绍，听从东道安排，然后入座。

座位的排法

排座次是整个中国宴饮之礼中最重要的一项。根据主客身份、地位、亲疏分坐。座次是"尚左尊东""面朝大门为尊"。地位高、辈分高的人坐在对门的位置(上座)，称为"首

◆ 《韩熙载夜宴图》（局部）描绘了南唐巨宦韩熙载家开宴行乐的场景

◆ 杏园夜宴图（局部）明 崔子忠

席"。首席为辈分最高的长者，末席为最低者。首席未落座，其他人都不能落座；首席未动手，其他人都不能动手。巡酒时自首席按顺序一路敬下，然后再饮。

菜肴的摆设

在古代饭桌文化中菜肴的摆设也有规则，凡是陈设便餐，带骨的菜肴放在左边，切的纯肉放在右边。干的食品菜肴靠着人的左手方，羹汤放在靠右手方。细切的和烧烤的肉类放远些，醋和酱类放在近处。蒸葱等伴料放在旁边，酒浆等饮料和羹汤放在同一方向。如果要分陈干肉、牛脯等物，则弯曲的在左，挺直的在右。

上菜的时候，要用右手握持，而托捧于左手上；上鱼肴时，如果是烧鱼，以鱼尾向着宾客；冬天鱼肚向着宾客的右方，夏天鱼脊向着宾客的右方。

用饭的礼节

作为客人，要检查手的清洁，不要用手搓饭团，不要把多余的饭放进锅中，不要喝得满嘴淋漓，不要吃得啧啧作声，不要啃骨头，不要把咬过的鱼肉又放回盘碗里，不要把肉骨头扔给狗，不要专据食物，也不要簸扬着热饭，不可以大口囫囵地喝汤，也不要当着主人的面调和菜汤，不要当众剔牙齿，也不要喝用来做调料用的肉酱。

如果有客人在调和菜汤，主人就要道歉，说是烹调得不好。如果客人喝到酱类的食品，主人也要道歉，说是备办的食物不够。湿软的肉可以用牙齿咬断，干肉就得用手分食。吃完饭，客人应起身向前收拾桌上的碟子，主人跟着起身请客人不要劳动，然后，客人再坐下。

延伸阅读

贾府宴饮

《红楼梦》里描述了贾府一次中秋赏月的宴饮活动："凡桌椅皆是圆的，特取团圆之意。上面居中，贾母坐下。左边是贾赦、贾珍、贾琏、贾蓉，右边是贾政、宝玉、贾环、贾兰，团圆围住。"宴会在圆桌上进行，座次仍是"尊卑有序""长幼有序"。贾母是"老祖宗"，在上面居中坐下。贾赦是大房，所以居左，贾政是二房，所以居右。

第六讲 礼俗禁忌篇

饮茶之礼

中国是茶的故乡,有着悠久的种茶历史,又有着严格繁琐的敬茶礼节,还有着内涵丰富的饮茶风俗。

茶在中国被誉为国饮,饮茶之礼源远流长,多有讲究。

以茶代礼

中国有以茶代礼的风俗。南宋都城杭州,每到立夏,家家户户烹新茶,并配以各色细果,馈送亲友毗邻,叫作"七家茶"。在茶杯内放两颗青果,橄榄或金桔,表示"新春吉祥如意"的意思。

茶礼还是中国古代婚礼中的一种礼节。民间男女订婚以茶为礼,女方接受男方聘礼,叫"下茶"或"茶定",并有"一家不吃两家茶"的谚语。同时,还把整个婚姻的礼仪总称为"三茶六礼"。

◆ 辽代奉茶壁画(局部)

品茗礼仪

俗话说:"以茶会友",古代也有"寒夜客来茶当酒"之说,其中就体现着茶的交际功能。在茶事活动中常用的礼节有以下几种:

第一种是鞠躬礼。鞠躬礼分为站式、坐式和跪式三种。主客之间行礼称为"真礼",客人之间行礼称为"行礼",说话前后行礼称为"草礼"。站式鞠躬与坐式鞠躬比较常用,两手平贴大腿徐徐下滑,上半身平直弯腰,弯腰时吐气,直身时吸气。弯腰到位后略作停顿,再慢慢直起上身。行礼的速度最好与他人保持一致,以免出现不协调感。"真礼"要求行九十度礼,"行礼"与"草礼"弯腰程度较小。

第二种是伸掌礼。伸掌礼是品茗过程中使用频率最高的礼节,表示"请"与"谢谢",主客双方都可以采用。两人面对面时,均伸右掌行礼对答。两人并坐时,右侧一方伸右掌行礼,左侧方伸左掌行礼。伸掌礼将手斜伸在所敬奉的物品旁边,四指自然并拢,虎口稍分开,手掌略向内凹,手心中要有含着一个小气团的感觉,手腕要含蓄用

◆ 《调琴啜茗图卷》唐 周昉

力，不至显得轻浮。行伸掌礼同时应欠身点头微笑，讲究一气呵成。

第三种是叩指礼。叩指礼是从古时中国的叩头礼演化而来的，叩指即代表叩头。早先的叩指礼是比较讲究的，必须屈腕握空拳，叩指关节。随着时间的推移，逐渐演化为将手弯曲，用几个指头轻叩桌面，以示谢意。

第四种是寓意礼。寓意礼是寓意美好祝福的礼仪动作，最常见的有凤凰三点头即用手提壶把，高冲低斟反复三次，寓意"向来宾鞠躬三次"，以示欢迎。高冲低斟是指右手提壶靠近茶杯口注水，再提腕使开水壶提升，此时水流如"酿泉泄出于两峰之间"，接着仍压腕将开水壶靠近茶杯口继续注水。如此反复三次，恰好注入所需水量，即提腕断流收水。另外还有双手回旋，即在进行回转注水、斟茶、温杯、烫壶等动作时用双手回旋。若用右手则必须按逆时针方向，若用左手则必须按顺时针方向，类似于招呼手势，寓意"来、来、来"表示欢迎。反之则变成暗示挥斥"去、去、去"之意。

另外，放置茶壶时壶嘴不能正对他人，否则表示请人赶快离开。斟茶时只斟七分即可，暗寓"七分茶三分情"之意。

延伸阅读

中国十大名茶

1959年全国"十大名茶"评比会评选出来的中国十大名茶为：西湖龙井，洞庭碧螺春，黄山毛峰，庐山云雾茶，六安瓜片，君山银针，信阳毛尖，武夷岩茶，安溪铁观音，祁门红茶。此外曾出现在非官方评选的"十大名茶"中的系列名茶包括：湖南蒙洱茶，云南普洱茶，北路银针，南路银针，冻顶乌龙茶，苏州茉莉花茶，四川峨眉山竹叶青茶，蒙顶甘露，太平猴魁，屯溪绿茶，滇红茶。

第六讲 礼俗禁忌篇

第七讲
民族婚俗篇

汉族婚俗

结婚是人生最大喜事，关涉到家庭幸福、家族香火的延续和社会的安定，因此有关婚姻的习俗特别繁多。汉族是一个历史从未中断过的古老民族，在婚俗方面不仅具有代表性，也深刻地影响了周边的其他民族。

中国的婚俗历代主要沿袭的是"六礼"，即纳采、问名、纳吉、纳征、请期、亲迎，现在有所简化。下面依照婚礼的程序，展示婚礼中重要环节的画面。

送嫁妆

送嫁妆又称"发奁"。女儿出嫁女方要准备嫁妆，陪嫁的种类可分为铺陈、摆设、日用等物品，因世俗视嫁妆多寡而论新娘身份高低，一般人家不得不倾其所有，大事铺排，以争体面。有的人家送嫁妆丰厚，多者可达十余抬。由于物多人众，队伍浩浩荡荡，蔚为壮观。

新娘妆扮

新娘在喜日前夕要忙着打扮自己，用化妆、造型等手段弥补缺陷，展现自己的外表之美。民间流行沐浴、更衣、上头、开脸的礼仪习俗。上头又称"上梳"，在女子嫁前三日之内举行，仪式包括穿上婚服、梳洗、佩戴首饰等。上头多在黎明时举行，要铺席、焚香、燃烛。开脸又称"开面"，在女子婚前一日进行，由儿女双全的有福妇人用刀剃掉、或用两根线互相绞合，用以绞尽脸面上或脖子上的汗毛，修齐鬓角。

布置洞房

新人在入住洞房之前，要对洞房精心布置一番。北方以剪纸（俗称喜花）最富情趣，图案有麒麟送子、凤戏牡丹、莲生贵子、龙凤呈祥等，使洞房更显得喜气融融。南方以刺绣最有特色，洞房里装有各种出嫁姑娘绣的香料荷包，赏心悦目，香气袭人，更增添洞房的喜气色彩。结婚前一天，在男家举行铺床仪式，被褥由儿女双全的全福人缝做，禁止孕妇和寡妇参加。套被里要套红枣、楝枣、核桃，喜被一头敞口不缝，说是留作装小孩的，喜被当中只引一道线。喜被四角放艾叶，寓意"爱"；放栗子、大枣、花生，叫"立子早、早立子"。

迎亲

新娘离开娘家，由喜娘背着上花轿，出门时新娘的嫂嫂不可以相送，由伴娘（未婚女子）撑起红伞护着新娘。上花轿前，新娘子向送行的亲友鞠躬以示谢意。新郎迎亲，比较普遍的是用八人大轿去迎娶。遇上别人家的花轿，不可以与他们碰头，要绕着

走。迎亲回来时还要换一条路回去，以取不会走回头路之意。途中经过庙、祠、坟、井、河等处，必须由男方娶亲的人拿张红毡子将花轿遮着，作为避邪之意。在途中遇见出殡的队伍，迎亲的人会说"今天吉祥，遇上宝财！"因为棺材的谐音为"观财"，这样说是为了图个吉利。花轿一到男家，有的地方有新娘跨火入门的习俗，把一只火盆放置轿门口，在旺火中撒上一把盐，盐在火中噼啪作响之际，伴娘牵着新娘下轿，跨过火盆，进入大门，俗谓这样可将一切煞气邪气全破除。

拜堂

拜堂又称为"拜天地"，经过拜堂后女方就正式成为男家的一员。拜堂时主持婚礼的司仪大声说："一拜天地，二拜高堂，夫妻交拜，齐入洞房。"新娘入了洞房，仍蒙着盖头不露脸面，新郎为其揭盖头，众人这才一睹新娘芳容。

合卺

合卺就是新娘新郎共饮交杯酒，整个过程时间不长，但两位新人当着众人的面，手臂相交，腼腆的神情和喝酒时的拘谨，令人忍俊不禁。伴随着大家的哄笑和掌声，满杯酒下肚的当事人脸色红润，显露出娇羞和幸福，频频向在场的亲友们致谢，洞房里气氛热烈异常。

闹房

闹房就是"闹洞房"。婚日当晚喝过交杯酒，闹房即开始。民间有"三天无大小"之说，不论辈分大小尽可与新娘嬉闹。调笑的内容多与性有关，意在启发新人共赴

◆ 洞房花烛

爱河，欢度良宵。

回门

婚后第三天，新娘在丈夫陪同下，带备烧猪及礼品回娘家祭祖，然后再随丈夫回到夫家。当晚必须在日落前返回夫家，因为新婚不能空新房。正月十五是一年之中第一个月圆日，恐媳妇回娘家举家不团圆，一般都是正月初二回娘家或正月十六回娘家。新婚夫妇回门带的礼物都是成双成对的，忌单数。娘家不能全收下，待新娘回夫家时还要再捎回去一部分。此外，有些地方还有新婚夫妇回娘家忌同房的习俗。

延伸阅读

洞房诗

洞房诗是流传于浙江温岭黄岩一带的一种独特婚礼习俗，即在婚礼中由傧相、宾客、洞房客等人传唱和对唱的歌曲，通称"洞房经"。

出洞房

金鸡报晓天要明，新人新郎要睡紧。
我班朋友要关心，齐齐退出洞房门。
三尺金地洞房间，新人新郎把门关。
关了门落了栓，鸳鸯枕上笑连连。
同心同德勤生产，荣华富贵万万年。

第七讲　民族婚俗篇

佤族婚俗

佤族的婚姻是自由选择加上父母及媒妁之言，盛行姑表亲习俗。同姓不婚，是佤族缔结婚姻关系时最严格的戒律。

佤族主要分布在云南省西南部的沧源、西盟、耿马、双江、镇康、永德、澜沧、孟连等县的山区与半山区，在历史上，佤族的婚俗有自己的特色。

同姓不婚

佤族认为，同姓就是同宗同祖或同源，同姓不婚是佤族世代相传的规矩，若有人违犯了，就会激怒村寨、祖先神灵，神灵对犯忌行为的惩罚就是降灾于人们，如旱灾、洪灾、风灾、虫灾等。佤族还认为同姓通婚的行为会使寨子变得肮脏不堪。

尽管佤族严格禁止同姓通婚，但还是有同姓婚的现象。对于违犯婚俗禁忌的行为，都得按照相关规定来进行惩罚。惩罚犯忌者的传统仪式主要有"洗寨"和"正寨"两种，仪式中要杀猪宰牛，这等于是用最宝贵的财产赎罪，恐惧天灾的村民认为耗巨财免灾是犯忌者必须接受的惩罚和必须履行的义务。参与仪式的人都可以食用用作祭祀的食物，但犯忌者及与之同姓者不能食用。

姑表亲优先

佤族的婚姻有"姑表亲优先"的习俗，即姑姑生的女儿必须先嫁给舅舅的儿子，其次才是堂姑亲和姨表亲。佤族认为，姑表婚才是最好的婚姻，舅父家有优先选择权。在婚姻问题上，舅父权还高于父母权。

自由恋爱

佤族的婚姻也有自由选择，择偶的主要条件是看对方是否身强力壮、勤劳朴实、相貌相当，其次是看家庭经济条件。青年的婚姻要经过串姑娘、杀鸡看卦、送定亲礼和结婚四个阶段。

佤族青年男女一般十五六岁就开始谈情说爱。吃了晚饭，姑娘们就三五相邀于一家，等候小伙子们的到来。小伙们也三两成群到姑娘家串门。在串姑娘过程中，主要有

◆ 佤族善舞

唱情歌和"散海"（梳头）两种形式，其中尤以"散海"（梳头）最为有趣。"散海"是由女青年中年纪较大的自愿作为代表，轮流给小伙子们梳头。在梳头中，姑娘小伙窃窃私语，相互试探对方对自己有无爱意。如果双方比较投缘，那么姑娘的动作就显得柔和多情，故意拖长梳头的时间，即使其他人有意见，他们也不会在乎。

佤族男女双方经过一段时间的交往，时机已经成熟，考虑婚嫁了，但必须让伟大的"梅神"知道和同意这件事，因此要举行抢姑娘杀鸡看卦活动。举行活动的这天晚上，小伙子和他的媒人约上几位同伴，假装到姑娘家"串"。到夜深人静时，人们都已熟睡了，媒人示意姑娘走出房门，姑娘一跟出来，未婚夫就将她的包头抢跑了。姑娘追上去要未婚夫还她包头，小伙子说："你的包头已经是我的了。"然后又向前走，如果姑娘不走，其他人就推着她走。这时是姑娘选择自己终身大事的关键时刻，如果不同意或临时变卦，她就必须大声喊叫父母亲友将小伙子们赶走。如果同意，她就会假意要包头，一路跟着未婚夫到男方家。到了男方之后，人们杀鸡祭神，求神让婚姻顺利成功，接着大家高高兴兴吃鸡粥。到了第三天，未婚夫就可以带上媒人和礼物去女方家中说亲了。

定亲之后，还要经过三次礼仪，每次都有严格要求和标准。第一次要送6瓶氏族酒给女方父亲氏族的男掌家人喝；第二次要送6瓶邻居酒，给村寨中人喝；第三次要送1瓶开门酒给姑娘的母亲喝。

结婚那天，男女两家各有自己的迎送队伍，男方迎亲队伍由舅父拿着长镖走在队伍前头领路，由新郎的叔叔挎长刀紧跟舅父，随后便是芦笙手、敲锣的和拿礼品的若干人；女方家的送亲队伍也是这样组成的。迎送队伍到新娘家门口时，新娘家的"门官"早已紧紧把门关上，舅父跟门官对话，付给门官开门钱后，方才将大门开启。进屋后，在新娘家办完后，就把新娘迎到新郎家。到了新郎家，大门早已打开，婆婆公公出来迎接新人。进屋后，还是由舅父清点新娘的嫁妆，再摆出宴席款待来宾。到此，结婚仪式就告结束。过去，佤族新婚之夜新郎新娘不同房，由陪娘或者新娘姐妹陪新娘同居，婚后三天内新娘不能回娘家。

转房习俗

在过去，佤族有转房习俗，大哥去世，小弟未婚，可以继娶嫂子为妻；大姐去世，小妹未婚，可再嫁姐夫，但前提是双方自愿。

延伸阅读

佤族创世史诗

佤族的创世史诗《司岗里》是佤文化的灵魂。宇宙诞生以后，天神创造了除了人以外的世间万物，地神就用泥土和水创造了第一批人类。第一批人类只吃泥土，而且只有生没有死，还一天生两到三个孩子，所以对地球破坏极大。天神见了就派燕子把火带到地球上，把第一批人类消灭了。地神把人种藏进了山洞里，第二批人类从山洞里出来以后天神给了他们血肉之躯，但还是有生没有死，不久人类又挤满了地球，所以天神就用水来消灭第二批人类，并让有生有死的第三批人类从葫芦里再生。

土家族婚俗

> 土家族是一个历史悠久的民族,其婚姻习俗源远流长、别具一格,最引人注目的是哭嫁、涂锅灰和夺床。

土家族历史上的婚姻是比较自由的,男女双方经过自由恋爱,征得双方父母同意,即可结为夫妻。土家族的婚俗,有香袋定情、梳头礼、开脸、哭嫁、涂锅灰、夺床等习俗。

香袋定情

在青年男女婚恋的过程中都会留给对方自己的信物,而土家族的信物便是这种小小的香袋。香袋虽小,可是却装满了青年男女满满的爱意。一般由漂白丝布作袋面,红布作袋里,上面绣着鸳鸯戏水等图案。如果小伙子得到姑娘的香袋,就等于得到了姑娘的心,男方去提亲十拿九稳。

梳头礼与开脸

土家族未婚青年男女在结婚的前三天,新郎要送新娘梳头礼,礼物主要是梳子、篦子、发套、簪子管簪、首饰、丝帕子等。新娘收下梳头礼的第二天,请当地稍有名气的扯脸师扯脸梳头。扯脸师用两根缝制衣服的棉线交叉在一起,运用双手的拉力和棉线的闭合力,慢慢将新娘脸部的汗毛拔下。扯完脸后就是洗头、梳头,梳头时要将新娘的披发或辫子打开收拢,然后在后脑勺上缠绕盘成圆形,再套上发套,别上簪子管簪,叫"粑粑髻"。梳头就绪,新姑娘正式结束了毛头姑娘的生活,同时也为迎接新郎过大礼作准备。

哭嫁

土家族姑娘出嫁时,要哭嫁。一般情况下,土家姑娘在十一二岁时就开始学哭嫁。在出嫁半月之前,由"伴嫁"相陪哭嫁。娶亲的前一天,女家请邻居少女9人,加上新娘共10人,待新娘拜罢祖先后,在堂屋围席而坐,置酒席相陪而哭,称之为"陪

◆ 土家族哭嫁

十姊妹"。席间互歌,倾诉别离之情、父母养育之恩等。

涂锅灰

土家族姑娘在出嫁的当天晚上,有锅灰涂抹"模米"的风俗。"模米"是代表新郎来迎亲的那个小伙子,一般"模米"没有特殊标记,还故意混在人群中,要女方将其找出来。来陪唱哭嫁歌的姑娘会积极辨认谁是"模米",以便用锅灰涂抹他,因为是他代表新郎娶走了新娘。有时实在辨认不出,姑娘们就将男方来的小伙子全部涂抹,据说,被涂抹的小伙子越多,日后女方爱上男方的小伙子就越多,新娘新郎婚后也能相亲相爱。

迎亲

到了娶亲这一天,男方组织迎亲队伍去接新娘,迎亲队伍未到新娘家之前,新娘家紧紧把门关上,门外伫立着新娘的亲戚朋友,并事先安排好能说会道的"拦门倌"。男方迎亲队伍一到新娘门前,就点燃鞭炮,吹吹打打,喜庆一番,待行过"拦门礼"之后,行礼先生就得与拦门倌你来我往地说起"四言八名",以示吉利。礼毕,女方才敢开门让路。新娘举行离别祖宗、父母、亲属的仪式后,要由娘家的哥嫂或弟妹慢步背出闺房,没有哥嫂弟妹的要由叔叔姑姑背。新娘穿过堂屋中间,在事先安排的升、斗或豆腐箱上留下一双清晰端正的脚印,然后在大门外给新娘换上一双绣花鞋,这时新娘就可以双脚落地,开步启程。

新娘上路,打露水伞,穿露水衣。新娘的亲朋好友当行至新郎家一段路程后,新郎家在途中设"茅宴席"宴请他们,送亲蹲在路边用茶后,就各自散去,新郎新娘再继

◆ 土家族迎亲队伍

续前行。新娘到男家时,不直接进门,由方士念颂祝文:"祝回女家宅神。"念毕,新娘才进门。婚礼仪式之后,男方则大开酒筵,通宵达旦。

夺床

新娘跪拜天地后,新郎新娘要尽快站起来直入新房,抢先坐在床上,叫"夺床"。谁先坐床,将来由谁当家。

延伸阅读

土家族哭嫁歌

土家族姑娘要出嫁,边哭边唱哭嫁歌。哭嫁歌中有《女哭娘》《娘哭女》《妹哭姐》《姐哭妹》《哭祖宗》《哭出门》《哭上轿》《哭媒人》等等。经过一代代妇女口头创作,不断丰富加工,有的内容逐渐定型,形成长诗结构的抒情悲歌,意境悲切凄苦,语言简明朴实,充满浓郁的风土味。哭嫁歌中《哭戴花》唱词是:金花银花不见藤,只见金花不见人。金花银花头上戴,头上响铃闹沉沉。八宝耳环金圈子,牙签插到胸当门……《哭上轿》的唱词是:脚踩金斗四角方,手拿金筷十六双。前头八双跟我去,后头八双给兄弟。前头八双跟我去,我自拿我自吃。后头八双给兄弟,多多进些钱和米。

黎族婚俗

> 黎族因为分布地域不同，婚恋风俗上有着明显的差异，其中海南三亚地区黎族的婚俗习惯最具有代表性，放寮、吃槟榔、咬臂示爱、新婚当夜不同居等独具特色。

在黎族的婚俗中有许多不同于其他民族的地方，也许在今天的我们看来有些荒谬，但是在这个民族中确实存在着，让我们一起了解一下黎族的婚俗吧。

放寮

放寮即青年男女去寮房谈情说爱。当子女长大后，每家都要盖一间房子，让子女单独与情人来住，黎语称"寮房"。如果子女十五六岁之后还睡在家里，就会被别人笑话。放寮时，一般是男子采取主动，他们吹箫唱歌向女子表达爱慕之情。如果双方情投意合，便互赠信物表示定情。

◆ 黎族婚礼

咬臂

黎族未婚的青年男女相识之后，就会双双到少女们的专门住所去唱歌，少女如果喜欢某一小伙子，就和他唱答。经过一段时间的往来，彼此如情深意笃，姑娘就会送给小伙子绣有鲜花和蝴蝶的腰带。小伙子接受姑娘的信物之后，就要在姑娘的左手臂上咬出两排深深的牙齿印。姑娘被咬之后，心里十分高兴。黎族认为，小伙子咬姑娘的手臂，是表明小伙子对姑娘的爱，咬出的牙印越深表示爱得越深。

吃槟榔

黎族姑娘刚出生的时候，父母会在家中种一棵槟榔树。姑娘出嫁后，这棵槟榔树也随之迁往男家。这个妇女死后，槟榔树也随之砍去。这种做法是希望女子像槟榔树一样正直不二。黎族小伙子求亲，都会送一盒槟榔给女方，姑娘的父母如果开盒取一颗槟榔，就是答应了这门亲事。

良辰吉日到了，女方家热闹非凡，远近的亲戚都挑着糕点，携儿带女，还有村里的男女老幼都聚集在女方家等待吃槟榔。此刻两名媒人拿出议定的财礼于客堂坐定后，女方父母便于桌上掀开毛帖，吃槟榔，此时

◆ 黎族婚礼

都是成双成对，父母或哥嫂，否则不吉利。媒人分送槟榔看辈分，大的给吃，小的只好自己讨吃。款宴时，媒人送来的600个槟榔中，40个刻有形色多样的花纹，这是专送给父母至亲的。

迎亲

结婚前一天，男方派人挑议价物品给女方，第二天晚便算结婚日。送女、娶妻均在晚上，一到下午男方便派族内两名女青年带上槟榔、香烟、糖果到女方家迎亲，须在太阳落山之前赶到。一入晚，嫂或堂表嫂帮嫁女梳妆打扮。完毕，女方姊妹或者表、堂姐妹簇拥嫁女抱头痛哭。哭声象征了对父母养育之恩的感怀，依依惜别，姊妹要天各一方、悲喜交加。此时，姐夫（或堂姐夫、表姐夫）从簇拥的姊妹中，把嫁女往外拉，两方争夺，哭声震天。嫁女出客堂，边哭边托着槟榔盘，让亲戚朋友吃槟榔，有两名或四名弟弟（表弟、堂弟）跟在后面，敲敲打打将嫁女送至男方村庄。一到村庄，新郎伴郎便对弟弟、嫁女鞠躬，连行三遍。嫁女一踏进门槛，鞭炮轰响，接着便拜堂。一般均在鸡叫前、拜堂完后，闹洞房，通宵达旦。新婚当夜，新郎新娘不同居，新娘与伴娘同宿。天一亮，亲戚朋友便蜂拥而至。喝喜酒，约上午10点钟，夫妻还得回娘家，到女方家问候父母。婚礼此时才算结束。

断竹离婚

在过去，黎族由于婚前婚后都有较为自由的恋爱生活，婚姻关系极不牢固，经常离异。但离婚手续也十分简单，须当事者双方撕断一块黑布或折断竹块一片，双方各执一半为凭，彼此即可分道扬镳。

被遗弃的传统婚俗

以前，黎族女子订婚时，还要进行纹面。图案由男方提供，有几位妇女用野刺在姑娘的额头、面颊和嘴唇上文出图案，中途还要加入颜料，大概经过一个星期，这个图案就留在姑娘的脸上了，如今这种黎族传统风俗已经不复存在。

延伸阅读

蚩尤与九黎族

"黎民"是对居住在南方的少数民族的一个总称，那里正处于母系社会，女性占统治地位。奇才蚩尤统一南方后，取天盈之数，将其分治为九黎。当时黎民还处于游猎社会，素来彪悍，又得到了黄泉角人的一些科技，因此突飞猛进，雄霸南方。蚩尤统率九黎族开始征服南方其他民族，黄帝联合炎帝部落，与蚩尤大战于涿鹿，将蚩尤擒杀。蚩尤死后，九黎族南下与土著苗族所属部落杂居融合在一起。因此，又称蚩尤是南方苗、瑶民族的祖先。

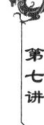

傣族婚俗

> 傣族婚姻习俗蕴涵着丰富的民俗文化传统，婚礼古老简朴，按照当地风俗，婚礼必须在女方家竹楼上举行。傣族结婚后，夫妻恩爱，感情融洽，离婚的极少。

傣族是一个具有悠久历史的少数民族，在恋爱婚姻的过程中有许多别有情趣的婚俗，成为傣族风俗中的重要组成部分。傣族青年男女婚前交往自由，恋爱自由。傣族中很少有"重男轻女"的意识，家庭矛盾或由家庭引起的社会问题不多。

卖鸡肉，找对象

每逢节日到来的时候，西双版纳的傣族姑娘们便把自己家的肥鸡杀了清炖。如果来买鸡肉的小伙子是姑娘不如意的，姑娘会加倍要钱。要是姑娘看上的小伙子来买，姑娘就会含羞低下头，躲避小伙子的目光。如果小伙子有意，两人就端着鸡肉，搬起凳子，走进安静的树林里，互相倾吐爱慕之情。

巧穿衣，寻配偶

在云南德宏的傣族小伙子还有一种奇特的求偶方式，无论春夏秋冬，小伙子如果想找情侣，就会用一条宽大的毛毯把自己连头带身裹起来，只露出两只眼睛。他们站在大路边，等待姑娘的到来，这也是未婚小伙子的临时标志。而没有对象的姑娘的标志是穿浅色大襟短衫、长裤，身束小围腰。小伙子只要看到这样打扮的姑娘经过，都可以上前说话求爱。如果姑娘看上了小伙子，他就会取下身上的毛毯，拉着姑娘的手离开大路去细谈。

傣家婚礼

傣族青年男女结婚，一般实行从妻居的习俗，即男子到女方家上门，因此婚礼主要在女方家举行。婚礼开始前，新郎新娘先要到佛寺去拜佛，祈求吉祥幸福，白头偕老。

举行婚礼这天，男方家派出的亲朋好友到女方家参加婚礼的人特别多。他们陪着新郎，一路敲着象脚鼓和芒锣，喜气洋洋地来到女方家，沿途还鸣放鞭炮和鸟铳，以增

◆ 花腰傣族新娘套红线辟邪

加喜庆气氛和驱除邪魔。婚礼首先从女方家的门口开始：在地上铺一条花毯，在上面摆一张小供桌，桌上摆放着鲜花和果酒。新郎和新娘穿着漂亮的民族服装，并排坐在花毯前，请和尚念经。念完后，和尚用彩色丝线分别束在新娘和新郎的手腕上，以示祝福。接着，男方要走进女方的家，这需要经过几道关卡：一是到门口时，竹门已关闭，男方需放鞭炮、付礼钱，门才打开让其通过；二是登竹楼时，男方被女方的人阻在楼下，男方需付礼钱才能登楼；三是进了屋后，新娘被藏起来，见不着新娘。男方需付礼钱和敬酒，几番恳求，几经周折，新娘才被送出来。这一系列过程包含着考验新郎的意味，充满了欢乐和喜庆的气氛。

接下来是举行拴线仪式：桌上放有男方送给女方的礼物，如衣服、筒裙、银裤带、手镯等。另外还放着糯米饭、红糖、芭蕉、盐巴、白线等。拴线仪式开始，新郎新娘并排跪在婚礼桌前，接受老人的祝福和来宾的祝贺。接着由主婚人致贺词，在座的人都要伸出右手搭在桌子上，低首聆听贺词。贺词完毕后，新郎新娘每人从桌子上扯下一团糯米饭，在酒里蘸一蘸，然后点鸡、盐和白线等物，每人需连点三次，点完后把饭团放回桌面。这时，主婚人拿着桌上一根较长的白线，分别拴在新郎新娘的手腕上，祝福新婚夫妇幸福吉祥，生的儿子会犁田、盖房，生的姑娘会织布、栽秧……拴线后，桌上的一只鸡献给主婚人，另一只鸡拿给小伙子们去分吃，预祝他们早日找到心爱的姑娘，也来幸福地拴线，其余的东西全部放在

◆ 花腰傣族迎亲

新婚夫妇的帐子边，过了三天才能吃。

第二天天亮前，新郎要返回父母家，到晚上才回妻家。第三天，男方母亲挑着凉米粉等东西来女方家认亲戚，并分别向各亲友送凉米粉一块。婚后第五天，新郎新娘又挑着凉米粉来到男方家认亲戚，同时也分别送亲友凉米粉一块，亲友也要向新娘赠送礼物。到此，整个婚礼才算结束。

结婚后，男方一般要在女方家住满三年，然后才能携妻回到男方家住，在男方家住满三年后，又可以回到女方家住，即所谓"三年去，三年来"。直到夫妇二人盖起自己的房屋，经济能独立后，才离开双方父母，建立起自己的小家庭。

延伸阅读

奇特的离婚婚俗

傣族人结婚后，夫妻恩爱，感情融洽，离婚的极少。在一些地区，如离婚，由提出离婚的一方递给对方一对腊条，或双方拉一块白布从中剪断，从此便恩断义绝，便算离婚了。如夫妻中一方死去，不论年龄多大，也要举行离婚仪式：生者用一根棉线拴在死者的棺材上，出殡时由一老人用刀将线割断，生者和死者便断了夫妻关系。

瑶族婚俗

> 古老的瑶族拥有丰富的民族文化与习俗，300多个分支在婚俗方面各具特色，异彩纷呈。

瑶族是一个崇尚自由婚俗的民族，与黎族在婚俗方面有些类似，比如黎族中的牙印深浅测爱意，瑶族也有类似的活动，即咬手背，而且咬的轻重也有不同的说法。下面主要介绍瑶族别具情趣的婚俗风情。

串情人与咬手背

秋收过后，蓝靛瑶族的未婚青年大都要背着米去串情人。一伙同性别青年按事先约定来到一个瑶家山寨，该寨的异性青年则备下酒菜款待。款待还有仪式，先是客人即兴唱起山好水好主人好的赞词，然后双方在唱中交流感情。盛宴间眉来眼去对准了对象，就成对成双地到寨子外边，尽情地倾吐心中的爱慕之情。于是按祖先留下的规矩，要情郎往爱妹的手上咬一口，再由爱妹朝情郎手上还一嘴，咬这一口还有许多讲究，咬重了说是狗咬；咬轻了，表达不了对情人的爱。这一口还必须咬在手背上，但又不得咬着凸起的骨节处。假若咬的规模、位置都合规定入情理，被咬的伤口发炎化脓，表示恋人的情意已经溶入对方的肌体和血液里。再加上互往手上拴了红、蓝丝线（男给女拴蓝或黑丝线，女给男拴红丝线），这对恋人就可以等着良辰吉日成亲了。

茶山瑶的婚礼

茶山瑶在接亲的日子中，一不吹唢呐，二不抬花轿，三不打锣鼓放鞭炮。而是男方派房族兄弟四至六人，半夜点火把去接新娘。接亲的这天晚上，女方家里每一重门都点上一盏油灯（茶山瑶的房屋深而长，一般都有三四重门）照着接亲房族。新娘早已梳妆打扮好，等候接亲。当男方房族兄弟进屋向女方父母贺喜、道谢，吃罢"领情饭"之后，便把新娘接走。陪同新娘出嫁的有新娘房族姐妹四至六人。

新娘到新郎家，堂屋早已摆好酒席，酒席很简单，只有一只鸡和两三斤猪肉。全

◆ 瑶族新娘上轿

◆ 瑶族哭嫁

家老少和送新娘的双方同族兄弟姐妹,陪新郎新娘欢欢喜喜进餐,老人讲乐话,后生家敬酒,表示祝贺新婚。进餐完毕,婚礼也就结束了。当太阳升上东山,新娘新郎扛着锄头双双下地劳动。这时,人们才恍然大悟,原来昨天夜里,寨里又添了一对新婚夫妇。

独特的坐歌堂

瑶族的婚礼程序,独具特色,尤以"坐歌堂"最为别具一格。

传统伴嫁分为两步,新娘出嫁前两晚坐歌堂伴嫁,叫"伴小嫁";出嫁前夕伴嫁坐歌堂,称"伴大嫁"。入夜开始,通宵达旦,上半夜唱耍歌,下半夜唱长歌,第二天黎明时,跳伴嫁舞,之后新娘开始哭嫁。伴嫁歌的内容十分丰富,或嬉笑逗耍,或传播历史、生产知识,或歌唱风俗人情,但主要还是围绕妇女生活和出嫁而唱,如赞姐妹、颂姐、女离娘、哭嫁妆、怨爹娘、骂媒人、做媳难、童养媳苦、分离歌、送别歌等。演唱形式有独唱、轮唱、合唱、边说边唱、边舞边唱、哭唱、骂唱等。伴嫁舞多是生产劳动动作的升华,如把盏、香火、走马、划船、卖酒、推磨、娘喊女等。

"坐歌堂"是在姑娘出嫁的前一天晚上,以新娘和伴嫁姑娘为一方,以新娘的嫂嫂、婶娘和已出嫁的姐妹为一方,互相对歌。对歌分说郎、道情、盘歌三部分。"说郎"由婶、嫂一方提问,新娘一方回答新郎的人品、外貌及恋爱经过。

"道情"是对歌的中心。双方运用大量的比喻、双关等手法,回忆共同相处的美好岁月,表示依依惜别之情。父母兄嫂在"道情"中,把如何待人接物,尊老爱幼,勤俭持家,处理好婆媳、夫妻关系等唱给新娘听,新娘都一一作答。这实际是新娘离家前,长辈对她进行礼仪教育。新娘也可以对父母兄嫂提意见,无论多尖锐,父母兄嫂也不能发脾气。这些都可以说是瑶家的好传统,也是瑶家母女恩爱、姑嫂和睦的重要原因。

延伸阅读

瑶族盘王节的传说

传说高王来侵,平王出榜招贤,谁斩下高王的首级,就把公主嫁给他。龙犬盘瓠听到了,摘下金榜,渡海来到高王身边。一天,盘瓠趁高王醉酒,咬下高王的头献给平王,立下了汗马功劳,因而娶了三公主为妻。后来,盘瓠想变成人,便叫公主把它放到蒸笼里蒸七天七夜,公主照办。蒸了六天六夜,公主担心蒸死丈夫,偷偷揭开盖子看,盘瓠果真变成了人,只因不足七天七夜,故头上和小腿上还有许多毛未脱落,后来就用布带把头和小腿裹起来。盘瓠变成人后,平王派他到会稽山为王,号称"盘王"。但在一次狩猎中不幸身亡,瑶族人民在这一天以此来表示对盘王的纪念。

第七讲 民族婚俗篇

维吾尔族婚俗

维吾尔人的婚礼较为隆重,充满欢乐的气氛,婚典通常要举行两三天。有的地方还保留新娘进屋要跳火盆,或由舅舅抱着新娘上车等习俗。

维吾尔族一般只限于本民族内部通婚,不提倡女性与非伊斯兰教男性以及信仰伊斯兰教的其他民族通婚,男性可以娶非伊斯兰教和信仰伊斯兰教的其他民族女性为妻,外族新娘必须皈依伊斯兰教,履行一定的入教手续,接受伊斯兰教教规的约束。维吾尔族的婚姻一般要经提亲、订婚、迎娶、婚礼等过程。

选亲

男方家长从亲戚朋友、邻里或从别处为儿子物色对象,选中以后,就通过别人告诉儿子,征求儿子的意见;儿子也可自己物色对象,但须经父母同意。

提亲

姑娘一经选定,由家长出面拜托亲戚朋友中的两名中年男子到女方家提议结亲,经女方家长同意,才可以订亲。一般来说,男方家长不能单独去提亲,而要请一位德高望重的长者陪同一起去,或是请亲属一起去。这样女方家才会接待,并认为有人郑重其事登门提亲,感到光彩,会非常高兴。提亲时,男方要准备给姑娘一套质量较好的衣料、一些盐、方块糖和五个馕(有的地区带七个或九个馕),作为见面礼。礼品中的盐和馕都含有深刻的意义。男方向女方家提出攀亲的要求后,女方一般不马上答复,要和家人和女儿进行商量,并对男方家的情况进行调查和了解,如果同意,即答复男方,若不同意,也要通知男方。假若答应了这门亲事,则要把这门亲事公开,青年男女便可以来往,进行"合法"的恋爱,增进相互间的了解。维吾尔族把这种提亲的程序称为"拜西馕塔西拉西"(意为"试探")。

送订亲礼

送订亲礼时由男方的母亲带上事先准备好的聘礼,在三四名妇女的陪同下去女方家。女方备餐热情招待。餐中,把带去的礼

◆ 维吾尔族姑娘

物一一拿出，当面交给女方，并商定送大礼的日期。

送大礼

作为大礼送的衣物、食品及其他东西要比第一次送的多得多。送大礼时，陪同人数和娶亲人数一般由双方商定。男方的父母在亲友及邻居的陪同下到女方家同女方的父母和主要亲属正式见面。送大礼的客人会受到女方的热情款待。之后，双方共同商定结婚日期和婚礼事宜。

婚礼

由于婚宴是在女方家办的，举行婚礼的前一天，男方要把举行婚礼需要的东西送到女方家里。婚宴中，先招待男宾，后招待女宾。男女不同席，庆贺礼物由女宾带去。新郎新娘由各自的陪伴陪同，聚集在女方院内的一间屋中弹唱跳舞。举行婚礼，要请伊玛目或宣礼员诵经。仪式上，新郎新娘同时吃一块在盐水里泡过的馕，意思是"同甘共苦，永结良缘"，因为盐和馕是维吾尔族人生活中最离不开的两样东西。

新娘入男家

新娘离家出门后，按习俗，沿途的乡里乡亲可在半路上"拦驾"。这时新郎要把右手放在胸前向众人频频施礼，给孩子散发喜糖，才能通过。新娘到了男家，和塔吉克族的婚礼相似，男家门口也点了一堆火，新娘到后，其中的客人用一根火把在新娘的头上绕三圈，然后新娘向每个客人赠送礼物，接着绕火堆几圈，驱鬼招福，就可以进入新房了。这个程序过后，新郎的朋友及宾客就唱起喜歌，享用喜宴上的各式糕点和抓羊肉

◆ 维吾尔族婚礼

抓饭，客人们吃得越多，主人越高兴。

喜宴过后，大家打起手鼓，弹起都塔尔和热瓦甫，跳起欢快的舞蹈。新郎新娘会被邀请单独表演一段舞，气氛随之推向高潮。一个星期以后，新婚夫妇要带着礼物回门探亲，娘家为小两口准备甜酱和美味的抓饭，祝福新人。

延伸阅读

维吾尔族民族禁忌

维吾尔族待客和作客都有讲究。如果来客，要请客人坐在上席，摆上馕、各种糕点、冰糖等，夏天还要摆上一些瓜果，先给客人倒茶水或奶茶。待饭做好后再端上来，如果用抓饭待客，饭前要提一壶水，请客人洗手。吃完饭后，由长者领作"都瓦"，待主人收拾完餐具，客人才能离席。吃饭时，客人不可随便拨弄盘中食物，不可随便到锅灶前去，一般不把食物剩在碗中，同时注意不让饭屑落地，如不慎落地，要拾起来放在自己跟前的"饭单"上。共盘吃抓饭时，不将已抓起的饭粒再放进盘中。饭毕，如有长者领作"都瓦"，客人不能东张西望或立起。吃饭时长者坐在上席，全家共席而坐，饭前饭后必须洗手，洗后只能用手帕或布擦干，忌讳顺手甩水，那样不礼貌。

白族婚俗

> 白族是少数民族中受汉文化影响最深的民族。作为其行为文化表现之一的婚俗既具汉文化的特点，又具有自身的特色。

4000多年前的新石器时代，白族先民就在以苍山洱海和滇池为中心的地区生息繁衍，过着农耕渔猎的定居生活。随着历史的发展，他们的传统婚俗在融入现代元素的同时，仍旧保留着古老的礼俗。

树枝探姻缘

云南兰坪、碧江等的白族支系那马人，青年男女一般从十六七岁开始谈情说爱。那马小伙子要是看中了一位姑娘，他就会千方百计探寻姑娘经常走的山路。等姑娘出来时，小伙子就躲在岔道口，摘一把树枝

◆ 白族婚礼

放在岔道正中，头朝着自己要走的方向。姑娘看到岔道口的树枝和前面的小伙子之后，如果朝树枝的方向走，表示她同意小伙子的求婚。如果不朝树枝所指方向走，说明她不接受小伙子。小伙子在前面看着，对姑娘的态度也就一目了然。

草鞋定终身

那马人小伙子有没有对象，只要看他们的鞋子就能知道，如果他们脚上穿着四鼻子草鞋，说明小伙子已经有意中人了。这四鼻子草鞋，就是姑娘送给小伙子的。那马姑娘从小就学打草鞋，一般送给兄弟姐妹和亲友的都是二鼻子草鞋，只有送给情人的才是四鼻子草鞋。

油炸粑粑传情

那马人男女青年结婚之前也要先提亲。提亲时，待太阳落山以后，媒人和男方的若干位亲戚举着火把，带着礼品去到女方家，宾主双方围坐在火塘边对唱调子，通过一问一答、一唱一和的调子对唱，互相了解对方家庭的基本情况以及女方家长对这桩婚事的态度。如果女方家长表示满意并收下送来的礼物，便叫姑娘用油炸粑粑招待提亲人。提亲人吃上油炸粑粑，婚事也就算说成了。之后，男方选择一个吉祥的日子把彩礼

聘金送到女方家，便可商议迎亲的日期了。

私房等情郎

怒江岸边自称"勒墨"的白族群众家里的女孩长大成人后，父母就在住宅旁边给她搭盖一间小房，供她居住。每天晚饭过后，姑娘便回到她的小房间里捻线、绣花、纳鞋底，同时也在等待小伙子的来访。小伙子到来后，不管她看得上或看不上，都同样予以热情接待，而从姑娘的目光里或从她讲话的调子里，小伙子也能感觉到姑娘是否对他有意而决定去留。

杀猪看肝胆卜姻缘

勒墨小伙子和姑娘订下终身以后，还得告知父母并请媒人到女方家提亲。男方媒人到女家后，女方父母不与媒人见面，而由姑娘的叔伯或堂兄表兄出面与媒人议亲。女方原则上同意联婚后，还须杀猪看肝胆。如果猪胆饱满，猪肝形状好、颜色鲜，便认为是吉祥的好姻缘，婚事便可最后定下；否则便认为不吉利，亲事也就告吹。如果女方很愿意结这门亲，可以再杀一头猪进行第二次占卜。若二次占卜吉利，仍会受到人们的热烈祝贺。

新郎不迎娶新娘

结婚时新郎不到女方家迎娶，新娘由她的姐妹和伙伴送到男家。送亲队伍到达男家大门时，男家将大门关上，只留一位老人守在门口，另请一位老人代表女家手捧十个粑粑前来请求开门。双方经过一番对唱以后，女方老人以十个粑粑象征十两银子送给守门老人，男方老人这才打开大门让新娘陪娘进屋，给送亲人敬一碗酒。新娘进屋后，新郎家的人便把新娘送来的猪肉粑粑等供品祭祀火塘里的三脚架，禀报祖先家里增加了新的成员。

伴娘背新娘入洞房

新娘到新郎家后，由伴娘背进洞房，然后与新郎双双来到堂屋拜见新郎父母及长辈亲戚，并由村寨长老替新郎解下肩上红布。次日清晨，新婚夫妇再次拜见父母，婆婆给新媳妇一封红包，新媳妇则把从娘家带来的礼物分送给新郎的舅舅、姑姆、叔伯等至亲。从此，新娘才算男家的正式成员。

延伸阅读

白族三道茶的由来

很久以前，在大理苍山脚下，住着一位手艺高超的老木匠。一天，他对徒弟说："你作为一个木匠，会雕会刻，这只是学到一半功夫。要是跟我上山，你能把大树锯倒，锯下板子，扛得回家，才算出师。"徒弟不服气，就跟着师父上山，找到一棵大麻栗树，立即锯起来。最终徒弟出师了，分别时，师父舀了一碗茶，放上些蜂蜜和花椒叶，让徒弟喝下去后，问道："此茶是苦是甜？"徒弟答曰："甜、苦、麻、辣，什么味都有。"师父听了，哈哈大笑，说道："这茶中情由，跟学手艺、做人的道理差不多，要先苦后甜，还得好好回味。"自此开始，白族"一苦，二甜，三回味"的三道茶就成了晚辈学艺、求学时的一套礼俗。

苗族婚俗

> 苗族古时偏居崇山峻岭之间，过着一种悠闲、自在的山野生活，不受中国两千年封建礼教的束缚，堪称"化外之人"，不属"在册之民"。因此他们的婚姻显得更为自由与浪漫。

苗族支系纷繁，居住分散，在婚仪与婚俗上，各地同中有异，异中有同，绚丽多彩，形成了一套独特的苗族婚姻文化。苗族婚俗是苗族文化中最集中的反映，恋爱、结婚的整个过程体现了苗族酒俗、歌俗、服饰、禁忌、惯例等。历史发展到今天，苗族婚俗经过改革、沉浮、积淀，一些已被时代所湮灭，但仍有一些习俗得以保留下来。

踩脚求爱

在苗族过苗年、赶坡会等节日时，有的男青年对某一位姑娘产生了爱慕之情，为了试探对方心意，但又不好意思在众人面前表露，就得寻找时机，趁别人不注意时，用脚尖轻轻地踩上姑娘的脚背，表示向她求爱。这时候，如果姑娘也同样用脚尖轻轻回踩男方脚背，就表示接受男方的求爱。相反，就是被拒绝。苗族青年男女还有很多种形式在一起交往，通过"坐妹"即男女青年围坐在塘边倾吐衷情，经过两三次的接触和对歌，双方互有好感，就交换礼物，可种花生定情、搓泥巴定情，定下婚事，如果有女方父母不同意，就有"偷亲"的婚俗，夜晚把新娘偷偷接回新郎家成亲，"偷亲"是苗族青年争取婚姻自由、反对包办婚姻制度的一种形式。

苗族女子要是迫于父母之命违心负约他嫁时，当初的恋人和好友，便在女方成亲那天，出寨拦下新郎送给女家的重要聘礼——猪头，这种行动本地人称作"挡婚"。

婚姻三步曲

如果双方父母都同意了，就要按婚礼"三步曲"进行。第一步是送礼。结婚前，男方要给女方家里送礼银、鸡、鸭、肉、酒之类的礼品。女方也回赠一担蛋品、粽子和

◆ 苗族姑娘出嫁

糍粑，还有两只头上扎有谷穗的老母鸡。第二步是抢羊。女方的陪嫁品除了棉被、衣服、衣箱外，还有一只大山羊，女方送羊，男方抢羊。"抢羊"活动也是接亲和送亲的未婚男女找对象的好机会。第三步是祝福。由有福气的长辈入房为新郎新娘祝福，祝福后，客人退出，新人成亲，婚礼结束。

草标幽会

苗族男女幽会时，往往以草标作标记，俗称"草标幽会"。草标是用草结个疙瘩，疙瘩结在草实上，草根朝幽会的方向，暗示男方（或女方）已到此地，示意女方（或男方）速来。当女方（或男方）见到草标后，必须另结一个草标，疙瘩结在草的中部，横放在第一个草标中间，向往来行人表示：此地有情人幽会，请勿打扰。草标是预约的一种暗号，一般放在预定的岔道或路边。过往行人见了草标，一般都能自觉回避。若有不留心草标而误入幽会之地者，要向幽会者当面认错；若是蓄意窥探，并与幽会者争执甚至打骂起来，幽会者可报告当地头人。事情传了出去，窥探者不仅会受到社会舆论的严厉谴责，而且还将按当地习惯法论以"侵犯人权"之过，罚以钱财向幽会者赔礼道歉；行人若不依从，幽会者还得请苗老司举行法事，为行人解凶求福。苗族青年的约会是十分庄重、严肃的，别看他们说说笑笑，自由浪漫，而实际上男女双方相互是极为尊重的，任何过头的粗鲁举动都会伤害情人的心，甚至因此而导致感情破裂。

草标幽会，一般是在男女双方热恋之中进行的。初次幽会时，男女都必须邀几个

◆ 苗族送亲队伍

未婚青年做伴；待双方的关系基本确定以后，才单独约会。幽会一般是男方先到，往往以"打叶炮"式吹木叶为号，示意对方速来。若久等不至，男方可借木叶抒情，其声婉转悠扬，使听者无不为之哀怜忧伤，或直接放歌，对天而唱。

延伸阅读

苗族芦笙的传说

芦笙，黔东苗族方言叫"给"，川黔滇苗族方言叫"更"，用竹制作而成。每把芦笙六根管，在芦笙歌中有"芦笙三节筒，长瓢里头空，瓢兜六根杆，吹来向轰轰"的描述，它与方言、服饰一起，是区分苗族支系的重要标志。在苗族传说中，古老的时候天下没有人烟，天帝就派了小女儿勾素下到地上来造万物。有了万物后，有一天贾、凶（即杉木和竹子）两兄弟上天庭想向天帝讨要几件供人娱乐的器具。天帝的女儿勾素就砍下自己的6个手指和一只手臂，做成了一把芦笙，她自己因流血不止而死。天帝十分悲痛，把芦笙交给贾、凶两兄弟说："这就是你们的母亲，以后凡事必须经过她（许可），她会给你们带来幸福。"苗家自从有了芦笙，便过上了安定、美满和幸福的生活。

第七讲 民族婚俗篇

蒙古族婚俗

蒙古族是一个强悍且善射的民族,在天长日久中形成草原特有的婚礼习俗,部落之间婚俗大体相似,只是细节有些差异。

说起蒙古族,人们会联想到那达慕大会,这个节日也是蒙古族青年男女追求爱情的大好机会。大会上青年男女身穿民族盛装,参加各种竞技活动。在射箭、摔跤、赛马等比赛中的获胜者,总能赢得姑娘们爱慕的目光,而此时往往也成为男女青年恋爱的开始。

婚恋信物

在蒙古族中有一种男女相爱的信物叫"哈布特格",它是佩挂在蒙古袍上的一种饰物,一般都是由姑娘亲自绣制。小伙子在择偶时,都要看对方的"哈布特格"绣得如

◆ 蒙古族恋爱青年

何,如果绣得精美,说明姑娘是一个勤劳能干的姑娘,将来日子一定会安排得很好。

抢枕头的习俗

姑娘出嫁前,父母要为她在自己居住的蒙古包旁,搭一个新的蒙古包。出嫁这一天,要把送给新娘的嫁妆,一件件陈设在新蒙古包内。陈设完毕时,女方由四个身强力壮的汉子抱着一个木制的一米多长的大枕头走向蒙古包,这时男方的四个小伙子便上前抢夺。双方八人你抢我夺,都不轻易松手,直到精疲力竭。之后双方共同将大枕头放在床上,仪式便算告一段落。

鄂尔多斯婚礼

鄂尔多斯婚礼有着700多年的历史,凝聚着蒙古民族婚俗的精华。鄂尔多斯婚礼大多在腊月或正月间举行。青年男女经过家长说媒定亲之后,姑娘除梳一条大辫子之外,还要在前额两边各梳6条小辫,这标志着姑娘已经定亲待嫁了。

双方选定吉日后,分别邀请各自的亲朋好友。举行婚礼那天,来宾们都要穿上漂亮的衣服,骑上高头大马,带着礼物去新郎新娘家祝贺。

新郎迎亲都是在傍晚时分启程,他们带着弓箭、食品和礼物,骑着骏马。行前,

◆ 蒙古族婚礼

新郎要把一只灌满了酒的小白瓶藏在马鞍下或马鬃里面。

新郎和迎亲队伍在黑夜中到达新娘家。他们按照习惯要先绕着屋子转一圈，然后将一条哈达献给那些操办婚事的炊事长，并赠送一只剥好的小羊，以表敬意。这时，新郎也将带来的弓箭放在象征鄂尔多斯勇敢精神的玛尼宏旗标前。新娘的伙伴们则迫不及待地在新郎的坐骑上寻找那只小酒瓶。

迎亲队伍将所带的礼物和食品逐一交给新娘家。主宾在互换鼻烟壶，表示问候之后，新郎向在座的女方主婚人、岳父、岳母及宾客们行磕头礼。在女方盛大的婚宴上，人们一边狂饮，一边进行饶有风趣的对唱。就在人们痛饮狂欢之际，有人将新郎引进新娘的房间，他在那里还要经过一番考验，比如当新郎一坐定，就有人拿来一块煮熟的羊颈骨，请新郎把它拗成两段，意在看新郎的力气有多大。如果新郎拗不断，人们便乘机起哄取笑。当天晚上，新娘还不离开家，她和好友边说边哭，依依惜别。为了表达姐妹们的挽留之情，她们将自己身上的腰带解下来连结在一起，先从新娘这边的袖口穿进，再从那边的袖口穿出，然后其他姑娘也照此办理，连结起的腰带从每位姑娘的袖口穿过后，大伙儿紧紧抱在一起，用这种方式来表达难分难舍之情。

在女方家经过通宵达旦欢乐之后，次日凌晨，迎亲队伍接着新娘要启程了，由女方宾客组成的送亲队一同前往。在娶亲路上，按照习俗，男女双方都要设法抢先到男家，女方中一人有意抢去伴郎头上的帽子，挑在马鞭上，然后扔到地上，让新郎下马捡帽，这样势必耽误时间，女方伴娘便可抢先而行。但男方也有高招，在离新郎家不远的地方设一酒席，招待女方，女方伴娘一喝酒，男方便调换最强壮的骏马，抢先到家。一路上便是这样追逐嬉戏，纵马奔腾，充满着情趣。

延伸阅读

蒙古族求婚歌

金杯里斟满了清凉的奶酒
捧在洁白的哈达上向您献上
遵照祖辈商定的婚事
您把宠爱的女儿许给我

银杯里斟满了圣洁的奶酒
放在长寿的哈达上敬献给你
遵照先世预订的婚约
您把美丽的女儿许给我

骑上雪白的骏马我想并肩驰骋
亲爱的姑娘请你体察我的心情
践守前约我们一起返回故乡吧
可否可否和我一起启程

骑上黄骆驼我想相依而行
亲爱的姑娘请你接受我的爱情
遵照前约回家乡
可否可否和我约定终身

第七讲 民族婚俗篇

177

第八讲
民族服饰篇

华夏霓裳汉族服饰

中国自古就被称为"衣冠上国、礼仪之邦"。礼仪之大,故称"夏";服章之美,谓之"华"。自黄帝垂衣裳而天下治,汉民族的服饰连绵几千年,特色鲜明,博大精深。

汉服是中国汉族的民族服饰,其由来可追溯到三皇五帝时期,一直到明代,连绵几千年。自炎黄时代黄帝垂衣裳而天下治,汉服已具基本形式,历经周朝的规范制式,到了汉朝已全面完善并普及,汉人汉服由此得名。

汉服的特征

汉服的主要特点是交领、右衽、束腰,用绳带系结,也兼用带钩等,给人洒脱飘逸的印象。汉服有礼服和常服之分。从形制上看,主要有"上衣下裳"制(裳在古代指下裙)、"深衣"制(把上衣下裳缝连起来)、"襦裙"制(襦即短衣)等类型。上衣下裳的冕服为帝王百官最隆重正式的礼服,深衣(袍服)为百官及士人常服,襦裙则为妇女喜爱的穿着。普通劳动人民一般上身着短衣,下穿长裤。

配饰头饰是汉族服饰的重要部分之一。古代汉族男女成年之后都把头发绾成发髻盘在头上,以笄固定。男子常常戴冠、巾、帽等,形制多样。女子发髻也可梳成各种式样,并在发髻上佩戴珠花、步摇等各种饰物。鬓发两侧饰博鬓,也有戴帷帽、盖头的。汉族人装饰还有一个重要特征就是喜饰玉佩玉。

千年华服

约五千年前,中国在新石器时代的仰韶文化时期,就产生了原始的农业和纺织业,开始用织成的麻布来做衣服,后又发明了饲蚕和丝纺,人们的衣冠服饰日臻完备。殷商以后,冠服制度初步建立,西周时,服饰制度逐渐形成。周代后期,由于政治、经济、思想文化都发生了急剧变化,百家学说对服饰的完善有着一定的影响,冠服制被纳入了"礼治"的范围,成了礼仪的表现形式,从此中国的衣冠服制更加详备。

◆ 朱红罗锦缘袍,马王堆一号汉墓出土

◆ 唐代仕女服饰

自周代至明代，汉族服饰制度和基本特征没有大的改变。明朝灭亡后，清朝统治者为了达到削弱汉人的民族认同感，以达到统一中国的目的，大力推行满族发型和满族服装，禁止人民穿戴汉族服饰，史称"剃发易服"，这使得汉服逐渐消亡。后来的旗袍、长衫、马褂都以满族为主体的民族服饰改良和发展而来。

唐装

盛唐时期，声誉远及海外，以后海外各国因称中国人为"唐人"，"唐装"就是唐代的汉服。因此，"唐装"的称谓源于海外。

唐代男子最主要的服饰是幞头纱帽和圆领袍衫。幞头是一种包头用的黑色布帛，样式富于变化。圆领袍衫用途广泛，上至帝王，下至百官，礼见宴会均可穿着，甚至用作朝服。早期的袍服多用大袖，随着南北风俗习惯的相互渗透，唐代袍服款式逐渐演变成紧身、窄袖的袍服样式。

唐代女子最主要的服饰是襦裙，这种风格流行在初唐时期，基本上沿袭了自东汉以来华夏妇女传统的上衣下裳制。衣是上身穿的，裳是裙子，衣与裳分开，这种分两截的穿法一直延续到明末。中晚唐时期，妇女的服装开始复古，从以显出女子身材为主逐步恢复到秦汉那种宽衣大袖、飘逸如仙的风格，服式越来越肥，华丽大气，宽松自然。

现在大陆流行的唐装，是唐人街华人的中式着装，是满清马褂的延续与改良，属于满服的范畴，与"唐朝的服装"（汉服）在风格、款式上面并无丝毫相似之处。

延伸阅读

和服与汉服的渊源

和服，在日本又称为"吴服"，意为从中国吴地（今江浙一带）传来的服装。日本的奈良时代，是中国的盛唐时期，当时日本派出大量遣唐使到中国学习文化艺术、律令制度，其中也包括衣冠制度。当时他们还模仿唐制颁布了"衣服令"。初期和服为唐服翻版，之后的盛装"十二单"的外套华服也被称为"唐衣"。和服虽由汉服发展而来，但经过漫长的历史时期已经发展出自己的民族特色了。

第八讲　民族服饰篇

自然纯朴的黎族服饰

> 黎族妇女精于纺织，传统服饰自然纯朴，花边图案富于变化，异彩纷呈，黎锦、黎单闻名于世。黎族服饰之美沉淀了千年，那根纺线也跳跃了千年。

黎族服饰凝聚着黎族人民的智慧，具有鲜明的民族特色、地域特色，及丰富的民族文化内涵，是黎族历史文化的"活化石"。

男女服饰之别

黎族妇女以精致细腻的手工，织出了古朴而有神秘感的本民族服饰。黎族服饰的主要色调为黑色，使用来自自然的染色剂。服饰上衣色调单一，无花纹图案。

黎族妇女上衣长袖开胸，无扣子。衣领平而长阔，袖筒边条绣白色小布条。不过老人是不穿有白颜色的黎服黎裙的，视为不吉利。女子黎裙成筒状，又长又宽，上面有多样的图形图案。

黎族男子上衣长袖，开胸对襟，无领无扣，基本呈全黑色，比女子上衣更要单一。男裙相对较短，与上衣相似，无花纹图案。男裙可展开成一块宽长的布，穿时围腰系紧绳子，这是地地道道的开衩裙子。男子黎裙服饰更多表现的是男儿坦荡不羁、潇洒自在，还有随意古朴。

不同支系的黎族服饰

海南黎族共有五个支系，各支系间服饰有着明显的不同。白沙县一带黎服较为原始，女子穿青布贯头衣，衣侧和袖口饰有精细的两面绣纹样，下着黎锦短筒裙。妇女挽髻于脑后，骨簪雕有精细花纹。男子传统装束为上穿无领对襟衣，包头帕，衣物有少量绣饰。

保亭县一带的杞黎女子善织，筒裙和头帕皆用精美的梨锦制作。女子穿无领对襟衣、筒裙、包筒状头帕，喜佩各种银饰。男子上穿无领对襟衣，腰系布裙。

乐东县侾黎女子穿对襟开胸无纽扣上衣，领襟和后背有粗犷的绣饰，家织青色条纹布中筒裙。男子传统装束为条纹布对襟无纽扣中长衣，系兜裆布，头扦羽毛。

东方市美孚黎女子上穿大领对襟衣，

◆ 身着民族服饰的黎族姑娘

◆ 黎锦

下着扎染织花长筒裙，长发挽髻于脑后，包黑白条纹布头帕。男子穿大领对襟衣，服式较女装宽肥些，下着及膝包裙，脚穿木屐，头戴斗笠。

保亭县德透黎女子穿立领大襟窄袖紧身翘襟上衣，织花长筒裙，花鞋，喜欢佩戴各种银饰。

黎族服饰源于自然

黎族服饰主要利用海岛棉、麻、木棉等原料织缝而成。有些地方用"树皮"（野生麻类）作为纺织原料。黎族服饰过去绝大部分是自纺、自织、自染、自缝的。染料以采集植物为主，矿物为辅。青、绿、蓝等颜料多用植物叶子制成，黄、紫、红等色彩利用植物花卉加工而成，棕色是利用树皮或者根块切成碎片后投入少量石灰（溪河螺自烧而成的石灰）煮水制成。着色时，将布料、线团放在染缸中浸数回，使其均匀，料身染上色彩后，变得坚挺。

黎族服饰图案较多采用平日喜闻乐见的人物纹、动物纹、植物纹以及几何纹等，不同地区有所侧重。这些图案的造型稚拙夸张，构思大胆巧妙，运用直线、平行线、方形、三角形等构成整齐的富有装饰风格的花纹图案。在色彩上，一般采用红、黄、白等几种，配色和谐，绚丽华美。黎族妇女的头巾、上衣、筒裙往往嵌入了金银箔、云母片、明片或羽毛，有的缀以贝壳、穿珠、铜钱、铜铃或流苏等，更产生了有声有色的特殊效果。

美丽的黎锦

黎锦以棉线为主，麻线、丝线和金银线为辅交织而成。黎锦制作精巧，色彩鲜艳，富有夸张和浪漫色彩，图案花纹精美，配色调和，鸟兽、花草、人物栩栩如生，在纺、织、染、绣方面均有本民族特色。黎锦三千年辉煌，厚重的文化底蕴，不朽的艺术创造，是中国纺织史上的壮丽诗篇。

延伸阅读

黎族妇女秀面纹身风俗

海南黎族妇女有纹身的传统，现在纹身的青年女子已很少了。对于黎族纹身的起因，民间有各种不同的说法。有说纹身是祖先传下的遗规，如果妇女在世时不文身，死后祖先不认她，就会变成无家可归的野鬼。另有说法认为纹身是黎族母系氏族社会的遗存。古代时，妇女在黎族村寨中的地位很高，女人结婚后都是居住在娘家。黎族纹身是母权制的产物，它是原始宗教自然崇拜、祖先崇拜、图腾崇拜的产物。

五色斑斓的瑶族服饰

> 瑶族人精于织染、刺绣，服饰多种多样。服饰均用自染的土布制作，有一套完整的蓝靛印染技术。服饰色彩常用红、绿、黄、白、黑五种，采用挑花、刺绣、织锦、蜡染等工艺制作，五彩斑斓，美轮美奂。

瑶族主要分布在广西壮族自治区和湖南、云南、广东、贵州等省，支系众多，分布广阔，各支系服饰也不尽相同。此前瑶族曾因服饰的颜色、裤子的式样、头饰的装扮不同而得各种族称，如广西南丹"白裤瑶"、龙胜"红瑶"，这从一个侧面反映了瑶族服饰的色彩、款式之丰富。

瑶族服饰聚焦

瑶族人的服饰多种多样。广西防城花头瑶女子穿对襟交领长衣，衣襟滚边，袖口镶饰布条，下着短裤、绑腿，用红穗缠头，顶一方挑绣几何纹头帕。广西大瑶山花兰瑶女子穿对襟交领式长衣，衣侧开衩，领襟、衣摆、袖子皆施以精美的红色绣饰，下着青布短裤、织锦绑腿、木屐，青布帕、白帕包头，颈尖佩戴银圈等饰物。云南金平红头瑶女子穿青布对襟长衣，领襟有红色绣饰和一排银牌，腰系青布带，带端刺绣几何纹，下着刺绣精美的宽大花裤，其裤子堪称珍贵艺术精品。常见的瑶族男子服装有对襟、左大襟短衣或长衫，束腰带，裤子也有长裤和短裤之分，以蓝色为主。较为特殊的是广西南丹白裤瑶男子的白色灯笼裤，宽臀紧腿，造型奇特。

瑶族各支系服饰存在较大差异，男子服装以青蓝色为基本色调，以对襟、斜襟、琵琶襟短衣为主，也有穿交领长衫的，配长短不一的裤子，扎头巾、打绑腿，朴实无华。

妇女服饰有穿大襟上衣，束腰着裤的；有穿圆领短衣，下着百褶裙的；还有穿长衫配裤的。瑶族服饰的挑花构图风格独特，整幅图案

◆ 红瑶妇女

◆ 蓝靛瑶妇女

均为几何纹。

多彩多姿的头饰

瑶族头饰极为丰富，白裤瑶男子长发梳辫盘于头顶；大排瑶男子蓄发挽髻，头包红布，插饰野鸡尾；蓝靛瑶男子喜戴编制精美的马尾帽。茶山瑶女子戴三对翘翅大银板；花瑶女子戴狗头冠，盘瑶女子的锦绣帽绚美多姿；顶板瑶女子头顶"峨冠"；用锦帕包出的各种奇特的女子头饰多不胜数。

瑶族头饰颇具特色，多姿多彩：有龙盘形、A字形、月牙形、飞燕形等；有的戴竹箭，有的竖顶板，有的戴尖帽，有的戴竹壳。广西贺县的瑶族妇女戴十余层的塔形帽子，颇为壮观。湖南瑶族的女子以蜂蜡涂发，椎髻于顶，无论寒暑，均以花帕包裹呈梯形，用峨冠形的斗篷罩在上面，避风遮阳，清秀大方，犹如学士帽，又似宫妃绣冠，婚后则取下峨冠，表示已成家立业，开始新的生活。

对神的崇拜尽在传统服饰

瑶族服饰美还是集中地反映在挑花的构图上，挑花图案以及服饰的特征在某种程度上是宗教的反映。广西西林县瑶族保留着一件已有数百年的师公（宗教）服饰，上面绣有许多天神、山神、雷神、日神等，表达了瑶族人民多种崇拜的心理特征。

抽象的文化意识

在远古时代瑶族就会运用抽象的文化意识。南丹瑶族男子白色裤上的五条垂直红线，相传是瑶族祖先为了捍卫民族尊严而带伤奋战的十指血痕。女子着无袖、无扣、贯头褂衣，两侧不缝合，仅将前后襟底边相连，下着蜡染裙，背饰花背牌。其上的方形图案，传说是当年被土官夺走的瑶王印章的模样，绣在衣上以示纪念，也是他们氏族图腾的标志。

延伸阅读

瑶族精湛的蓝靛印染

瑶族妇女精于蓝靛印染，至今仍保留着一套完整的印染技术。她们将自己种植的蓝草经过浸泡加工后，提取蓝靛，加入白酒，经草木灰过滤、发酵呈黄色后便可染布。在染布过程中经过数次浸染、晾干，直到布料呈深蓝带暗红色为止。为了使布坚挺耐用、颜色深重，还把已染好的布放入炖缩的牛皮溶液或猪血溶液里，进行蒸晒。蓝靛印染即在蓝靛布上染花，有蜡染、针线折染两种方式。瑶族人民以娴熟的蓝靛印染和印花技术，制作出了驰名国内外的瑶斑布。

第八讲 民族服饰篇

素雅轻盈的朝鲜族服饰

朝鲜族自古就有"白衣民族"之称。朝鲜族丰富多彩的民族服装，是朝鲜族人民思想意识和精神风貌的体现，其文化与朝鲜半岛的文化有着深厚的渊源。朝鲜族服装呈现出素净、淡雅、轻盈的特点，不仅给我们带来了美的享受，更充实了中国服饰艺术的宝库。

朝鲜族主要分布在黑龙江、吉林、辽宁三省，其中吉林省延边朝鲜族自治州的朝鲜族居民使用朝鲜语及文字，杂居地区的朝鲜族通用朝鲜语和汉语。朝鲜族是个能歌善舞的民族，不论男女老少，都能即兴放歌，翩翩起舞。而他们的服饰将舞蹈最大程度地美化，轻盈如蝶，飘然而起，给人以美感。

朝鲜族服装的特点

白色是朝鲜族最喜欢的服装颜色，象征着纯洁、善良、高尚、神圣，因此朝鲜族自古就有"白衣民族"之称。朝鲜民族服装的结构自成一格，上衣自肩至袖头的笔直线条同领子、下摆、袖肚的曲线，构成曲线与直线的组合，没有多余的装饰，体现了白衣民族古老袍服的特点。

朝鲜族传统女装

朝鲜族女子婚前穿鲜红的裙子和黄色的上衣，衣袖上有色彩缤纷的条纹；婚后则穿红裙子和绿上衣。年龄较大的妇女，可在很多颜色鲜明、花样不同的面料中选择。

朝鲜族妇女的短衣长裙，是朝鲜族服饰中最具传统的服装。短衣在朝鲜语中叫做"则高利"，是朝鲜族最喜欢的上衣，女性穿起来潇洒、美丽、大方；长裙，朝鲜语叫做"契玛"，是朝鲜族女子的主要服饰，腰间有长皱褶，宽松飘逸。年轻女子和少女多爱穿背心式的带褶筒裙、裙长过膝盖的短裙，便于劳动。中老年妇女多穿缠裙、长裙，冬天在上衣外加穿棉(皮)坎肩。

朝鲜族妇女头饰较简单，女孩多留娃娃头短发，未婚少女梳一条长辫，婚后挽发于脑后，除在辫根和辫梢系彩色头绳及在发髻上插金属簪外，无其他饰物，朴素大方。

◆ 朝鲜族妇女服饰

朝鲜族传统男装

朝鲜族男子一般穿素色短上衣,外加坎肩,下穿裤腿宽大的裤子。外出时,多穿以布带打结的长袍。男子短衣朝鲜语也叫"则高利";成年男子的上衣衣长较短,斜襟、宽袖、左衽、无纽扣,前襟两侧各钉有一飘带,穿衣时系结在右襟上方。他们还喜欢黑色外套或其他颜色的带纽扣的"背褂"即坎肩,朝鲜语叫"古克", 一般套在"则高利"上衣的外面,多用绸缎作面,毛皮或布料做里,有三个口袋,五个扣,穿上显得特别精神。

朝鲜男子爱穿"灯笼裤",这种裤子裤长腰宽,而且白色居多。"巴基"是指传统的朝鲜族服饰裤子,其裤裆、裤腿肥大。由于朝鲜族传统房屋都有火炕供暖系统,人们常常是坐卧在地面的垫子或席子上,穿这种裤子便于在炕上盘腿而坐,随意轻松,裤腿系有丝带,外出时可以防寒保暖。

朝鲜族传统儿童装

朝鲜族儿童服装主要是七彩衣,是用七色绸缎给儿童做的衣服,好像彩虹在身。朝鲜族认为彩虹是光明和美丽的象征,或出于审美心理,或出于避邪的目的,意在让儿童美丽幸福,使孩子们显得更加聪慧、活泼可爱。

朝鲜官服

过去朝鲜族的官服,随官职、身份而异,但基本式样大体上是冕服,用黑色绸缎做团领,受中国冕服十二章纹饰的影响,肩部亦有带色之龙,袖口画有火、华虫、宗彝

◆ 朝鲜族男童服装

等图案。裳用红绸缎缝制,裳前有藻、粉米的纹饰图案。

延伸阅读

朝鲜族民俗风情

朝鲜族能歌善舞,尤其擅长本民族的传统乐器和舞蹈,其中包括伽椰琴弹唱、顶水舞、扇子舞、长鼓舞、农乐舞等,是当地人非常喜爱的传统歌舞,农乐舞已是世界级"人类非物质文化遗产"。朝鲜族喜欢运动,摔跤、荡秋千、跳板是朝鲜族喜爱的传统体育活动。朝鲜族特色民俗小吃,最具代表性的有"辣泡菜、打糕、冷面、酱汤、狗肉"等,不仅当地人喜欢吃,海内外旅游观光的客人来到这里,狗肉和冷面是必须要品尝的。朝鲜族妇女自古以来创造并发展了自己固有的刺绣技法,手工刺绣描绘美丽的自然风景、人物、动物、植物等,反映了朝鲜族妇女美好、细腻的生活感情。

盛世华衣羌族服饰

> 羌族人民的服饰朴素、美观而具特色。古代羌族多着皮制、毛制衣装，现在服饰的面料更加多样化。妇女服饰鲜艳多彩，每逢节日喜事，羌女盛装艳丽，雍容华贵。羌族妇女挑花刺绣也久负盛名，羌族服饰已列入中国非物质文化遗产代表作名录。

羌族主要聚居地在四川省阿坝藏族羌族自治州的茂县、汶川等地。羌族有自己的语言，属汉藏语系藏缅语族羌语支。羌族历史可追溯到古殷商时代，早在3000多年前，殷代甲骨文中就有关于羌人的记载。唐时，一部分羌人同化于藏族，一部分同化于汉族，今天四川西北部的羌族人是古代羌人中保留下来的一支。

羌族服饰演变

羌族古代服饰中以披毡最具特色。文献记载，两汉时甘青羌人"女披大华毡以为盛饰"（《后汉书·西羌传·集解》引郭义恭《广志》）。而与之相同时期的"滇族"等羌支民族的贵族男子也多披毡。可见，披毡原为羌族最古老的服饰之一。唐宋时期，羌族披毡已较普遍，《新唐书·党项传》称："男女衣裘褐，被毡。"这一服饰传统，至今在羌支民族彝族中仍有遗存。

羌族服饰面料以皮裘、毛、麻织品为主。道光《茂州志》载："其服饰，男毡帽，女编发，以布缠头，冬夏皆衣毡。"羌族缠头之俗在乾隆年间《职贡图》中已经出现。在漫长的历史变迁中他们的服饰也发生着变化。男女皆穿自织的白色麻布长衫，形似旗袍。男则长过膝盖，女则袭脚背。妇女衣服绣有鲜艳的花边，领上镶有一排梅花图案银饰。男女都在长衫外套一件羊皮背心，俗称"皮褂褂"，晴天毛向内，雨天毛向外以防雨。还有一种背心是羊毛毡子做的，较前者略长。

羌族男女头部皆缠青色和白色的头帕。女的或头顶瓦状的青布一叠，然后以两根发辫缠绕其上作髻。男子也有梳辫包帕子

◆ 精美的羌族绣鞋

的。松潘、黑水一带的男子蓄发，缠以丝绒编成辫子绕成发髻于脑后。男女皆束腰带，打绑腿，绑腿用羊毛织成，用以御寒。男子足着草鞋、布鞋或牛皮靴，行路时多赤足。妇女着尖钩鞋，鞋面素净或绣花。男子亦有穿尖钩鞋的。妇女与男子衣服不同的地方是领边、袖口、腰

◆ 羌族刺绣

带和鞋子上常挑有圆圈纹、三角纹等几何花纹图案，衣领上镶有一排小颗梅花形图案银饰。另外，妇女喜戴特大的银质耳环，其他还有银质的簪子、戒指和牌等饰物。这些饰物也有用玉或珊瑚制成的。妇女腰上佩银质针线盒一个，男子则佩银质烟盒一个。

羌族的刺绣

"此情有景道不得，羌姑刺绣在前头。"在羌寨，羌族刺绣总是一道美丽的风景。羌绣是活着的具有灵性的景观，作为骁勇善战的羌族，在刀光剑影中开放出的温柔的花，一直鲜艳在羌族人的生活中。羌绣无疑是羌族民间工艺的一朵奇葩，羌族无论老少皆穿戴羌绣制品，尤其是妇女，从头到脚均有羌绣点缀。羌绣多以粗布、棉线缀成黑底白纹，再绣有各种图案。颜色对比强烈，却十分和谐。其中挑花和刺绣，是羌族妇女的拿手好戏。这些色彩艳丽明快、图案古朴精美的绣品，无论是点缀服饰还是装扮居室，都显得秀美而大方。

> **延伸阅读**
>
> ## 羌族舞蹈
>
> 羌族民间舞蹈大致可分为自娱性、祭祀性、礼俗性三种类型，但从活动的目的性看，许多形式都带有祭祀神灵、祈福禳灾的含义。主要形式有：萨朗、席步蹴、羊皮鼓舞、跳盔甲、忍木那耸瓦等。舞蹈多是围着火塘相互牵手进行的，形式上又近似藏族的锅庄，所以人们就把欢快的萨朗称作喜事锅庄，把在丧事活动中进行的席步蹴等形式，称作"忧事锅庄"。
>
> 羌族民间舞蹈多和民俗活动相结合，一般无乐器伴奏，舞者边歌边舞，或以呼喊声、踏地声协调表演。动作没有严格的规范，变化比较自由，形式古拙，风格质朴，生活气息浓郁。羌族民间舞蹈基本上是集体表演的形式，参加者人数不限，围着火塘或在院内围成圆圈进行。

第八讲 民族服饰篇

雍容华贵的满族服饰

> 满族的服饰主要有四种形式：旗袍（即长袍）、马褂、坎肩、夸裤。其服饰高雅华丽，在我国民族服饰文化中独树一帜，历史上曾对中国的服饰发展有过很大影响，尤其是在今天已风靡世界的旗袍艺术方面。

满族，原称"满洲族""满人"等，是中国的一个少数民族。满族散居中国各地，以居住在辽宁为最多。满族先民生活在白山黑水之间，为长期适应寒冷气候而选择了保暖性较好的袍装作为日常服饰。在明朝中期满族吸收中原汉族的服装，改进成具有其民族特色的旗装，也称"旗袍"。清朝建立后由于统治者的强制推广，旗装在全国通行，并很快与汉装融合，今天旗袍已经成为东方服饰的代表。

旗袍

旗袍是满族男女老少一年四季都穿着的服饰，它裁剪简单，圆领，前后襟宽大，而袖子较窄，四片裁制，衣衩较长，便于上马下马；窄窄的袖子，便于射箭。袖子口附有马蹄状的护袖，又称"马蹄袖"。在满族人逐渐脱离骑射生涯后，马蹄袖已成装饰，而放下马蹄袖仍然是满族人对长者、尊者致敬的礼仪。

旗袍，满语称"衣介"，分为单、夹、皮、棉四种。这种"衣皆连裳"（古代上为衣，下为裳）与汉族的上衣下裳的两截衣裳有明显区别，是满族男人喜欢的服饰，也叫大衫、长袍。满族男子穿的旗袍，其样式和结构都比较简单，原为满族骑射时穿用的圆领（无领后习惯加一假领），大襟，窄袖，四面开襟，左衽，带扣绊，束带，适于骑马射猎。

妇女旗袍的装饰性比男性旗袍更具东

◆ 旗袍风情

◆ 满族秧歌舞

马褂

满族马褂分为大襟、对襟、琵琶襟等多种形式。马褂后成为日常罩于袍子外面的服装。高领对襟，四面开襟，长及腰部，袖子稍短，袍袖可露出三四寸，将袍袖卷于褂袖上面，即所谓大、小袖。现在许多满族人所穿的对襟小棉袄，就是从马褂演变过来的。为了骑马方便，在长袍的外边套一种身长至脐、四面开襟的短褂，以御风寒。

大拉翅

大拉翅是盛行于光绪、宣统年间的满族贵族妇女发式。顶发梳成圆髻，脑后发呈燕尾式。另以黑缎、绒或纱制成"不"字形皂板，叫"头板"，其底部以铁丝制成扣碗状，称之"头座"，扣于头顶发髻上，并用发缠绕，使之固定。这种"高如牌楼"的固定装饰，用时套在头上。通常于头板正中戴彩色大绢花，称"头正"或"端正花"，并加饰珠、翠、玉簪、步摇和鲜花，或于右侧缀一彩色长丝穗。这种发式因头板如两翅张开而得名。

方特色，领子、前襟和袖口都有绣花装饰。满族妇女穿的旗袍，样式美观大方，讲究装饰，领口、袖头、衣襟都绣有不同颜色的花边，有的多至十几道，穿起来匀称苗条，婀娜多姿。有一种女式旗袍叫"大挽袖"，把花纹绣在袖里，挽出来更显得美观。旗袍的样式后来发生了一些变化，开襟从四面改成了两面；下摆也由宽大改为收敛；袖口也由窄变肥，又由肥变瘦，使其穿起来更加合体。

满族旗鞋

满族的女式旗鞋，被称为"寸子鞋"，也称"马蹄底鞋"。鞋底中间部位上有3寸多厚的木头，用细白布包上，木跟不着地的地方，常用刺绣或穿珠加以装饰，因鞋底平面呈马蹄形，因此而得名。还有一种鞋的底面呈花盆形状，被称为"花盆底鞋"。老年妇女和劳动妇女所穿旗鞋以平木为底，称为"平底绣花鞋"，也叫"网云子鞋"。满族的女鞋，表面都有绣花，而袜子多为布质，袜底也纳有花纹。

> **延伸阅读**
>
> ### 满族服饰色彩与图案
>
> 满族的服饰色彩多以淡雅的白色、蓝紫色为主，红、粉、淡黄、黑等色也是其服饰的常用色。白色在满族服饰中是一个重要的颜色，因为满族传统上有尚白的习俗，以白色为洁、为贵，白色象征着吉祥如意，所以，在满族服饰中常在红色、蓝色等其他颜色的旗袍上镶白色的花边。满族妇女擅长刺绣，她们常在衣襟、鞋面、荷包、枕头等物品上刺绣花卉、芳草、鹤鹿、龙凤等吉祥图案。

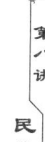

第八讲 民族服饰篇

瑰丽多彩的苗族服饰

> 苗族服饰从总体上保持着中国民间的织、绣、挑、染等传统工艺技法。苗族由于社会历史、自然地理、宗教信仰、风俗习惯和文化传统等诸多因素，形成了迥异的审美观念、审美对象和审美情趣，其服饰造型独特，纹样颇具风格，款式殊异、质地精良、种类繁多。

苗族的挑花、刺绣、织锦、蜡染、剪纸、首饰制作等工艺美术瑰丽多彩，驰名中外。苗族服饰多达130多种，可以同世界上任何一个民族的服饰相媲美。

苗族男子服饰

苗族主要分布在贵州、湖南、云南、四川、广西、湖北、海南等省、区，在黔东南和湘鄂川黔的交界地带(以湘西为主)，有较大的聚居区。黔东南境内苗族男人上装一般为左衽上衣和对襟上衣以及左衽长衫三类，以对襟上衣最为普遍，下装一般为裤脚宽盈尺许的大脚长裤。对襟男上装由左、右前片，左、右后片，左、右袖六大部分组成。衣襟订五至十一颗布扣，左襟为扣眼，右襟为扣子。上衣前摆平直，后摆呈弧形；左右腋下摆开叉。

左衽男上衣流行于从江、榕江八开、台江的巫脚、反排和剑河久仰等地的苗族村寨。一件衣服由左前大襟、右前襟、后片及双袖组成，左襟与右襟相交于咽喉处正中，沿右胸前斜至右腋下至摆，订有布扣五至七颗，前摆、后摆均平直。左、右腋下摆不开叉直桶形。左衽上装布料一般为家织布或藏青织贡尼，颜色以青色为主。

左衽长衫结构与左衽上衣相同，差异仅在衣上至脚背，是苗族老年男子常穿的便装。男便装下装一般为无直裆大裤脚筒裤，裤脚宽盈尺许，裤脚与裤腿一致，由左、右、前、后片四片组成，制作简便。

苗族女子服饰

苗族女便装上装一般为右衽上衣和圆领胸前交叉上装两类，下装为各式百褶裙和长裤。右衽上装结构与男上装中的左衽上装大体一致，只是方向相反；无领胸前交叉式上装称"乌摆"(意为雄衣，即男人的衣)，是传统的苗族女装，如"袈裟"，无纽扣，以布带束腰。苗族女便装质地一般为家织布、灯芯绒、平绒、织贡尼、士林布等，颜色一般为青、蓝等色。

雷山、凯里、台江三市县交界地区苗族中青年妇女，一般穿浅色右衽上衣，沿托肩、袖口及右大襟边缘精绣花鸟、花草图案

◆ 苗族服饰

花边或购买现成花边，围围腰，系银质围腰练，下装着西装长裤，挽高髻于顶，着耳柱，中年妇女多包白毛巾头巾，青年妇女多戴银梳或插银衣、塑料花等饰物。老年妇女上装多穿右衽上衣或无领交叉式上衣，下穿长及脚踝青素百褶裙，系围腰，围与裙长。老年妇女上装饰物一般为家织布或织贡尼，颜色喜尚青、蓝色。

凯里市的舟溪、青曼、麻江县铜鼓及丹寨县的南皋一带苗族妇女便装上装，内穿翻领对襟中长衣，外套大领对襟大袖胸前交叉式上衣，袖口镶挑花花边，银链吊绣花围腰，套挑花护腕；下着过膝寸许百褶裙，扎挑花镶边脚腿，外套织锦式粉红色长袜。

丹寨县的扬武、长青、排调等地苗族女便装上装多穿右衽对襟上衣，前襟长及小腹，下着过膝中长裤，银质围腰练吊与裤长围腰，裹裹腿，中老年与青年服饰无异。上、下装质料多为家织斜纹布、平纹布、灯芯绒、平绒及织贡尼等，头搭蜡染方帕或绣花头巾。

凯里市的炉山和黄平、施秉一带苗族妇女，上装为无扣大领胸前交叉式上衣，以布带束腰；下穿过膝青衣红、白蜡花百褶裙，围紫色围裙片，质料多为家织布，颜色以青色为主。

雷山县的桃江、桥港、年显、略果，丹寨的排调、党早、加配、羊巫，台江县的反排等地苗族女便装，上装为齐腰紧身青素右衽上装，下着五至九寸长百褶裙，内穿紧身长裤，裙前、后各拴一块二尺见方几何图案挑花围裙片，肩披挑花披肩。上装质料一般为家织布、平绒布和灯芯绒，颜色素青，挑花工艺重红、黄、白三色，少见刺绣工艺品。

延伸阅读

苗族刺绣

刺绣是苗族源远流长的手工艺术，是苗族服饰主要的装饰手段，是苗族女性文化的代表。苗族刺绣的题材选择虽然丰富，但较为固定，有龙、鸟、鱼、铜鼓、花卉、蝴蝶，还有反映苗族历史的画面。苗族刺绣十分美丽，技法有12类，即平绣、挑花、堆绣、锁绣、贴布绣、打籽绣、破线绣、钉线绣、绉绣、辫绣、缠绣、马尾绣、锡绣、蚕丝绣。这些技法中又分若干的针法，如锁绣就有双针锁和单针锁，破线绣有破粗线和破细线。正是高超的刺绣工艺，才使得苗族服饰亮丽多彩。

第八讲 民族服饰篇

清新典雅的土家族服饰

> 土家族俗尚俭朴，无一切奢靡之风，服饰宽松，装饰简单，注重喜色。随着时代的发展和社会的进步，土家族服饰虽历经变革，但仍然保留了本民族传统的特点。

有关土家族的历史，在宋代有文献记载，但在这个时期及以前，所有文献都未谈及土家族的服饰。直到清代，土家族服饰才正式载入了文献。土家族服饰崇尚俭朴，喜爱宽松，装饰简单，注重喜色，具有鲜明的民族特色。布料多为"家几布"，绣以五彩斑斓之色，史称"溪布""峒巾""土锦"现称"土家织锦"。

男子服饰

土家族的服饰花样甚多，但最常见的要数背褂子。春秋时节穿夹背褂，冬天穿棉背褂。男女背褂多用青色（黑），衣襟和袖口绣有白底蓝色花边。这是土家族成年男女共同的服饰色调，一黑一白，黑白分明。

土家族男性头包青丝帕或青布，白布帕2.3至3米，男性穿对襟背褂，较古老的上衣叫"琵琶襟"，安铜扣，衣边上贴梅条和绣"银钩"，后来逐渐穿满襟衣（多指中年以上者）和对胸衣，青年人多穿对胸衣，正中安五至七对布扣。男裤是其男子服饰的杰出代表。青、蓝布加白布裤腰，两裤脚及腰的尺寸接近，短而肥。镶蓝布条作裤头，裤腰由左向右折叠，以绳系紧，故称这种裤子为"左转弯"。鞋子是高粱面白底鞋。土家男子的服饰与妇女相比，则充分体现了勇武、彪悍的男子汉气质，具有宽松自如、行动方便等特点。

女子服饰

土家族女性头包1.7至2.3米青丝或青布帕，穿大襟背褂，上衣左开襟，袖大而短，无领，滚边，衣襟和袖口有两道不同的青边，但不镶花边。银钩衣为矮领，衣襟和袖口镶宽青边，袖口青边后再加三条五色梅花边，胸襟青边则用彩线绣花。三股筋衣，衣大袖大，袖口镶16.5厘米宽边，领高1.65厘米，镶三条细边。

少女的服饰则以细长为特点，无领，或左或右开襟，袖口和襟为青边或花边。姑娘出嫁时的衣裳装饰更是斑斓多彩，最为典型的要数土家姑娘出嫁途中穿的"露水衣"。这种衣装由上衣、裤、裙三部分组成，上衣为大襟、大袖、大摆，下衣裤脚宽大而短，裙为八幅罗裙和百褶裙，脚穿绣花鞋，亦称"露水鞋"，佩戴的银饰有髻、

◆ 土家族服饰

绣一个"王"字，两侧绣花。土家族是崇虎的，小孩穿戴虎帽、虎鞋是受虎的"围抚"，邪恶不敢侵害，可避邪壮威，又可使小孩显得天真活泼，伶俐威武。

服饰设计

土家族妇女服饰上的衣袖与裤脚图案完全采用"挑花"刺绣，也就是在布上用针刺上连贯的"小十字"，以之联成线条或方块，再组合成花鸟鱼虫等图案。在构图中，运用色彩变换，体现出律动感觉。用色彩绿、红、黄或为黄、绿、红，这种形同色异、不换形而换色的方法，促使呆板的、单一连续的纹样丰富起来，艳丽多姿，给人以美的享受。

针、手镯等。

女鞋较讲究，除了鞋口滚边挑"狗牙齿"外，鞋面多用青、蓝、粉红绸子。鞋尖正面用五色丝线绣各种花草、蝴蝶、蜜蜂。绣花鞋垫，是姑娘赠给意中人最珍贵的礼物。

孩童服饰

孩童的帽子很有特点。按年龄、季节确定帽形：如春秋戴"紫金冠"，夏季戴"冬瓜圈"，冬季戴"狗头帽""鱼尾帽""凤帽"等。这些帽子上除用五色丝线绣"喜鹊闹梅""凤穿牡丹"和"长命富贵""易养成人""福禄寿禧"等花鸟和字外，还在帽檐正面缝上"大八仙""小八仙""十八罗汉"等银菩萨。

土家族的孩童衣裤多不讲究，主要注重的是鞋帽。小孩的鞋为老虎鞋，用红绸缎做面料，鞋尖向后翻，两耳插上兔毛，前

延伸阅读

土家族的摆手舞

摆手舞据史书记载，最早源于商周时期巴人的军战舞。西汉时，巴人的这种军战舞成为汉官廷舞乐，被称为"巴渝舞"。从汉到唐宋，巴渝舞在民间经久不衰。摆手舞有大摆手、小摆手之分。小摆手舞每年岁正月举行一次，主要是表演农事、渔猎活动。大摆手每三年举行一次，内容在小摆手舞的基础上，再加上土家织锦披西兰卡普参演的军战舞。跳摆手舞时，要吹大土号、唢呐，敲打锣、镲、鼓，燃放三眼炮和鞭炮。人们围成圆圈，男在外圈，女在内圈。除圆圈外，还有其他各种图案队形。舞蹈动作要求双手摆动不过肩，膝盖随之伸屈、颤动，手与脚呈顺边运动。舞姿朴实，音乐节奏明快。在跳摆手舞的同时，要唱摆手歌。人们且歌且舞，气氛热烈，而在此时土家族的服饰更是增添了舞蹈的美感。

第八讲　民族服饰篇

第九讲
中华民居篇

北京四合院

> 中国北方的传统民居，以院落为核心，依外实内虚的原则和中轴对称格局规整地布置各种用房，其中北京四合院水平最高，也最为典型，是中国汉族传统民居的优秀代表。

北京四合院，天下闻名。旧时的北京，除了紫禁城、皇家苑囿、寺观庙坛及王府衙署外，大量的建筑便是那数不清的百姓住宅——四合院。北京的四合院构造独特，院落宽绰疏朗，四面房屋各自独立，彼此之间有走廊连接，起居十分方便，在中国传统住宅建筑中具有典型性和代表性。

何为四合院

中国人特别喜爱四合院这种建筑形式，不仅宫殿、庙宇、官府使用四合院，而且各地的民居也广泛使用四合院。四合院的

◆ 老北京四合院鸟瞰图

"四"字，表示的是东、南、西、北四面；"合"是围在一起的意思。这种民居有正房（北房）、倒座（南座）、东厢房和西厢房四座房屋在四面围合，形成一个"口"字形，里面是一个中心庭院，故被称为"四合院"。四合院因建筑面积的大小以及方位的不同，从空间组合来讲分为大四合院、小四合院、三合院。

四合院为什么首推北京

一提到四合院，人们便自然会想到北京四合院。北京四合院的形制规整，中心庭院从平面上看基本为一个正方形，其他地区的民居有些就不遵循这一原则。例如山西、陕西一带的四合院民居，院落是一个南北长而东西窄的纵长方形；四川等地的四合院，庭院又多为东西长而南北窄的横长方形。

北京四合院的东、西、南、北四个方向的房屋各自独立，东西厢房与正房、倒座的建筑本身并不连接，而且正房、厢房、倒座等所有房屋就一层，没有楼房，连接这些房屋的只是转角处的游廊。这样，北京四合院从空中鸟瞰，就像四座小盒子围合成的一个院落。南方许多地区的四合院，四面的房屋多为楼房，而且在庭院的四个拐角处，房屋相连，东、西、南、北四面房

◆ 北京四合院门景

屋并不是独立存在的。所以南方人将庭院称为"天井"。北京四合院是名副其实的院，宽敞开阔，阳光充足，视野广大。此外，北京四合院的文化内涵丰富，全面体现了中国传统的居住观念。

老北京四合院的结构

北京四合院无论是建造在东西走向的胡同北侧，还是南侧，院内北房都是坐北朝南的正房，只是院门开设的位置不同。胡同北侧四合院为正四合院，院门面南临街，门开在南墙东边，这种院门的定位，完全是受北方自然环境和古代建造房屋风水之说的影响。

走进四合院，首先看到的是垒砌精致的影壁。影壁上每块砖都是磨制的，垒砌时磨砖对缝。民俗专家研究后认为，影壁是中国房宅建筑不可缺少的风水内容。古代人迷信，认为人死后有鬼魂，如果在夜晚有孤魂野鬼游荡，闯进宅院就会不吉利。而大门内有影壁，鬼魂见了自己的影子，就不敢往里闯了。

标准的四合院分内宅和外院两部分。外院由南房、院门、影壁、内宅南外墙组成。南房用于客房、书房、仆人居住。内宅南墙正中建有垂花门，只有进了垂花门，才能看清内宅房屋。内宅由北房、东房、西房组成，中间是院子。北房为正房，高大而豁亮，面阔三间，东、西两侧建有耳房。北房由宅主人居住，西房由儿女居住，东房由孙子、孙女及奶妈居住。厨房在东房最南面；厕所在院内旮旯，讲究的是男女分开，男外女内，男的在外院南房西角，女的在内宅东房北角。大的四合院还建有后罩房，后罩房在北房后面，有一层的，也有两层的，均坐北朝南，与北房后山墙之间又形成一个院子，一般称"后院"，后院是宅主人的内眷或老人居住的。

延伸阅读

四合院中蕴含的哲理

北京四合院住宅形制与中国传统宗法伦理观念相呼应。四合院住宅中内外有别、尊卑有序、主次分明的空间秩序，符合中国"礼"的哲学世界观。四合院内一大家人可以安安静静、和和美美地生活。院内的房子既各自独立又相互联系，面向院子中间开放和集中。高大宽敞的北房，冬暖夏凉，由长辈居住，长辈一旦有什么不适，哪怕刮风、下雨、下雪，儿孙们也可以沿着游廊到正房去问安。这种房屋布局，充分体现了中国传统民居的家庭观念和东方的伦理道德。

黄土高原窑洞

> 人类的居室大都因地制宜而营造，这在黄土高原表现得尤为突出。窑洞省工省力，冬暖夏凉，十分适宜居住生活，是古老黄土文明的深厚沉淀。

说起窑洞，我们会想到那泥土门脸、木构门窗、雪白的窗纸上贴着艳丽的窗花、窗前门顶上爬着一两颗葫芦、门边挂着一串串辣椒的黄土高原风情。在这里，沉淀着古老、深沉的黄土文明。

窑洞式民居是一种很古老的居住方式，即在黄土断崖地区挖掘横向洞穴作为居室。因为它有施工简便，造价低廉，冬暖夏凉，不破坏生态，不占用良田等优点，虽然存在采光及通风方面的缺陷，但在北方少雨的黄土地区，仍为人民习用的民居形式。目前中国的窑洞民居大致集中在五个地区，即晋中、豫西、陇东、陕北、冀西北。

深达一二百米、极难渗水、直立性很强的黄土，为窑洞提供了很好的发展前提。同时，气候干燥少雨、冬季寒冷、木材较少等自然状况，也为冬暖夏凉、十分经济、不需木材的窑洞，创造了发展和延续的契机。由于自然环境、地貌特征和地方风土的影响，窑洞形成各式各样的形式。一般而言，窑洞可分为三种：靠崖窑、平地窑、锢窑。

靠崖窑即是利用天然土壁挖出的券顶式横穴，可单孔，可多孔，还可结合地面房屋形成院落；平地窑即在平地上向下挖深坑，使之形成人工土壁，然后在坑底各个方向的土壁上纵深挖掘窑洞，此式窑洞多流行于河南巩县、三门峡、灵宝和甘肃庆阳、山西平陆一带。锢窑为在平地上以砖石或土坯按发券方式建造的独立窑洞，券顶上敷土做成平顶房，以晒晾粮食，多通行于山西西部

◆ 黄土高原上的土窑洞

及陕西北部。

窑洞一般修在朝南的山坡上，向阳，背靠山，面朝开阔地带，少有树木遮挡，十分适宜居住生活。一院窑洞一般修3孔或5孔，中窑为正窑，有的分前、后窑，有的1进3开，从外面看4孔窑各开门户，走到里面可以发现它们有隧道式小门互通顶部呈半圆

◆ 陕北窑洞

形,这样,窑洞空间就会增大。窑洞一般窑壁用石灰涂抹,显得白晃晃的,干爽亮堂。窑洞内一侧有锅和灶台,在炕的一头都连着灶台,由于灶火的烟道通过炕底,冬天炕上很暖和。炕周围的三面墙上一般贴着一些绘有图案的纸或拼贴的画,黄土高原上的人一般将其称为"炕围子"。炕围子是一种实用性的装饰,它们可以避免炕上的被褥与粗糙的墙壁直接触摩擦,还可以保持清洁。为了美化居室,不少人家在炕围子上作画。这就是在陕北具有悠久历史的民间艺术——炕围画。

炕围画的形式构成有一套固定的程式:即以上、下两组边道,按照一定的规格布置而形成其主体框架,中间等距离安排以各种画空。边道图案是炕围画的精华所在,种类极为繁多,多为具有吉祥寓意的图案纹样反复连续而成,如玉带边、竹节边、冰竹梅边、卷书边、万字边、狮子滚绣球边、鹤寿边、福寿边、金玉满堂边……或古朴、或新颖、或简洁、或精细、或平面展开、或立体凸现、或强烈明快、或平和迷离,可谓百色百样、美不胜收。画空也称"池子",是炕围画的点睛之处,表现内容极为丰富,人物、花鸟、山水、风景无所不有;表现手法多样,工笔重彩、水墨写意,木版年画、月份牌年画、装饰粉画"多元并存"。

延伸阅读

窑洞的保护问题

近年来随着人们生活水平的提升,对居住环境要求渐高。由于窑洞建筑存在着采光差、通风不良、易塌顶、渗水、抗震性不佳等缺憾,又兼贫穷、落后之嫌,使得窑居逐渐被追求现代生活的民众抛弃。因此,如何改变、引导一般民众的观念,使他们认识到生态环境景观的优越性,保护窑洞建筑、改善窑居环境,并使他们自愿地开发、利用窑洞资源,在未来的生态平衡、节约能源、节约土地等方面发挥积极的作用,使窑洞建筑走向可持续发展,就成为一个颇值得深入探讨的课题。

◆ 窑洞

草原蒙古包

> 蒙古包是蒙古族牧民居住的传统住房，建造和搬迁都很方便，适于牧业生产和游牧生活。蒙古包古代称作"穹庐""毡包"或"毡帐"，至今至少有2000多年的历史，是游牧民族特有的民居形式。

从中国西部阿尔泰的雪峰，到东部兴安岭的绿林；从北部的贝加尔湖到南部的万里长城，都曾经是北方游牧民族纵马征战和自由放牧的大舞台，最适合这种生活方式的居室就是蒙古包。蒙古包，这是游牧民族特有的民居形式，它伴随着蒙古族走过了漫长的年代。

蒙古包的演变

在狩猎采集时代，蒙古族住在窝棚里，这种圆形拱顶的隐蔽窝以活树为支柱，用桦树皮覆盖，制作简单，便于遗弃。随着原始人类由采集向狩猎过渡，活动范围越来越大，同时也把一部分食草动物逐渐驯养成家畜，出现了畜牧业的胚胎。这就要求有一种便于迁徙的居室，于是窝棚之类的建筑应运而生。在狩猎时代向游牧时代过渡时，其居住由窝棚过渡到帐篷，帐篷用树木做支架，上盖毛皮。进入畜牧社会，便有了蒙古包的雏形，随后也出现了毛毡帐，其形似天幕，用羊毛毡覆盖。据史料记载："呼伦贝尔之普遍蒙人，每限于游牧，依小草而居，转徙无常，概以穹庐为栖止。此种天幕生涯，可蔽风雪，可防虎狼。"

蒙古包的特点

蒙古包的搭建相对简单，一般是在水草适宜的地方，根据包的大

◆ 蒙古包

◆ 蒙古族人生活场景

来，只需生着火熬好奶茶的时间，一座蒙古包就搭起来了。拆卸蒙古包，比搭盖还容易许多，两个人拆卸只需十几分钟。围绳、带子都是活扣，很容易解开。带子一解开，毡子和架木就自动分离。所拆卸的任何一件都不重，一个女人就可以举起来放到车上。蒙古包维修方便，因地制宜，就地取材，哪个部件坏了、旧了就可以把它换掉。

小先画一个圆圈，然后沿着圆圈将预先编制的木条方格（哈纳）架好，再架上顶部的天窗（奥尼），将木条与天窗衔接在一起绑好，然后搭上毛毡，用毛绳系牢，便大功告成。

蒙古包以圆形为总的风格，无棱无角，呈流线形，包顶为拱形，其承受力最强，包身近似圆柱形，上下形成一个强固的整体。因此，草原上的沙暴和风雪，不会使蒙古包陷于灭顶之灾。蒙古包冬暖夏凉，牧区有的是牛羊粪，只要火一生起来，立刻热浪扑面；冬天毡包外面加厚，里面又绑一层毡子，隔风性能较好；睡觉的时候，把家里烧暖，把套瑙盖上，门堵严，盖上羊皮被；还可以在包里盘座座暖炕，从外面烧火。蒙古包形似球体，以白色为主色调，有较好的反光作用。背面可以开天窗，还可以把围毡边撩起来，使其八面来风，如坐凉亭。

蒙古包是一种组合房屋，以木、毡为基本材料的各部件组装而成，各个部件都是单独的，搭盖时不用很多人参加，二人足可。到一个新地方以后，把它们从车上卸下

延伸阅读

蒙古包为什么是圆形

公元五、六世纪，我国北方草原流行着一首脍炙人口的《敕勒歌》：

敕勒川，阴山下，
天似穹庐，笼盖四野。
天苍苍，野茫茫，
风吹草低见牛羊。

这里说的"穹庐"和"笼盖"反映了蒙古民族对于宇宙的一种崇尚和热爱，在他们的心目中，蓝色的、高远的、圆形的天，降下甘霖，降下瑞雪，滋养着牧场，肥壮着牛羊，给了他们美好的家园。天是圆的，宇宙也是圆的，所以蒙古人居住的房子也应该是圆的。有民歌这样描写蒙古包："看着蓝天的样子，我要把自己的家塑成圆圆的包顶。看着白云的样子，我要用洁白的羊毛围成毡包，这就是穹庐——我们蒙古人的家庭，因为仿照苍天的形体，天窗才是太阳的象征。由于仿造天体的星座，围壁才是月亮的圆形，这就是穹庐——我们蒙古人的家庭。"

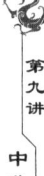

第九讲 中华民居篇

古色古香的吊脚楼

> 吊脚楼是苗族等少数民族的传统建筑,是中国南方特有的古老建筑形式,楼上住人,楼下架空,被现代建筑学家认为是最佳的生态建筑形式。

吊脚楼是我国西南地区苗族、壮族、布依族、侗族、水族、土家族等少数民族的传统民居,多依山就势而建,呈虎坐形,以"左青龙,右白虎,前朱雀,后玄武"为最佳屋场,后来讲究朝向,或坐西向东,或坐东向西,具有鲜明的民族特色。

吊脚楼的创建

传说,土家人祖先因家乡遭了水灾迁到鄂西,当时的环境比较恶劣,古木参天、荆棘丛生、豺狼虎豹遍地,土家先人们搭起窝棚常遭到猛兽袭击。后来,一位土家的老人想到了办法。他让小伙子们利用现成的大树作架子,捆上木材,铺上野竹树条,在顶上搭架子盖上顶棚,修起了大大小小的空中住房,吃饭睡觉都在上面。从此,人们再也不怕毒蛇猛兽的袭击了。后来,这种建造空中住房的办法就发展成现在的吊脚楼。

吊脚楼的形式

单吊式吊脚楼是最普遍的一种形式,又称为"一头吊"。单吊式吊脚楼只有正屋一边的厢房伸出悬空,下面用木柱相撑。双吊式吊脚楼又称为"双头吊"或"撮箕口",是单吊式的发展,即在正房的两头皆有吊出的厢房。单吊式吊脚楼和双吊式吊脚楼并不以地域的不同而形成,主要看经济条件和家庭需要而定,二者常常共处一地。

还有一种四合水式吊脚楼,是在双吊式的基础上发展起来的。四合水式吊脚楼的正屋两头厢房吊脚楼部分的上部连成一体,形成一个四合院,两厢房的楼下即为大门。这种四合院进大门后还必须上几步石阶,才能进到正屋。

在单吊和双吊的基础上,人们又创造了二屋吊式吊脚楼,即在一般吊脚楼上再加

◆ 吊脚楼

一层,单吊双吊均适用。另有平地起吊式吊脚楼,也是在单吊的基础上发展起来的,单吊、双吊都有,建在平坝中,按地形本不需

要吊脚,却偏偏将厢房抬起,用木柱支撑,支撑用木柱所落地面和正屋地面平齐,使厢房高于正屋。

土家吊脚楼

土家族爱群居,喜住吊脚楼,所建房屋多为木结构,小青瓦,花格窗,司檐悬空,木栏扶手,走马转角,古色古香。一般居家都有小庭院,院前有篱笆,院后有竹篁,青石板铺路,刨木板装屋,松明照亮,一家过着日出而作、日落而息的田园宁静生活。

◆ 土家吊脚楼

小康之家以三柱四骑为正屋,殷实人家有五柱八骑,还有七柱十二骑和"四合天井"的大院。两边配有厢房或转角楼,有正屋配单转角楼和正屋配双转角楼。正屋中间叫"堂屋",正上方板壁上安有神龛,是祭祀祖先、宴请宾客之所。堂屋两边的左右房叫"人间",人间又以中柱为界,分成两间。后面一间卧房住人,前面一间叫"火堂"。火堂中有一火炕,内架三脚架,作煮饭、炒菜、热水之用,是一家吃饭、取暖、休息之所,客人来了也坐在火炕边。火炕上吊一个木架,烘烤腊肉或实物之用。

瑶族吊脚楼

瑶族人多居住在山区,山区气候潮湿多雨而且炎热,住吊脚楼能通风避潮和防止野兽。瑶族人民根据实用性和环境特性,强化建筑性格,自由选址在柴水方便、风光优美的山地,采用数十棵杉木撑起基脚,建起被称为"千脚落地"的木楼。整座木楼以杉木为柱、为梁、为壁、为门窗、为地板,以杉皮为盖顶,不油不漆,无矫无饰,一切顺

其本色,自然天成,朴实无华,或金鸡独立于山脊,或连片成寨于坡前,或负山含水,或隐幽藏奇,千姿百态,格局自由,情调浪漫,冬暖夏凉,不燥不潮,空气新鲜,是瑶山人最好的居所。

苗族、侗族的吊脚楼更各具特色。如侗族吊脚楼结构严谨,有的高达五六层,但却不使用一颗钉子,全系卯榫嵌和,显示了侗族建筑工艺的高超。

延伸阅读

吊脚楼的文化内涵

吊脚楼有着丰厚的文化内涵,除具有土家族民居建筑注重龙脉、依势而建和人神共处的神化现象外,还有着十分突出的空间宇宙化观念。土家族的吊脚楼不仅单方面处于宇宙自然的怀抱中,宇宙也同时处于宇宙自然的怀抱之中。这种容纳宇宙的空间观念,在土家族上梁仪式歌中表现得十分明显:"上一步,望宝梁,一轮太极在中央,一元行始呈瑞祥。上二步,喜洋洋,乾坤二字在两旁,日月成双永世享。"这里的乾坤、日月代表着宇宙。从某种意义上来说,土家族吊脚楼在其主观上与宇宙变得更接近,更亲密,从而使房屋、人与宇宙浑然一体,密不可分。

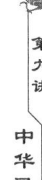

绿荫中的傣家竹楼

> 傣族民居俗称"竹楼",是干栏式建筑,因建筑材料取材于竹而得名,一直沿称至今。那成片的竹林以及掩映在竹林中的一座座美丽别致的竹楼,像开屏的金孔雀,又似翩然起舞的美丽少女,让人恍然如在梦中。

傣族人民主要分布在云南省。傣族村落一般都建在平坝近水处,小溪之畔、大河两岸、湖沼四周,往往是翠竹围绕、绿树成荫的地方。房子都是单幢,四周有空地,各人家自成院落。竹楼木架,上以住人,下栖牲畜,式样近似一顶大帐篷,这是傣族固有的典型建筑。走进傣家成片的竹林以及掩映在竹林中的一座座美丽别致的竹楼,有种回归自然的如诗如梦的感觉。

竹楼的传说

远古的时候,傣家有一位勇敢善良的青年叫帕雅桑目蒂,他很想给傣家人建一座房子,让人们不再栖息于野外。他几度试验,都失败了。有一天,天下大雨,他见到一只卧在地上的狗,雨水顺着密密的狗毛向下流淌。他很受启发,于是建了一个坡形的

◆ 傣家竹楼

◆ 孔雀是傣族人心中的吉祥鸟

窝棚。后来，凤凰飞来，不停地向帕雅桑目蒂展翅示意，让他把屋脊建成"人"字型，随后又以高脚独立的姿势向他示意，让他把房屋建成上、下两层的高脚房子。帕雅桑目蒂依照凤凰的旨意终于为傣家人建成了美丽的竹楼。而从外形来看，竹楼确像一只只开屏的金孔雀。

讲究的傣家竹楼

傣家竹楼的造型属于干栏式建筑，房顶是"人"字型，便于排水。

一般傣家竹楼为上、下两层的高脚楼房，高脚是为了防止地面的潮气侵入，竹楼底层一般不住人，是饲养家禽的地方。上层为人们居住的地方，这一层是整个竹楼的中心，室内的布局很简单，一般分为堂屋和卧室两部分。堂屋设在木梯进门的地方，比较开阔，在正中央铺着大的竹席，是招待来客、商谈事宜的地方。在堂屋的外部设有阳台和走廊，在阳台的走廊上放着傣家人最喜爱的打水工具竹筒、水罐等，这里也是傣家妇女做针线活的地方。堂屋内一般设有火塘，在火塘上架一个三角支架，用来放置锅、壶等炊具，是烧饭做菜的地方。从堂屋向里走便是用竹围子或木板隔出来的卧室，卧室地上也铺上竹席，这就是一家大小休息的地方了。

过去傣家人的等级、辈分是非常严格的，体现在竹楼的建造上也很明显。比如凡是长辈居住的楼室的柱子不能低于6尺，楼室比楼底还要高出6尺，室内无人字架，显得异常宽敞明亮。竹楼的木梯也有规定，一般要在9级以上。晚辈的竹楼一般较差一些，首先高度要低于长辈的竹楼，其次木梯也只能在7级以下，室内的结构也显得简单许多。

古人说："宁可食无肉，不可居无竹"。从这个意义上说，生活在云南西双版纳地区的傣族算得上是最幸福的人，因为他们不仅居住在竹楼里，还吃着竹筒饭、喝着竹筒酒，真是比神仙还逍遥。

延伸阅读

傣家竹楼的文化含义

傣家竹楼上的每一个部分都有不同的含义。竹楼的顶梁大柱被称为"坠落之柱"，这是竹楼里最神圣的柱子，不能随意倚靠和堆放东西，它是保佑竹楼免于灾祸的象征，人们在修新楼时常常会弄来树叶垫在柱子下面，据说这样做会更加坚固。除了顶梁大柱外，竹楼里还有分别代表男女的柱子，竹楼内中间较粗大的柱子是代表男性的，而侧面的矮柱子则代表着女性。屋脊象征凤凰尾，屋角象征鹭鸶翅膀。

第九讲　中华民居篇

古黟桃花源西递

> 西递村建筑布局之工，结构之巧，装饰之美，营造之精，文化内涵之深，都是国内罕见，它奇迹般地保留了这种已近消失或者已经发生改变的中国传统农村聚居全貌，被游客、学者誉为"世界上最美的村庄""古民居建筑的宝库"。

西递是安徽黄山市黟县的一个村庄，坐落于黄山南麓，因村边有水西流，又因古有递送邮件的驿站，故而得名"西递"，素有"桃花源里人家"之称。在这个地方保留着众多的古老建筑。2000年11月30日，联合国教科文组织将中国安徽古村落西递、宏村列入世界文化遗产名录。

西递历史民居

西递古村落位于黟县东南一峡谷地带，为胡姓聚族之地，四面环山，村前一湖一牌楼，湖美不及宏村，牌楼巍峨，美不胜收。据史料记载，西递始祖为唐昭宗李晔

◆ 西递村景

(867—904年)之子，因遭变乱逃匿民间，改为胡姓，繁衍生息，形成聚居村落。因此自古文风昌盛。到明清年间，一部分读书人弃儒从贾，经商成功，大兴土木，建房、修祠、铺路、架桥，将故里建设得非常舒适、气派、堂皇。历经数百年社会的动荡，风雨的侵袭，虽半数以上的古民居、祠堂、书院、牌坊已毁，但仍保留下数百座古民居，从整体上保留下明清村落的基本面貌和特征。

徽派建筑错落有致，砖、木、石雕点缀其间。西递村建房多用黑色大理石，两条清泉穿村而过，99条高墙深巷，各具特色的古民居，使游客如置身迷宫。村头有座明万历六年（1578年）建的三间四柱五楼的青石牌坊，峥嵘巍峨，结构精巧，是胡氏家族地位显赫的象征。村中有座康熙年间建造的"履福堂"，陈设典雅，充满书香气息，厅堂题为"书诗经世文章，孝悌传为报本""读书好营商好效好便好，创业难守成难知难不难"的对联。村中另一古宅为"大夫第"，建于清康熙三十年（1691年），为临街亭阁式建筑，原用于观景，楼额悬有"桃花源里人家"六个大字。近人多将此

正厅横梁、斗拱、花门、窗棂上的木刻，层次繁复，人物众多，人不同面，面不同神，堪称徽派"三雕"艺术中的木雕精品。

绕村而成的水系

西递村中的水系依牛的形象设计，引清泉为"牛肠"，从一家一户门前流过。"牛肠"在流入村中被称为"牛胃"的月塘后，经过过滤又绕屋穿户，流向村外被称作是"牛肚"的南湖，再次过滤流入河床。如此水系，又堪称中国古代村落建筑艺术之一绝。

◆ 宏村承志堂

楼当作古装戏中小姐择婿"热抛绣球"所在，现已成为西递村举办此项民俗活动的场所。"大夫第"门额下还有"作退一步想"的题字，语意双关，耐人寻味。

此外，村中各家各户的富丽宅院、精巧的花园、黑色大理石制作的门框、漏窗，石雕的奇花异卉、飞禽走兽，砖雕的楼台亭阁、人物戏文，及精美的木雕，绚丽的彩绘、壁画，都体现了中国古代艺术之精华，且"布局之工，结构之巧，装饰之美，营造之精，文化内涵之深"，为国内古民居建筑群所罕见，堪为徽派古民居建筑艺术之典范。

承志堂徽派木雕

在西递古民居中，承志堂最为杰出，它由清代盐商建造，占地二千多平方米，为砖木结构楼房。承志堂气势恢弘，工艺精细，

延伸阅读

徽派三雕

徽州三雕是具有徽派风格的砖雕、石雕、木雕三种民间雕刻工艺，是古徽州人民聪明才智的艺术结晶，已入选首批国家级非物质文化遗产推荐名录。徽派三雕主要用于民居、祠堂、庙宇、园林等建筑装饰，以及古式家具、屏联、笔筒、果盘等工艺雕刻。徽州三雕源于宋代，至明清而达极盛。明代雕刻粗犷、古朴，一般只有平雕和浅浮雕，借助于线条造型，强调对称，富于装饰趣味。清代雕刻细腻繁复，构图、布局讲究艺术美，多用深浮雕和圆雕，提倡镂空效果，有的镂空层次多达十余层，亭台楼榭，树木山水，人物走兽，花鸟虫鱼集于同一画面，玲珑剔透，错落有致，层次分明，栩栩如生，显示了雕刻工匠高超的艺术才能。

千年渔港石塘

> 偏隅浙江东南沿海的渔镇石塘,以石屋、石街、石巷、石级等形成了独具特色的石塘文化,古朴苍茫、雄浑粗犷。

石塘位于浙江东部温岭市南面,是一座纯朴的古渔镇。石塘古镇的建筑颇具特色,层层叠叠的石屋建在海边的山崖上,看上去既古朴又端庄。石屋、石街、石巷、石级,形成了独特的石文化。

石塘小镇

石塘原为一海岛,因风雨侵袭,土壤流失,海港不断淤积,与大陆逐渐相连。明朝末年,福建省惠安县渔民在海上遇到强风暴,避风到此,见周围山、海、石相映成趣,港湾曲折,水产资源丰富,便栖身于此。为防台风袭击和海盗登陆抢劫,他们就地取材,开岩凿谷,砌石屋,造石墙,筑石路,垒塘堤,在此捕鱼安家,繁衍后代。

石塘的地面狭窄,可供发展的平地几乎等于零,所以房屋只得依山势而建。石塘既无土也无窑,有的是满山遍野的石头,石头建房就成了其建筑特色。土黄色的石头结实敦厚,将它一块块凿下来,砌成房屋,渔民们才可对年年夏季光顾此地的台风高枕无忧。

石塘西北以石塘山为屏,三面环海,具

◆ 石头房

有旖旎的海滨风光。镇中房屋、道路随地势升降而建，石屋、石街、石巷、石级，独具风采。在方圆四五平方公里的山岙里，全是那种"屋咬山，山抱屋"的石砌建筑。山中峭壁有摩崖石刻"石华海月""墨池""海天如画"等，墨池字迹、横塘帆影、蓬屿冲波、石镜涵蛙、雷峰怪石、石穴窥天、鱼池映月、龙喉曲水、狮峰聚秀、澄海观涛为石塘十景。石塘古镇还分布着酷似欧洲中世纪古城堡的石堡楼，一般二三层，其别具一格的建筑风格，让人赏心悦目，被誉为"东方巴黎圣母院"。

石塘全镇由灰色的巨石构成。老街弯弯曲曲，石街的缝隙里长满了野草和青苔，这是时间走过的最好证据。两旁石砌的房屋错落有致，古朴苍茫、雄浑粗犷，给人一种浩然的阳刚之美和悠远的沧桑之感。明代古堡是石塘最高最古老的地方。

石塘，这个方圆不过四五平方公里的小镇，几百年来，它一直默默无闻地躺在山和海的怀抱里。坚固的石头挡住海风的肆虐，给渔民们一个牢固的家。

石塘文化

元代便有人在石塘撒网捕鱼了。明代时石塘的人丁仍不兴旺。清代之后这里涌来了大批从邻省福建来的渔民，那山崖上的石屋也渐渐地多了起来，同时一些与闽西极为相似的习俗，如戴头花和祭妈祖也流传开来了。过去这里的已婚妇女都梳着极为标致的发髻，并喜欢插上不同颜色的小花。发髻一尘不染，发色乌黑，再加上一朵红艳艳的小花，给人一种美感，还可以看出这位妇女的

◆ 石塘风景

洁癖以及生活的美满。生活总是不尽完美的，当一位穿着朴素的妇女头戴黄花或白花时，熟悉当地风俗的人就不免产生一种"红颜薄命"的同情感，她是一位孀妇。随着经济的发展以及与外界联系的增多，如今石塘的少妇们也开始把这种装饰淡忘了。

延伸阅读

海神妈祖

传说，妈祖原名林默娘，是官家的女儿。默娘从小聪颖异常，读书过目成诵，长大后精研医理、熟习天文地理。她性情善良，乐于助人，替人治病，教人防灾，为渔民预报海上天气变化，让渔民避过台风等自然灾害。据说她还熟习水性，遇难的船舟渔民常常得到她的救助，所以说她能"乘席渡海"。当地的乡亲百姓非常喜欢她，称她为"龙女""神女"。据说默娘死于28岁，当地的百姓感念她的恩德，在湄洲岛建庙祀之，这就是名闻遐迩的湄洲妈祖庙。妈祖庙历代扩建，日臻雄伟，妈祖也一次次被封为天妃、天后、天上圣母、直至海上娲皇，烧香祀拜的人越来越多，被海峡两岸的民间和全世界的华籍海员推崇至神圣化崇拜。农历三月十三日，是妈祖圣诞。

江南第一村张谷英村

> 中国历史文化名村张谷英村,保存了最为完整的江南民居古建筑群落,至今已有500多年历史。张谷英村目前仍保留着1700多座明清建筑,建筑规模之大,建筑风格之奇,建筑艺术之美,堪称"江南第一村"。

湖南省岳阳市岳阳县张谷英镇的张谷英村古建筑群,至今已有500多年历史,其建筑规模宏大,建筑风格独特,建筑艺术精美,在中国并不多见,是汉民族聚族而居的典型代表,被人们称为"江南第一村"。

张谷英村的由来

500多年前,江西有一个叫张谷英的人,宦官出身,知天文地理,通晓风水。为了谋生,张谷英携一家老小从江西一路西行来到湖南。他看到这个地方四面环山、层峦叠嶂、茂林修竹、流水潺潺,是一个适宜居

◆ 江南第一大屋场全景

住的乐土,便在这里兴建住宅安了家。后来子孙繁衍生息,不断分家立户,便形成了如今这样一片楼阁参差、路道纵横、屋脊连着屋脊、天井接着天井的大屋场。张家的后世子孙便以其始迁祖的名字,命名他们的住地为张谷英村。

围场三绝巧夺天工

张谷英村古建筑第一绝是"分则自成庭院、合则贯为一体"的独特框架。张谷英村几经沧桑,基本上保留了原状。比较完整的门庭有"上新屋""当大门""潘家冲"三栋,总建筑面积51000平方米。三栋门庭各自分东、西、南方向设置,主庭高壁厚檐,囤屋层层相因,总体布局依地形呈"干枝式"结构,主堂与横堂皆以天井为中心组成单元,分则自成庭院,合则浑然一体,其"形离势合"的布局,在对称、均衡、向中的"干枝式"中,充分体现出封建家族制度长幼尊卑的准则和团结、凝聚的思想,也体现出星相相通、地理吻合的天人合一哲学思想。

◆ 江南大屋场内部

大屋场里，每栋门庭规格不等而又相连，都由过厅、会堂屋、祖宗堂屋、后厅等"四进"及其与厢房、耳房等形成的三个天井组成。厅堂里廊枋比，天井棋布，工整严谨，格局对称，形式、尺度和粉饰色调都趋于和谐统一。建筑材料多以木材为主，青砖花岗岩为辅，气势恢弘，成为村落建筑中一道特殊的亮丽景观。

张谷英大屋场古建筑第二绝是"溪自阶下淌，门朝水中开""天晴不曝晒，雨雪不湿鞋"的格局。张谷英村房屋大都是依山而建，伴溪而筑，到处是曲径通幽，小桥流水，栋宇相连，渭溪河迂回曲折穿村而过，河上大小石桥47座，屋宇墙檐相接，参差在溪流之上，傍溪建有一条长廊，廊里用青石板铺路，沿途通达各门各户，连接每一条巷口，巷道共有60条，纵横交错，通达每个厅堂，最长的巷道有153米。

张谷英大屋场古建筑第三绝是天井为载体，合理通达、从不涝渍的排水系统。这里的天井随处可见，堂屋、厢房、厨房等处均有天井。四通八达的下水道，畅通无阻。

据传，天井的排水管道是本着风水学上"山管人丁水管财，财宜藏而不宜泄"的原理设计的。所有天井的排水管都自上而下，到进门的第一个天井后左右转弯，从门前的烟火塘或渭溪河中泄出，整个过程藏而不露。虽然洞庭湖夏、秋两季多暴雨，张谷英村又四面环山，如坐盆底，可一到雨天，天井底下横竖有序的石条下，凭其四通八达的隐形水道，水平适度，无一疏漏。600多年来，虽然经历多次暴雨洪灾，但从来没有出现过天井渍水堵塞之事。

张谷英大屋场不但规模宏大，而且房屋的建筑工艺精细，作为装饰品的砖雕、石刻和木雕都很精美。屋场木上雕花，石上刻字，处处皆画，步步有景，被誉为中国民俗艺术的"民间故宫"。

延伸阅读

张谷英村的尚学之风

张谷英村一直以来都保留着良好的学风。自先祖张谷英始，这里世代重视教育，据初步统计，民国前，张谷英村出了进士1人、举人7人、贡员1人、贡生6人、秀才45人、太学生33人。时至今日，在张谷英村仍能感觉到强烈的尚学之风。张谷英村有自己独立的小学和中学，虽然地处偏僻，可上下学时的学生大潮，一点也不亚于城市里的重点中学。张谷英村不只剩下一个古老的外观，它的灵魂也一脉传承至今。

第九讲 中华民居篇

客家围屋

> 赣、粤、闽边区客家人居住的围屋，集家、祠、堡于一体，集建筑与美学于一体。"逢山必有客、无客不住山"，客家民居被称为"石头的史书""凝固的音乐"。

从西晋永嘉之乱开始，中原汉族居民大举南迁，抵达粤、赣、闽三地交界处，与当地土著居民杂处，互通婚姻，经过千年演化，最终形成相对稳定的客家民系。围屋是客家民居的一个典型，外墙既是围屋每间房子的承重外墙，也是整座围屋的防卫围墙。围屋的大门门额上多有"某某围"的题名，如磐安围、燕翼围、龙光围等，集中体现了客家的历史与文化。

围屋的形成与结构

客家围屋始于唐宋，盛行于明清。客家人采用中原汉族建筑工艺中最先进的抬梁式与穿斗式相结合的技艺，选择丘陵地带或斜坡地段建造围屋，主体结构为一进三厅两厢一围。一间围屋就是一座客家人的巨大堡垒。屋内分别建有多间卧室、厨房、大小厅堂及水井、猪圈、鸡窝、厕所、仓库等生活设施，形成一个自给自足、自得其乐的社会小群体。

客家围屋的大门前都有一块禾坪和一个半月形池塘，禾坪用于晒谷、乘凉和其他活动，池塘具有蓄水、养鱼、防火、防旱等作用。大门之内，分上、中、下三个大厅，左、右分两厢或四厢，俗称"横屋"，一直向后延伸，在左、右横屋的尽头，筑起围墙形的房屋，把正屋包围起来，小的十几间，大的二十几间，正中一间为龙厅，故名"围龙"屋。小围龙屋一般只有一至二条围龙，大型围龙屋则有四条五条甚至六条围龙。在建筑上围屋的共同特点是以南北子午线为中轴，东、西两边对称，前低后高，主次分

◆ 客家围屋群

明，坐落有序，布局规整，以屋前的池塘和正堂后的"围龙"组合成一个整体，里面以厅堂、天井为中心设立几十个或上百个生活单元，适合几十个人、一百多人或数百人同

◆ 围屋风情

居一屋,讲究的还设有书房和练武厅,令人叹为观止。

客家围屋的设计与建造融科学性、实用性、观赏性于一体,显示出客家先人的出色才华及高超技艺,被中外建筑学界称之为"中国五大特色民居建筑",又被称为"世界民居奇葩"。

逼出来的"燕侣比翼"

在众多的围屋中,龙南"燕翼围"是赣南客家围屋中最高的一座。明末清初,粤赣边境的杨村时有战火。家道殷实的赖福之和弟弟上赠、上球,奉祖辈之嘱外出避难。他们的第一选择是位于黄塘高围的亲戚家,岂料对方无义,竟然杀害了前去探问的人。兄弟们只好改奔黄牛石避乱。待事息返乡,看到满目疮痍的家乡,遂萌生了建造高守围屋的构想。

清顺治七年(1650年),这个浩大的工程正式开始,在之后的27年间,燕翼围不断壮大,最终修建完成。竣工后的围屋呈方形,四层高15米,长42米,宽32米。建筑总面积1344平方米,共有136房间。围屋的功能区分配非常清晰,一层为膳食处,二、三层为居室,四层则是用于战略防御的战楼,共有58个枪眼。围门有三层,门口有一生活用井,围内有两口暗井(平时以土埋之),一为水井,另一为粮库井。因为高大易守,可闭关自守一年不出围,而有"高守围"之称。道光二十九年(1849年),当时的府台大人周玉衡应邀来围屋做客,看到围屋主人相敬如宾,便题字"燕翼围",取"举案齐眉,燕侣比翼"之意。围屋自此便有了今天的称呼。

延伸阅读

客家民俗文化

旧社会的客家妇女较少缠足,无论家庭贫富,客家女子都参加劳作。客家人豪放、乐天,有多姿多彩的山歌,有尚武的风气,尚武的风气在当代渐演变为各项群众性体育活动,梅县就有"足球之乡"的誉称。客家地区流传较广的地方剧种称为"汉剧",传统剧目据称有800多个,完整剧本有300多个,唱、做、念、打(舞)表演艺术丰富。客家民间舞蹈品种繁多,多数为风俗道具舞,较为著名的有船灯、鲤鱼灯、采茶扑蝶、席狮舞、杯花舞等。客家菜称"东江菜",口味偏于浓重,主料突出用肉类而少用水产,其特色是咸、肥、香,重实惠,多吃熟食,喜吃干腌菜。

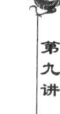

潮汕传统民居

> 潮汕民居融汇千百年来潮汕人的智慧，如同山西平遥民屋的粗犷，瑶寨吊脚楼的野趣，江南徽屋的雅致，苏州园林的自然一样，潮汕民居也拥有自己独特的文化内涵，如"四点金""下山虎""四马拖车"。

潮汕传统民居的样式很多，并且喜欢用生动形象的名称来命名，如"四点金""下山虎""四马拖车""爬狮"等。

四点金

"四点金"是潮俗独特的村居，旧时只有殷富显达的家庭才能建造。"四点金"建筑格局有点像北京的四合院，外围一般有围墙，围墙内打阳埕，凿水井；大门左、右两侧有"壁肚"；一进门就是前厅，两边的房间叫前房；进而是空旷的天井，两边各有一房间，一间作为厨房，称为"八尺房"；另一间作为柴草房，一般称为"厝手房"；天井后边为大厅，两边各有一个大房。

下山虎

"下山虎"房屋的建筑在潮汕农村中较为普遍。建筑格局比"四点金"简单，少了两个前房，其余基本一样。"下山虎"因为门路出入不同，因此有开正门和边门的区

◆ 潮汕民居

别。通常中间不开门而只开两边的，称为"龙虎门"，也有既开正门又开两边门的。

四马拖车

"四马拖车"也称"三落二火巷一后包"，是"四点金"的复杂化。整个建筑格局就像一架由四匹马拉着的车子，故名"四马拖车"。

"四马拖车"整个建筑的各个部分都有它特殊的功能。头进的"反照"是为了遮挡路人和客人的视线，不致使屋里一览无遗。通廊是主人和来访客人停放交通工具的地方。南北厅是平时接待客人用的，而长辈们重要的会见和议事则在二进和三进的大厅进行。三进的大厅还设置祖龛供奉祖宗灵位。逢年过节、祖宗忌辰、家人要出国，就要开龛门祭拜抑或向祖宗"告别"；家人做了伤风败俗的事要绳之以家法，也要开龛焚香，让他在祖宗面前请罪。后库则是供办丧事时停放棺柩的地方。

"四马拖车"主体建筑的大房由长辈居住，最高长辈一般住在三进的房子，其他房间由小辈居住。磨房、厨房、浴室、厕所等生活用房都集中在左边的火巷。家中遇上办喜事，则各进大厅的禅门洞开。办丧事时更为隆重，不单要卸下"反照"，还要卸下各进的禅门。所有天井架上地板，天井的上空撑起帐篷。这样一来，一、二、三进就形成了一个宽敞的大空间，便于进行各种活动。

总的来说，"四马拖车"的主体建筑前低后高，每进递增三级石阶，这样便于突出主要厅堂，更重要的是为了不让前进遮住后进，保证后进的采光。后包是为了保护主体建筑和防盗而设。当然，像这样大规模的房屋，一般人家是无缘问津的。

独特的建筑方式和材料

潮汕地区还保留古老板筑的建筑方式。原料一般采用红土和砂砾搅拌后筑成墙体，而不需要耗掉田里好泥土的砖块来筑墙，然后用泥沙和贝壳灰搅拌后涂墙面，也有部分是夯土或以木、草织成墙体，之前海滨贫民所居就多为这种称为"涂(草)寮"的茅屋，石材则多用于建筑构件的门框、栏板、抱鼓石、台阶、柱础、井圈、梁枋上和石牌桥、石塔、石桥大型建筑物的建造。屋面与屋脊，有通花陶瓷压顶，既可以透风又能压顶防风，还有双层（或三层）青瓦，上层为食七留三，底层食三留七，再压瓦筒，于两瓦之间隔热泄水。

延伸阅读

潮剧文化

潮剧又名"潮州戏"，主要流行于潮州方言区，是用潮州方言演唱的古老地方戏曲剧种。潮剧是宋元南戏的一个分支，由宋元时期的南戏逐渐演化，吸收了弋阳、昆曲、皮黄、梆子戏的特长，结合本地民间艺术，如潮州音乐等，最终形成自己独特的艺术形式和风格。潮剧的音乐唱腔是曲牌联套为主的联曲体和板腔体综合体制，至今保留一唱众和，二三人以上同唱一曲和合唱曲尾的帮腔形式。唱腔以轻婉抒情见长，多曼声折转，清丽悠扬。

乔家大院

> 乔家大院是一座集中体现中国清代北方民居建筑独特风格的宏伟建筑群体，具有很高的研究价值，被许多专家学者誉为"清代北方民居建筑的一颗明珠"。2001年被国务院公布为全国重点文物保护单位。

乔家大院，原名"在中堂"，是清代赫赫有名的金融资本家乔致庸的宅院，建于清乾隆、嘉庆年间，占地面积为9180.8平方米，建筑面积为4042.4平方米，外视威严高大，宛如城堡，内视则富丽堂皇，既有跌宕起伏的层次，又有意蕴深藏的统一规范，结构考究，选材精良。经过乔氏几代人的不断努力，于民国初年成为一座宏伟的建筑群，集中体现了我国清代北方民居的风格。

建造历史

大院始建于清乾隆二十年（1756年），以后有两次扩建，一次增修。第一次扩建约在清同治年间，由乔致庸主持；第二次扩建为光绪中、晚期，由乔景仪、乔景俨经手；最后一次增修是在民国十年（1921年）后，由乔映霞、乔映奎分别完成。从始建到最后建成现在的格局，中间经过近两个世纪。虽然时间跨度很大，但后来的扩建和增修都能按原先的构思进行，使整个大院风格一致，浑然一体。

建筑结构

大院三面临街，不与周围民居相连。外围是封闭的砖墙，高10米有余，上层是女墙式的垛口，还有更楼、眺阁点缀其间，显得气势宏伟，威严高大。大门坐西朝东，上有高大的顶楼，中间城门洞式的门道，大门

◆ 乔家大院内景

◆ 乔家大院福德祠照壁

对面是砖雕百寿图照壁。大门以里，是一条石铺的东西走向的甬道，甬道两侧靠墙有护墙围台，甬道尽头是祖先祠堂，与大门遥遥相对，为庙堂式结构。北面三个大院，都是芜廊出檐大门，暗棂暗柱，三大开间，车轿出入绰绰有余，门外侧有拴马柱和上马石，从东往西数，依次为老院、西北院、书房院。所有院落都是正偏结构，正院主人居住，偏院则是客房、佣人住室及灶房。在建筑上偏院较为低矮，房顶结构也大不相同，正院都为瓦房出檐，偏院则为方砖铺顶的平房，既表现了伦理上的尊卑有序，又显示了建筑上的层次感。大院有主楼四座，门楼、更楼、眺阁六座。各院房顶有走道相通，便于夜间巡更护院。

建筑技艺

乔家大院闻名于世，不仅因为它有作为建筑群的宏伟壮观的房屋，更主要的是它在一砖一瓦、一木一石上都体现了精湛的雕刻艺术。南、北六个大院内，砖雕、木刻、彩绘，随处可见。从门的结构看，有硬山单檐砖砌门楼、半出檐门、石雕侧跨门、一斗三升十一踩双翘仪门等。窗子的格式有仿明酸枝棂丹窗，通天夹扇菱花窗、栅条窗、雕花窗、双启型和悬启型及大格窗等，各式各样，变化无穷。再从房顶上看，有歇山顶、硬山顶、悬山顶、卷棚顶、平房顶等，这样就形成平的、低的、高的、凸的、无脊的、有脊的、上翘的、垂弧的……处处别有洞天，细细看来，着实赏心悦目，韵味无穷。

大院中的西式建筑

民国初年，乔家人口增多，住房显得不足，因而又购买地皮，向西扩张延伸。民国十年（1921年）后，乔映霞、乔映奎又紧靠西南院建起新院，格局和东南院相似。但窗户全部装上大格玻璃，还在设计上采用了西洋式装饰，采光效果非常好。同时，她把原来的一个通道堵塞，将老院灶房改建为客厅，并在客厅旁建了浴室，修建了洗手间，颇有异国风情。这也是乔家大院的最后一次扩建。

总而言之，乔家大院设计精巧，建筑考究，素有"皇家故宫，民宅看乔家"之说。

延伸阅读

乔家大院的主人——乔致庸

乔致庸(1818—1907年)，早年丧失父母，由兄长乔致广抚养成人。他本性不喜经商，而是"幼嗜读书，思以儒术昌门阀"，一心想做学问，为此还曾经考中过秀才。后因兄长乔致广去世，家业无人接替，他被逼无奈，只得弃儒从商，操持起乔家的商业。乔致庸待人随和、处世中庸、善于计谋，执掌家业时资产越滚越多，是"在中堂"殷实家财真正的奠基人。

王氏庄园

> 王氏庄园是中国古建筑史上一处罕见的超规制清代城堡式民居建筑群。整座建筑以灰色调为主,古朴大方,给人以庄重典雅的感觉。庄园建筑既不同于皇宫官府,又不同于一般民居,是我国北方居民建筑的极品。

出保定顺平县东北10余里,一座巨大的庄园跃然在目。庄园占地279亩,原有50多套宅院、500余间房屋;现存65亩,房屋163间。庄园主要建筑布局成四方形,坐北朝南排列在一条直线上,内有东、西排列四合院两排,四合院各院前后贯通,左右相连。

王氏家族的传说

王氏家族的发迹,就像山上的云雾一样,被蒙上了一层神秘的面纱,几百年来,众说纷纭,留下了种种美丽动人的传说。有的说王氏家族的发迹是跑马圈地得来的。有的说是王氏第四代族人王佩上村北山腰刨荆根,刨出了大量金银宝贝。还有人说,曹雪芹在《红楼梦》中描写的四大家族中的王家,就是顺平县南腰山的王氏家族……据考证,王氏家族祖居辽宁铁岭,后迁入河北境内。王氏的发迹略在清代初年,王氏庄园的初建也大约在清初。

庄园布局

王氏庄园是具有典型北方特征的古代民居,它采用了北京四合院的建筑规制,并大胆创新,体现了独特的建筑个性,是中国北方建筑文化的大观园。庄园设计充满传统情调,在空间上以儒家的伦理思想为指导原则,主屋与厢房之间尊卑有序,通道开阔,

◆ 王氏庄园鸟瞰

◆ 王氏庄园砖壁

小巷幽深，又具有北方居室的风水观念。

王氏庄园的南院在整个庄园的最南部，也是庄园现有的主要景观。一条内街将南院分为南、北两院。南院当年是主人的场院，建有粮仓、店铺、账房、收租院、车马院等，如今属于一所中学，当年的情景已荡然无存。北院为住院建筑区，也就是我们今天见到的庄园。

王氏庄园主要建筑

八角楼

八角楼建于1930年，坐落在庄园北院，主要功能为防御土匪侵扰，分上、下两层，顶上原为防御挡墙。后被日本兵拆毁。此门口正对街中几个主要街道。所以建筑为八角楼式，便于抵御。八角楼南北长15.5米，南墙宽5.85米，北墙宽2.91米。该楼有四个直角，四个钝角，二个内直角。楼基高3米。大门雄伟高大，设有两层木门，两套串杆。为坐西朝东的东北门。对防盗防匪有很强的安全作用。

大券门

大券门与八角楼相连，为过街楼门。券上建有二层楼，四方留有窗户、枪眼，也称"炮楼"。站在楼上可以看到四面八方的情况。到晚上掌灯时分就大门紧闭，禁止外村人入内。该楼为著名工匠王德付建造，建造时就地取材，使用的树木、砖瓦都是在当地砍伐或者烧制的。

元宝洞

庄园建筑的东南侧建筑物下有一偏僻院落，坐西朝东砌有四条砖洞。一溜排开。南、北各三间陪房，独立门院。洞高3米，洞深8米左右。四条洞底头都建有神龛位置。原为王氏庄园存放元宝、珠宝仓库，因此称作"元宝洞"。

九间楼

九间楼为王氏庄园九门相照院落的最高主体建筑。为上、下两层，原楼顶上边有掩体式的防御墙。"文革"中被拆除。现仅南陪房上留有一排单人掩体，保存非常完整。

五间楼

五间楼为北院，与九间楼相映，但略靠前。建筑风格与九间楼相同，前与王氏庄园客厅、书房、客房院落相通。

延伸阅读

王锡衮

王锡衮，据传为王氏庄园的主人。字龙藻，号昆华，生年不详，卒于永历元年（1647年），云南禄丰县人，他的父亲名叫王劝士，读书甚多，但没有做官，王锡衮于明万历四十三年（1615年）考中举人，天启年间又考中进士，被选入翰林院充任庶吉士。三年后被授予中央政府的秘书官，参议政事。明王朝覆灭后，分布在全国的明朝宗室开始延续帝国的命运，其中唐王朱聿键称帝于福建，诏拜王锡衮为东阁大学士，后来南明王朝江河日下，王锡衮遇害于云南贡院至公堂。

第十讲
民族工艺篇

中国剪纸

剪纸又叫"刻纸""窗花"或"剪画",是中国最为流行的民间艺术之一,常用于宗教仪式、装饰和造型艺术等方面,以表达人们对美好生活的追求。

剪纸作为一种流行于中国民间的镂空艺术,其在视觉上给人以透空的感觉和艺术享受。剪纸的载体可以是纸张、金银箔、树皮、树叶、布、皮、革等片状材料,它用自己特定的表现语言,传达出传统文化的内涵。

剪纸的由来

中国的剪纸起源于西汉。传说汉武帝的宠妃李氏去世后,武帝思念不已,请术士用麻纸剪了李妃的影像,这大概是最早的剪纸。公元105年,蔡伦改进和推广前人的经验开始大量造纸,这种镂花形式因找到了更易普及的材料,从而诞生了剪纸艺术。

剪纸到南北朝时期已相当精熟,在明、清以后广为流传,遍及大江南北。特别是在农村,人们以剪纸来表达吉祥如意的心愿。在春节、结婚时,便把各种寓意祥瑞的剪纸贴在窗格上,营造出喜庆祥和的气氛。古老的剪纸以剪刀剪出为主要创作手法,趣味浑朴天然,后来剪纸艺人为了省工,一刀多张,改为刻刀雕刻为主,风格转为精巧。作品取材于社会生活、风土人情,蕴含着浓郁的乡土气息。

剪纸的构图

剪纸的基本材料是平面纸张,基本语言符号是装饰化的点、线、面。由于受到材料的限制,剪纸不善于表现多层次复杂的画面内容和光影效果及物象的体积、深度和起伏,因此只有扬长避短,在构图上采用平视构图,即将物体和景象由三维空间立体形象变为二维空间平面形象,通过对表现素材进行大胆取舍,删繁就简,用简练的线条进行概括,使画面重点突出、黑白关系虚实相衬,以增强作品的表现力。

民间剪纸的构图思维不受生活惯例、题材内容的局限,将若干形象创造性地组织起来,使之产生连贯、对比、衬托的作用。这种平面化取物的表现手法,增强了剪纸的

◆ 醉八仙图

◆ 荷香清暑

主观性、时空性、立体性、全面性，其最终目的就是为了追求造型的完整。民间剪纸的构图形式完全摒弃了焦点透视的绘画概念，不但打破了时间、空间、比例关系的限制，而且彻底离开了自然景物的特定位置，用形象的主次、对称、均衡的形式法则统一画面。同时，民间剪纸也具有一种散点式的构图方法，即将不同素材各自独立，互不交叉，甚至每个物体都有自己的透视点，而作者又能将这些不同素材合理地安排在同一个平面中。

剪纸的吉祥祝愿

民间剪纸善于把多种物象组合在一起，并产生出理想中的效果。无论用一个或多个形象组合，皆是以象寓意、以意构象来造型，而不是根据客观的自然形态来造型，同时又善于用比兴的手法创造出多种吉祥物，把约定俗成的形象组合起来表达自己的心理。追求吉祥的喻义成为意象组合的最终目的之一。

在民间剪纸中，我们可以看到许多反映生产生活的画面，这些作品有着一个最大的相同点，就是对主体进行夸大，大大的鱼，大大的辣椒，大大的蚕，大大的谷粒等，通过剪纸，人们虚构了美好的形象，来慰藉自己的心灵，来张扬人征服自然的伟大创造力，以期建立自己的理想世界，并肯定人的力量，鼓舞人们继续奋斗的勇气。

◆ 囍字剪纸

延伸阅读

民间剪纸之乡——庆阳

在全国众多的剪纸艺术中，甘肃省的庆阳剪纸与众不同，独具一格，堪称庆阳文化"四绝"之首，其构图简洁、明快的形象，显示着古拙质朴的风格，包含着粗犷奔放的高原气质。在庆阳民间，逢年过节，娶媳嫁女，满月祝寿，农村妇女们都要执剪铰纸，制作各种剪纸花，把居室打扮得五彩缤纷、红红火火。剪纸在庆阳成了农村妇女美化生活、抒发情感的精神依托。2002年6月首届中国庆阳香包民俗文化节上，庆阳剪纸受到了国内外专家的一致好评，中国民俗学会将庆阳市命名为"民间剪纸之乡"。

中国版画

版画是中国美术的一个重要门类。古代版画主要是指木刻，也有少数铜版刻和套色漏印。独特的刀工与木味，使它在中国文化史上具有独特的艺术价值与地位。

版画有别于直接描绘的一般性绘画，它是一门间接性的绘画艺术。版画充分利用媒材的性质，通过雕刻、腐蚀、照相感光等化学或物理性质的处理制作出印版，借助印刷的方式，将图像转印到纸张、织物、金属、玻璃、合成材料等承印物上。简单地说，版画就是"印"出来的绘画。中国版画有上千年的悠久历史。

版画起源与发展

我国现存最早的版画、有款刻年月的是举世闻名的咸通本《金刚般若波罗蜜经》卷首图，根据题记，作于公元868年。唐、五代时期的版画，在我国西北和吴越等地都有发现的作品，大多古朴俊秀，内容题材以宗教经卷为主。

宋元时期的佛教版画，在唐、五代的基础上又有了进一步的发展。同一时期的辽代套色漏印彩色版《南无释迦牟尼佛像》，是我国目前发现的最早的彩色套印版画，在世界文化史上有极其重要的地位。而元代的平话刻本则是我国连环版画的前身。

明、清两朝是我国版画的高峰时期，在许多文人、书商、刻工的共同努力下，版刻出现了各种流派，创作出大量优秀作品，版刻创作呈现出欣欣向荣的局面。不仅宗教版画在明代达到顶峰，欣赏性的版画也大大兴起。画谱、小说、戏曲、传记、诗词等，一时佳作如雪，不胜枚举。尤其是文学名著的刻本插图，版本众多，流行广泛，影响深远。

明清时期是版画各个艺术流派的兴盛期。以福建建阳为中心的建安派，作品多出

◆ 版画《隋朝窈窕呈倾国之芳容》 南宋

◆ 版画《赵城藏》扉页 金代

于民间工匠，镌刻质朴。以南京为中心的金陵派，作品以戏曲小说为主，或粗犷豪放，或工雅秀丽，风采迥异。以杭州为中心的武陵派，题材开阔，刻制精美。以安徽徽州为中心的徽派以白描手法造型，富丽精工，在中国文化史上更具有深远的影响和举足轻重的地位。

木刻版画艺术

古代版画主要是指木刻，独特的刀味与木味使它在中国文化艺术史上具有独立的艺术价值与地位。木刻版画是造型艺术中工具性较强的画种，用刀刻木不能像油画那样自由运用多层次的覆盖式的画法，以及反复地进行局部的甚至全部的修改，也不可能像中国画那样进行多次的皴、擦、点、染的描绘。版画家在创作中有精密的思考，持刀造型时，既果断，又谨慎。运用刻刀造型，以刀代笔，产生独特的力之美。单纯、强烈、鲜明的表现成为木刻艺术的特征。

木刻版画画面虽小，但创作的过程较一般的绘画复杂。木刻版画在雕刻前需要经过构图、刀法、色彩、黑白、线等环节的设计。画面中的一切物象，都要经过一番特定语言的翻译，这种翻译就是艺术处理，也就是把一般的绘画语言变成版画语言。

版画制作方法：刀法分阴刻和阳刻两种，即凹线显形和凸线显形。第一步，绘制版样与制作印版。第二步，分色逐次在印版上上墨，工具一般为滚筒。第三步，转印图像，起稿。

在欣赏版画近千年发展过程中留下的大量作品时，有一些艺术特点值得注意：尽可能利用对象的本色，显出木味；巧妙利用"留黑"手法，对刻画的形体作特殊处理，获得版画特有的艺术效果；发挥刻版水印的特性，让大块阳刻产生强烈的艺术效果；通过巧妙构图，以丰满密集和萧疏简淡等不同风格来衬托表现主题。

延伸阅读

中国版画之乡

中国在版画全面发展普及中，地方学派不断崛起，陆续形成许多"版画之乡"。黑龙江北大荒套色木刻版画，作品以北大荒建设兵团战士与大自然抗争的生活为素材，以套色木刻为主要表现形式。江苏启东水印木刻版画，以水印木刻为主要表现形式，作者群大、作品量多、水平高、影响大。江西宜春彩拓版画，作者为农民版画家，主要以自己创造的"彩色拓印"版画创作技法为主要创作形式。浙江嘉兴绣洲区农民版画，以黑白木刻为主要创作形式，注重作品的生活化，展现纯朴、粗犷、敦厚、稚拙的艺术特征。

中国年画

> 年画是中国画的一种，始于古代的门神画，清光绪年间，正式称为"年画"。年画是中国特有的一种绘画体裁，也是中国农村老百姓喜闻乐见的艺术形式。

每值岁末，中国多数地方都有张贴年画、门神以及对联的习俗，以增添节日的喜庆气氛。中国著名的民间木版年画中，杨柳青年画与苏州桃花坞年画并称"南桃北柳"。杨柳青年画历史悠久，以其细腻的笔法、秀丽的人物造型、明艳的色彩、丰富多彩的内容而著名。

年画概述

年画是中华民族祈福迎新的一种民间工艺品，是一种承载着人民大众对未来美好憧憬的民间艺术表现形式。传统年画以木刻水印为主，追求拙朴的风格与热闹的气氛，因而画的线条单纯、色彩鲜明。内容有花鸟、胖孩、金鸡、春牛、神话传说与历史故事等，表达人们祈望丰收的心情和对幸福生活的憧憬，具有浓郁的民族特色与乡土气息。

历史上，民间对年画有着多种称呼。宋朝称"纸画"，明朝称"画贴"，清朝称"画片"，直到清朝道光年间，文人李光庭在文章中写到："扫舍之后，便贴年画，稚子之戏耳。"年画由此定名。

明清时期的杨柳青年画

杨柳青年画始于明代崇祯年间，清代光绪以前是其发展的鼎盛时期。那时，天津杨柳青镇及其附近村庄民众，大都从事年画作坊生产，有"家家会点染，户户善丹青"之称，年画因此以产地而得名。

康乾时期，杨柳青年画的风格严谨，背景简洁，注重人物神情的刻画。这一时期的代表人物是齐健隆、戴康增两位

◆《莲年有鱼》 杨柳青年画

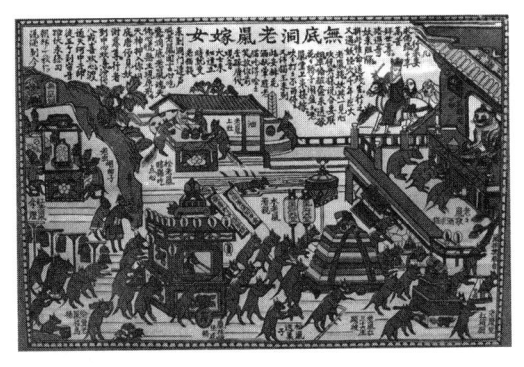

◆ 《老鼠嫁女图》 桃花坞年画

画师。嘉庆道光年间，杨柳青年画的风格渐趋活泼，画面热闹，色彩丰富，背景也各式各样。值得一提的是太平天国时期的年画。太平天国信奉拜上帝教，反对个人崇拜，提倡人人平等。所以，太平天国时期的年画，内容包括花鸟鱼虫、走兽风景，唯独没有人物。

杨柳青年画的艺术特点

杨柳青年画的艺术特点是多方面的，形成其艺术特点的条件也是多方面的，其中较为显明突出的则表现在制作上。杨柳青年画的制作程序大致是：创稿、分版、刻版、套印、彩绘、装裱。前期工序与其他木版年画大致相同，都是依据画稿刻版套印；而杨柳青年画的后期制作却是花费较多的工序于手工彩绘，把版画的刀法版味与绘画的笔触色调，巧妙地融为一体，使两种艺术相得益彰。而且由于彩绘艺人的表现手法不同，同样一幅杨柳青年画坯子（未经彩绘处理的墨线或套版的半成品），可以分别画成精描细绘色彩素雅的"细活"，和豪放粗犷的"粗活"，艺术风格迥然不同，各具艺术价值。

杨柳青年画的制作方法为"半印半画"，即先用木版雕出画面线纹，然后用墨印在纸上，套过两三次单色版后，再以彩笔填绘。杨柳青年画既有版画的刀法韵味，又有绘画的笔触色调，形成与一般绘画和其他年画不同的艺术特色。杨柳青年画的题材多样，内容丰富，尤以反映现实生活、时事风俗、历史故事等题材为特长，为广大群众喜闻乐见。《连年有余》《荷亭消夏》等一些传统佳作，不仅在民间广为流传，而且被中外艺术家、收藏家视为珍品。

延伸阅读

中国年画四大家

天津杨柳青年画、山东潍坊杨家埠年画、江苏桃花坞年画、四川绵竹年画在历史上久负盛名，被誉为中国"年画四大家"。山东潍坊杨家埠木版年画兴起于明代，全以手工操作并用传统方式制作，发展初期受到杨柳青年画的影响，清代达到鼎盛期，杨家埠曾一度出现"画店百家，画种过千，画版上万"的盛景，产品流布全国各地。桃花坞木板年画是中国江南主要的民间木板年画，其源于宋代的雕版印刷工艺，由绣像图演变而来，到明代发展成为民间艺术流派，清代雍正、乾隆年间为鼎盛时期。绵竹年画以产于竹纸之乡的四川省绵竹县而得名，绵竹年画历史悠久，起源于北宋，到明末清初进入繁盛时期。

景德镇陶瓷

> 景德镇是"瓷器之国"的代表和象征,其制瓷历史悠久,瓷器精美绝伦,闻名全世界。景德镇历经元、明、清三代,成为"天下窑器所聚"的全国制瓷中心。

景德镇制陶业始于汉代,此时的陶器质量粗劣,影响有限。至唐、五代时期,景德镇陶瓷开始名扬天下。据考古发现,景德镇五代窑址分布甚广,有十八处之多,尤其是延续六、七百年之久的湖田古窑址,规模最大,影响甚远。这些窑址都烧青瓷和白瓷,青的色调偏灰,白的色调纯正。此时,景德镇以她为南方最早烧造白瓷之地和其白瓷的较高成就而奠定了自己的地位,从而打破了青瓷在南方的垄断局面和"南青北白"的格局,对后世制瓷业的发展影响深远。

宋代景德镇制瓷业已呈现繁荣局面,尤以灵巧、典雅、秀丽的影青瓷而著称于世。这种影青瓷(青白瓷)是在五代烧制青瓷和白瓷的基础上烧造成功的,具有精细秀丽,清澈典雅,"光致茂美"的绰约风姿,成为我国陶瓷史上一个极其珍贵的品种,从而使得景德镇跻身于宋代名窑之林。

元代景德镇成功地烧造出青花瓷和釉里红瓷,这是两种极具特色和名贵的陶瓷品类。青花着色力强,呈色稳定,纹饰永不褪脱,且风格幽靓典雅,素净秀丽。光润透亮的青花釉与素雅明净的白胎巧妙配合,互相衬托,颇具中国水墨画之特色,并且标志着由素瓷转为彩瓷新时代的到来。釉里红以铜红料在胎上绘画纹饰罩以透明釉在高温还原气氛中烧成,使釉下呈现红色花纹瓷器,烧成难度大,色彩艳丽,以致到今天它还是一个极其珍贵的瓷器品类。

明代,景德镇真正成了"天下窑器之所聚"之地。除了继承前代技术并发扬光大外,还广采博收外来文化的精华,创造了许多新的品种、新的造型、新的装饰,造就

◆ 景德镇青瓷

了明代景德镇在全国制瓷业的中心地位。永乐时，景德镇成功地烧出了玲珑瓷，到成化年间，又造出精细的青花玲珑瓷，玲珑瓷碧绿透亮，青花青翠幽雅，融为一体，引人入胜。而创于成化时期的釉下青花和釉上多种色彩相结合的斗彩工艺，则开创了我国彩瓷的新时代。至嘉靖、万历年间在成化斗彩的基础上创出了青花五彩，改变以斗彩中仅青花是构成整个图案的决定性的主色地位，而使青花只是构成整个图案的一种颜色，青花和红、黄、绿等色处于一样的地位而没有主从之分，这就大大丰富了青花五彩的表现力，呈现出以红、淡绿、深绿、黄、褐、紫以及釉下蓝色为主并突出红色的局面。

◆ 雍正斗彩盘

清代前期的景德镇制瓷业，无论是产品造型、装饰技法、还是装饰题材、装饰风格，都达到了"参古今之式，运以新意，备诸巧妙，于彩绘人物、山水、花鸟，尤各极其胜"的极度繁荣境界，制瓷技术几乎达到了炉火纯青、出神入化的地步。尤其是于康熙朝始创的粉彩，到雍正年间获得空前的发展，并且有"清一代，以此为甚"的影响。但随后的"乾隆一朝"，为景德镇瓷器的"极盛时代"，亦衰落之始。

中国自古被誉为"瓷器之国"，景德镇则是其代表和象征。2000多年的制瓷文化和技艺的深厚积淀，为景德镇奠定了举世公认的瓷都地位，景德镇瓷器"白如玉，薄如纸，明如镜，声如磬"，典雅秀丽的青花，五彩缤纷的彩绘，斑斓绚丽的色釉，玲珑剔透的薄胎，巧夺天工的雕塑，无一不是中华文化艺术的瑰宝。这些绚丽多彩的名贵瓷器，通过陆上丝绸之路、海上陶瓷之路，"行于九域，施及外洋"，为传播中华文化艺术，发挥了积极的推动作用，对世界文化的丰富和发展作出了重大贡献。

延伸阅读

唐三彩的历史

汉代以后，绿釉陶器盛行，铅釉的烧制技术已然成熟，彩釉的发展到了新的高峰。入唐以后，国运昌盛，社会稳定，经济繁荣，统治阶级生活十分奢侈。为适应厚葬需要的三彩陶器就在这样的条件下蓬勃发展起来，种类之多，诚然前所未有，诸如文侍武将，歌舞乐人，马牛骆驼，瓶罐碗盘，都象征性地陪葬入墓。进入盛唐以后，三彩俑的生产取代了三彩器皿，黄、绿、白、蓝、黑彩相继出现，油光晶亮，赋彩自然，堆贴与控塑的手法更把装饰能容往前推进了一大步，这是唐三彩的全盛时期。中晚唐的安史之乱，藩镇割据，为唐三彩的发展划上一个致命的休止符，只有南方扬州遗址仍见少量遗物。

第十讲　民族工艺篇

文房四宝

> 文房四宝即笔、墨、纸、砚,是文人书房中必备的四件宝贝,故称"文房四宝"。文房四宝是中国独有的文书工具,不仅具有实用价值,也是融绘画、书法、雕刻、装饰等为一体的艺术品。

"文房"之名,起于我国的南北朝时期,专指文人书房而言,因笔、墨、纸、砚为文房日常所用,而被人们誉为"文房四宝"。

文房四宝在南唐时指诸葛笔、徽州李廷圭墨、澄心堂纸、江西婺源龙尾砚。自宋朝以来文房四宝指湖笔、徽墨、宣纸、端砚。文房用具除笔、墨、纸、砚以外,还有笔筒、笔架、墨床、墨盒、臂搁、笔洗、书镇、水丞、水勺、砚滴、砚匣、印泥、印盒、裁刀、图章、卷筒等。

故宫博物院收藏的文房四宝多为清代名师所制,皇家御用,其用料考究、工艺精美,代表了我国数千年来文房用具的发展水平和能工巧匠们的创造智慧、艺术才能,是文房用具中的瑰宝。

笔

中国最早的毛笔,大约可追溯到2000年之前。东周的竹木简、缣帛上已广泛使用毛笔来书写,湖北省随州市擂鼓墩曾侯乙墓发现了春秋时期的毛笔,是目前发现最早的笔。元代、明代时,浙江湖州涌现出一批制笔能手,如冯应科、陆文宝、张天锡等,以山羊毛制作羊毫笔风行于世,世称"湖笔"。自清代以来,湖州一直是中国毛笔制作的中心。

墨

墨是书写、绘画用的一种黑色颜料,借助于这种独特的材料,中国书画奇幻美妙的艺术意境才能得以实现。在人工制墨发明

◆ 文房四宝

◆ 紫袍玉带砚

之前，人们一般利用天然墨或半天然墨来作为书写材料。史前的彩陶纹饰、商周的甲骨文、竹木简牍、缣帛书画等到处留下了原始用墨的遗痕。经过漫长的历程，至汉代开始出现了人工墨品。这种墨原料取自松烟，最初用手捏合而成，后来用模制，墨质坚实。

魏晋南北朝时期，墨的质量不断提高。唐代制墨名工奚超、奚廷父子，制出了"丰肌腻理，光泽如漆"的好墨。宋代墨工潘谷是造墨高手，苏东坡、黄山谷等书画家极为推崇。明代邵格之、程君房、方于鲁等各树一帜，歙县与休宁两派制墨，争奇斗胜，所制精品，距今三百余年，仍光彩焕发。清代制墨，主要向"精鉴墨"（专供鉴赏的墨）和"家藏墨"（多作收藏或馈赠亲友之用）两方面发展，成为精美的工艺美术品。

纸

宣纸起于唐代，历代相沿。宣纸的原产地是安徽省的泾县。此外，泾县附近的宣城、太平等地也生产宣纸。到宋代时期，徽州等地的造纸业逐渐转移集中于泾县。当时这些地区均属宣州府管辖，所以这里生产的纸被称为"宣纸"，也有人称"泾县纸"。宣纸有易于保存、经久不脆、不会褪色等特点，故有"纸寿千年"之誉。

砚

砚，也称"砚台"，被古人誉为"文房四宝之首"，为研墨之石。其中有陶、泥、砖瓦、金属、漆、瓷、石等，最常见的还是石砚。中国产砚的地方很多，广东端砚、江西歙砚、山西澄泥砚、甘肃洮砚、山东红丝石砚、四川苴却砚、宁夏贺兰砚、贵州思州石砚、吉林省松花砚、河北易水砚被称为中国"十大名砚"。砚需常洗，不得与沾染，每发墨必须砚净水新。

延伸阅读

王一品斋笔庄

相传清乾隆年间，湖州有一个姓王的笔工，以制笔卖笔度日。朝廷大试之时，他随考生一起跋涉千里进京叫卖。有一名考生买了王笔工的一支羊毫笔，考后竟中了头名状元，一时轰动京城。书生们纷纷争购王笔工的毛笔，称他的笔为"一品笔"，称王笔工为"王一品"。从此，王笔工名声大振。乾隆六年（1741年）他在湖州城里开了一爿笔庄，店名就叫"王一品斋笔庄"，迄今为止已有250多年的历史，是商务部命名的中华老字号企业，是我国最老的一家前店后坊的专业笔庄，以生产"天官"牌湖笔著名中外。

岫岩玉雕

> 岫岩玉雕有5000多年的历史，与中国玉的历史紧密相连，体现了中国玉文化的深厚内涵。岫岩玉雕对玉雕人物、花鸟、动物、花卉的发展产生了巨大的影响，有着本源和基石的作用。

中国玉石自古便成为人们佩戴与装饰的佳品，产于"中国玉乡"辽宁岫岩县的岫岩玉与新疆的和田玉、河南南阳的独山玉、湖北郧县的"绿松石"被称为中国"四大名玉"，岫岩玉雕也是中国人乃至世界人民喜爱的艺术品。

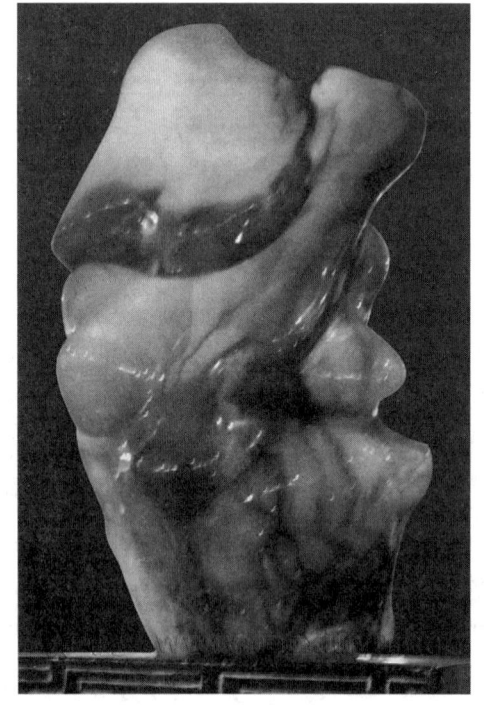

◆ 岫玉花玉原石摆件

岫岩玉雕简介

岫岩玉，简称"岫玉"，以产于辽宁岫岩县而得名，为中国历史上的名玉之一。岫岩玉雕是以岫岩地区为中心而发展起来的一项民间玉石雕刻工艺。主要产品有人物、动物、花鸟、花卉、瓶素、旅游、保健七大系列一百多个品种。岫岩玉雕长期受到北方民族民间文化的滋润，吸收了地方民间木刻、石雕、泥塑、刺绣、剪纸、影人、彩绘艺术等方面的精髓，融合渗透，以立体圆雕、浮雕为主，辅以线刻、镂、透雕等技法，逐渐形成了具有浓厚地方特点的艺术风格。其造型简练古朴，打磨光滑，气韵生动传神，颇有古辽河红山文化遗风。

岫岩玉雕的特点

岫岩玉雕技法丰富，以素活见长，柔环、活链为其典型工艺，难度之高，世人称绝。岫岩玉雕的素活工艺继承了中国玉器传统技法，做工以立体圆雕及浮雕为主，辅以线刻、镂刻、透刻，并有勾花、勾散花、顶撞花等手法，尤擅用剜脏去缕、因材施艺、化瑕为瑜、废料巧用、俏色巧用、螺纹组合

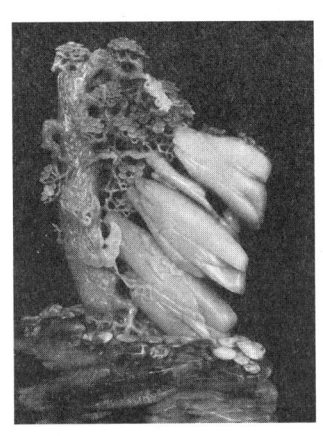

◆ 岫玉雕刻摆件

等技法。

岫岩玉雕题材广博，继承传统，创新发展，源于生活，作品内涵丰富，具有深厚的文化底蕴、鲜明的生活情趣和强烈的时代精神。岫岩玉雕在造型上深厚古朴而又不失典雅，严谨统一而又极富变化，可谓形神兼备，极富生气。

以玉养身

据传，各朝各代的帝王嫔妃养生不离玉：嗜玉成癖如宋徽宗，含玉镇暑如杨贵妃，持玉拂面如慈禧太后……中国古籍上称："玉乃石之美者，味甘性平无毒。"各家养生理论一致认为，人身有"精、气、神"三宝，"气"的使用尤为突出，而玉石是蓄"气"最充沛的物质。有些人在研究玉石养生的机理后认为，玉石含有多种对人体有益的微量元素，如锌、镁、铁、铜、铬、锰、钴等，佩戴玉石可使所含微量元素被人体皮肤吸收，产生特殊的"光电效应"聚焦蓄能，形成相当于电子计算机中谐振器似的电磁场，与人体发生谐振，从而使各项生理机能更加协调地运转。

某些玉石还有白天吸光晚上放光的奇妙物理特性。有人认为，当光点对准人体的某个穴位时，能刺激经络、疏通脏腑，有明显的治疗保健作用。位于人手腕背侧的"养老穴"，常佩戴玉镯，可以得到长期的良性按摩，不仅能祛除老人视力模糊之疾，且可蓄元气，养精神。

嘴含玉石，借助唾液所含营养成分与溶菌酶的协同作用，能生津止渴，除胃中之热，平烦懑之气，滋心肺，润声喉，养毛发，不失为玉石养生的又一途径。玉在山而草木润，玉在河则河水清，可见玉石养生有益无损。

延伸阅读

如何选购玉石

我国的玉石种类繁多，历史悠久。按照产地分，著名的有广东信宜产的"南方玉"，河南产的"河南玉"，山东产的"山东玉"，新疆伊犁、和田一带产的"羊脂玉"等。比较名贵的玉器首饰大都是用这些玉加工琢磨而成的。

鉴别玉器的优劣，主要看它的色泽是否具有浓（浓郁）、阳（鲜明）、俏（色美）、正（纯正）、和（柔和）5个特点。如果基本符合，就是上品，即美玉。如果玉器显得淡（平淡）、阴（阴暗）、老（色黯）、花（不纯）、斜（不协调），那就是下品。购买玉器切忌在较强的灯光下挑选，因为灯光的照射容易使玉器失去本色，还往往会掩饰一些瑕疵。另外还要学会鉴别真假玉器，目前市场上常见的假玉有塑胶、玻璃、云石（大理石）、电色假玉等多种。

福州脱胎漆器

漆器在中国有7000多年的历史，脱胎漆器有2300多年的历史。福州脱胎漆器与北京景泰蓝、景德镇瓷器并称为中国三大传统工艺，是中国非物质文化遗产，做工精细，品类繁多。

福州脱胎漆器是指产地在福州市，产品以布（布胎）、木（木胎）、竹（竹胎）为基料，以漆为主要材料与其紧密结合，采用颜料、蚌、蛋壳、金银箔（粉）、石、玉、贝、骨等为辅助材料，经制胚胎、垸灰、髹漆、研磨推光、装饰等工艺，完全手工制作

◆ 福州脱胎漆器描金龙纹椭圆盘

而成的漆器产品，工序达几十道，甚至上百道，形成福州独具特色的漆器工艺文化。

福州脱胎漆器质地坚固轻巧、造型别致，装饰技法丰富多样，色彩明丽和谐，可谓集众美于一体，具有非凡的艺术魅力。郭沫若生前曾作诗倍加赞誉，称赞福州脱胎漆器是"天下惊无双，人间疑独绝"。

历史溯源

福州脱胎漆器的首创者是清代乾隆年间福州府侯官县（今福州市）漆艺人沈绍安（1767—1835年）。沈绍安通过对旧匾额的分析，了解了失传已久的汉代"夹纻"技法的基本材料成分，经过不断尝试，将"夹纻"技法还原，并在手法、材料上有所创新，创造了一种新型漆器工艺。

"夹纻"制作技术源于战国，兴于西汉，魏晋时期走向成熟。寺庙大佛，多用"夹贮"法塑造。首先竖立木柱支架，竹篾绑扎、细麻、稻草、泥土及漆灰糊封，涂上漆泥，塑出骨肉、糙漆、磨光、漆彩漆、贴金饰，开光点睛，完成后把像内木架等重物酌量拆除，减轻重量，以供当年庙会出巡时需要。

"夹纻"技术是佛教造像的重要方式，一直延续了近千年，在唐晚期两度灭佛以后，绝大多数漆艺佛像都被毁坏殆尽，佛

◆ 福州脱胎漆器

颇为不易，从选料、塑胎、髹饰至成品，每件成品都要经过几十道甚至上百道工序。工艺非常复杂，制作和阴干等十分费时，故一器之成往往需要数月，成品还需密闭在阴室里很久。

福州脱胎漆器在我国传统的朱、黑等漆色基础上以"真金碾泥为色"，即以真金、真银碾成金粉、银粉作调和料，解决了一般漆色干后变为黝黑、难与其他鲜艳颜料调和的困难，增加了蓝、绿、褐等多种鲜艳的漆色，且漆色经久不变；有的装饰还用上了刻银丝、刻金丝、螺钿、镶嵌等，使脱胎漆器更加精美。

教造像的"夹纻"技术也逐渐衰败，直至失传。目前，中国大陆各博物馆，已经找不到一件明代以前的"夹纻"造像实物。世界上现存的唐宋时期的"夹贮造像"，是被日本正仓院收藏的8世纪前后制作的实物——"唐代八部神像"。

沈绍安首创的脱胎漆器技法，开创了我国漆艺文化的新面貌，在当时产生了极大的影响。

工艺特点

福州脱胎漆器的最大优点是：光亮美观、不怕水浸、不变形、不褪色、坚固、耐温、耐酸碱腐蚀。福州脱胎漆器最大特点是：轻。福州脱胎漆器所具有的这些优点、特点，是由其特殊的制作工艺、高超的髹漆技艺所决定的。作为脱胎技艺同髹漆艺术相结合的产物，福州脱胎漆器的制作

延伸阅读

古代漆器今发现

浙江余姚河姆渡文化遗址第三文化层出土的木碗，是新石器时代漆器的代表，该器造型美观，内外都有朱红色涂料，色泽鲜艳，其物理性能与漆相同。江苏吴江梅堰新石器时代遗址中发现棕色彩绘陶器，经初步试验，棕色物质为漆。在辽宁敖汉旗大甸子古墓中出土的觚形薄胎朱漆器，距今约3600—3400年。

战国的漆工史是一个有重大发展的时期，器物品种及数量大增，在胎骨做法、造型及装饰技法上均有创新。出土战国漆器的地区很广，信阳长台关楚墓出土的彩绘神怪龙蛇及狩猎乐舞的小瑟，随州曾侯乙墓出土的鸳鸯盒，江陵楚墓出土的由蛇蚌鸟兽盘结而成的彩绘透雕小座屏，堪称这一时期的代表作。

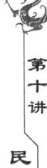

第十讲 民族工艺篇

潍坊风筝

> 风筝在我国是一项传统的民间娱乐活动，同时在这种活动中也蕴藏着中国传统的民间工艺。有"鸢都"之称的潍坊，制作风筝的历史悠久，工艺精湛，享誉海内外。

潍坊风筝同中国许多民间艺术形式一样，产生于人们的娱乐活动，是寄托着人们的理想和愿望，与人们的生活有密切联系的娱乐品。潍坊风筝经过历史演变和横向传播，逐渐形成了选材讲究、造型优美、扎糊精巧、形象生动、绘画艳丽、起飞灵活的传统风格与艺术特色，和京式风筝、津式风筝等交相辉映，鼎足而立。而今潍坊的风筝节融国际性、民族性、时尚性于一体，更是将其风筝文化发扬光大。

风筝的起源

风筝起源于战国时期。公输般（鲁班）制作的"鹊"或"鸢"，其原材料是极薄的木片或竹片。汉朝以后，由于纸的发明和应用，在制作风筝时，逐渐以纸代木，称为"纸鸢"。五代时，又在纸鸢上系竹哨，风吹竹哨，声如筝鸣，故称"风筝"。唐宋时期，现属潍坊各地扎放风筝已很普遍。明清时期，潍坊的风筝达到极盛。每年清明节前后，风和日丽，家家户户扶老携幼，踏青登场，竞相把自己的得意之作送

◆ 潍坊风筝：金鱼、荷叶、莲花、牡丹花

◆ 潍坊龙形风筝

上蓝天。清朝诗人郑板桥在《怀潍县》诗中说："纸花如雪满天飞，娇女秋千打四围。五色罗裙风摆动，好将蝴蝶斗春归。"生动地描写了清明佳节潍坊风筝的情景。这种春意盎然的民间活动，既是相互观摩、评比的机会，又是呼吸早春空气、享受大自然的恩赐、锻炼身体的好时光。

潍坊的风筝

潍坊风筝扎工精美，画工别致，造型新颖，构图合理，还吸收了木版年画的某些特点，博采京津画技之长，线条优美，色彩鲜明，善以夸张的手法，突出主题。潍坊风筝风格独特，栩栩如生，最有代表性的大型龙头蜈蚣风筝，长达百余尺。龙头蜈蚣风筝放飞时先将尾和身渐次放起，靠几十节"腰子"所产生的提升力将首部推往高空。"腰子"的连缀按力学原理系结，系绳之间必须有严格的角度和距离。"龙头蜈蚣"扶摇蓝天，气势千里，蔚为壮观。

寓意象征

潍坊风筝的造型模仿的自然事物、社会生活以及神话传说中的形象，都寄托着吉祥和吉庆、兴趣和理想，反映人们对美好生活的向往。而放风筝，则是易做、经济、老少皆宜的娱乐、健身活动。现在的潍坊风筝，由于当地政府的重视和人民的钟爱，伴随着国际潍坊风筝节的连续举办，已成为当代潍坊的文化象征，它越洋过海，联结起了与世界人民的友谊，也成为潍坊市经济腾飞的巨大杠杆。

延伸阅读

风筝起源于斗笠、树叶

斗笠是一种古老的防雨防暑器具，当人类由渔猎转为耕作时就开始使用，特别在热带、亚热带是必不可少的。那时的斗笠制作很简单，系绳也就地取材，多用柔软的树皮纤维。据说，有一农夫正在耕作时，忽然狂风大作，卷起了他的斗笠，农夫赶紧去追，一下抓住系绳。恰巧这系绳很长，斗笠便在空中飞行。农夫觉得非常有趣，以后便经常给村民放斗笠，后来演变成放风筝。

风筝的由来，还有一些其他的渊源。古时候人们对风卷树叶满天飞的现象十分好奇，便用麻丝等拴树叶放着玩，逐渐演变成放风筝活动。中国台湾的高山族、海南岛的黎族人，早些时候就是用面包树的叶子做风筝。

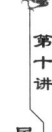

第十讲 民族工艺篇

凤翔泥塑

> 凤翔彩绘泥塑是陕西省凤翔县的一种民间工艺,当地人称"泥货"。凤翔泥塑经艺人之手代代相传,逐渐成为名贯中西的民间传统工艺绝活。2006年,凤翔泥塑被列入第一批国家级非物质文化遗产名录。

凤翔古称"雍州",位于陕西省关中平原西部,北枕千山,南带渭水,东望西安,西扼秦陇。这里曾是成周兴王之地,嬴秦创霸之区,因传说"凤凰鸣于歧,翔于雍"而得名。凤翔县境内出土的春秋战国及汉唐墓葬中均有泥塑的陪葬陶俑,可见其泥塑工艺历史之久。凤翔泥塑汲取了古代石刻、年画、剪纸和刺绣中的纹饰,造型夸张,色彩鲜艳,具有浓郁的乡土气息及较高的民俗文化、民间艺术和美学研究价值。

凤翔泥塑由来

据说,明朝时,朱元璋军队一部中的第六营兵士屯扎于此,这个村便命名为"六营"。这些来自江西的兵士有制陶手艺,闲暇无事,就和土为泥,捏制各种形态的泥活儿当作玩具,并且彩绘示人。后来军士转为地方居民,其中部分人重操入伍前的陶瓷制作手艺,利用当地黏性很强的板板土,和泥捏塑泥人,制模做偶彩绘,然后到各大庙会出售。当地人购泥塑置于家中,用以祈子、护生、辟邪、镇宅、纳福。六营村的脱胎彩绘泥偶由此出名,并代代相传,成为我国民间美术中独具特色的精品,在国内外享有盛誉。

有灵魂的泥塑

凤翔泥塑虽脱胎于黄土,却有着自己的灵魂。民间艺人们将它们塑造成千姿百态的形状,也赋予它们各种各样的面孔,它们也就有了自己的生命。当地人购泥塑置于家中,用以祈子、护生、辟邪、镇宅、纳福。

泥塑中的坐虎工艺

在数百年的历程当中,泥塑作品不断继承和发展着,众多优秀的传统泥塑作品都

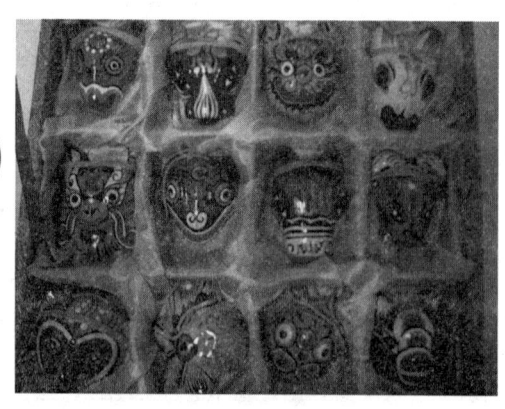

◆ 凤翔泥塑

◆ 凤翔泥塑坐虎

得以不断传承，尤为典型的是虎的形象。

凤翔泥塑老虎，又称"坐虎"。坐虎前腿立后腿坐，形态极度概括，但不失虎的神韵。面部紧凑，耳朵夸大，显其威严。躯体饰以莲花、牡丹等纹饰，浓艳大方，很富有观赏性。

当初凤翔六营村的泥塑艺人从未见过虎的模样，他们却凭借自己丰富的想象，创造出了民间百姓心目中大美无边的理想老虎形象。这所有虎的造型都与虎的原形有着很大差距，但无一不具虎的神韵和气势。

这种理想化创作是与当地的风俗相互影响着的。当地遇到小孩满月、百天、周岁，亲友们通常以坐虎相赠，置于炕头上，以表达他们对小孩长命、富贵的祝福。虎，就成了这种质朴情感的寄托。同时，受封建思想的影响，民间习俗前门贴门神，后门悬挂虎。虎，这时成为正义的化身，用以驱魔辟邪。

凤翔泥塑虎真正的制作工序很复杂，首先用和了麻丝和棉花的泥敷在模型上等它成型，然后要烧制，烧制好了要扑上白粉，等白粉干了就要用毛笔勾画，上颜色，做这样一个虎要花几天的时间。

◆ 凤翔泥塑牛

延伸阅读

凤翔之凤凰传说

据载，唐安史之乱时，唐明皇李隆基被迫逃至雍城(今凤翔)，但雍城因年久失修，城墙坍塌，守城太守动员全城百姓筑新城进行防御，无奈新城筑起就塌，无法筑成。这一夜，天降瑞雪，皑皑一片。一只凤凰驾着祥云悄然落在雍城，在城西北角的三眼清泉边，引颈品饮清冽甘爽的清泉水，之后踏雪绕城行走数里，一声长鸣，振翅而去。有人将此事禀报太守，太守忙率人前往察看，果然有凤足印迹绕城一周。太守大喜，认为这才是新城理想的选址，忙组织人力筑之。新筑之城果然一牢永固，不再倒塌。安史之乱平定之后，唐肃宗继位，为纪念凤凰栖落之地，遂将雍城改名"凤翔"，沿用至今。

第十讲　民族工艺篇

洛阳宫灯

洛阳宫灯创自东汉，以工艺复杂、做工精良、造型雅致而闻名于世。目前，洛阳宫灯品种数百个，制作技术日臻完美，名师高徒，人才辈出，产品远销国内外，享有盛誉。

相传，东汉光武帝刘秀统一天下，建都洛阳，为了庆贺，在宫廷里张灯结彩，大摆宴席，盏盏宫灯，各呈艳姿。后来，宫灯的制作技术传入民间，"宫灯"之名由此而生，流传至今。如今，在重要的节日中，人们总爱买几个样式好看的宫灯悬挂在家中，渲染节日气氛。

发展历程

洛阳挂宫灯（特别是正月十五挂宫灯）的风俗，千百年来经久不衰。宫灯是洛阳的传统工艺品，品种繁多，达数百种，具有浓郁的地方特色。

洛阳宫灯历史悠久，它创自东汉，盛于隋唐，久传不衰。隋炀帝大业三年（607年），隋炀帝迁都洛阳后的第一个元宵夜，即在洛阳新宫内外和天津街上陈设百戏，遍饰宫灯，饮宴畅游。唐朝时期，每逢元宵佳节，洛阳全城家家宫灯高挂，处处明灯璀璨，人人提灯胜游，盏盏争奇斗艳。宋以后，洛阳屡遭战乱，元宵节逐渐失去了旧时的风采，但宫灯制作技术一直流传至今。

东西李家宫灯

清朝，李、杜、朱、王、赵、孙等几家宫灯很有名气。

传说，清康熙年间，李炜和儿子李钰、孙子李绍武均继承前辈技艺，做灯为生。李绍武婚后不久病故，其妻能干，率领工匠做灯不停。当时东李家宫灯，因为品种全，质量好，收入颇丰，家境渐至富裕。后来李绍武妻招同姓人李谟为子，继承宫灯作坊，李谟管理有方，东李家愈加富裕。

◆ 洛阳宫灯

◆ 洛阳宫灯

李谟有3子7孙，都会做宫灯，收徒很多。东李家兴旺时，据传有7间门面房，长年生产六角龙头宫灯、罗汉白绢灯和纱绸宫灯，是当时的做灯业首户。道光、同治年间，李谟的儿子李万升家宫灯作坊最大，李万升3个儿子，分开3个宫灯作坊，3个宫灯作坊都很有名。至清末，东李家几个后代先后改行，都不做宫灯了。

西李家宫灯，首领人物是清嘉庆、道光年间的李文林，李文林继承父业，其4子9孙都参与做宫灯，加上学徒，传说其家常年有20多人生产，由于分工仔细，许多学徒出师时，只会做其中的一道工序。

李文林之子李上元以剪往宫灯上粘的云纸出名，上元剪云纸。1894年，慈禧与光绪从西安回北京时路过洛阳，李家献大宫灯一对，慈禧奖铜牌一枚。进入民国，西李家

逐渐衰败，也都改行他业，远离宫灯了。

解放后，政府鼓励群众恢复和发展传统手工艺制品，宫灯制作有较大发展。1949年，中华人民共和国庆典活动时天安门城楼上的宫灯，就是由洛阳老城南关名匠所制。如今，洛阳宫灯的制作地主要集中在洛阳老城东大街、南大街一带。

宫灯种类

洛阳宫灯品种繁多，常见的有白帽方灯、红纱圆灯、六色龙头灯、走马灯、蝴蝶灯、二龙戏珠灯、罗汉灯等。红纱灯最为有名，其造型优美，宜书宜画，撑合自如，易于保存。既可用于喜庆饰品，点缀升平；又可作艺术宣传，表彰新风；也可作纪念品，赠送亲朋。

延伸阅读

抢宫灯

陕西柞水县元宵花灯会有抢宫灯的风俗。传说，在上元灯会期间，若能抢回宫灯，必生贵子，抢宫灯一般是婚妻多年未孕育子女的人家，有计划有组织地进行。抢灯由二人提前在预定路段，跟随宫灯伺机动手，用事先准备好的长柄镰刀，趁打灯者不备时，从竹杆上割下宫灯捡起就跑。这时，护灯队的青年便群起而追，边追边喊，追至百米开外为止（传说，抢宫灯不追不喊不灵验）。抢灯人员多受主人托请联合行动，沿途百米远有一人接应，等待宫灯到手便接力传送到雇主家中。

中国结

> 中国结，是由旧石器时代的缝衣打结，推展至汉朝的仪礼记事，再演变成今日的装饰手艺。因为其以"结"为基本结构形式，外观对称精致，亦符合中国传统装饰的习俗和审美观念，故命名为"中国结"，在中国民间广泛流行。

中国结是一种古老的编织艺术，一根根五彩的丝线，悬垂在居室四周，古朴而风情流转。自然浓郁的生活气息以及吉祥漂亮的中国结，既为主人祈福来年的平安富贵，同时也体现着主人不同的个性与审美观念。中国结身上所显示的情致与智慧，正是中华古老文明中的一个侧面。

◆ 中国结

结绳记事

提及中华文明之源，人们常常说起结绳记事，实际上这是"结"在人类发展史上曾有过的另一重要作用。据《易·系辞》载："上古结绳而治，后世圣人易之以书目契。"东汉郑玄在《周易注》中说道："结绳为记，事大，大结其绳；事小，小结其绳。"可见，在远古的华夏土地，"结"被先民们赋予了"契"和"约"的法律表意功能，同时还有记载历史事件的作用，"结"因此备受人们的尊重。

如今小小彩绳早已不是人们记事的工具，但当它被打成各式绳结时，却复活了一个个古老而美丽的传说。

中有千千结

宋代词人张先写过"心似双丝网，中有千千结"，形容失恋后的女孩家思念故人、心事纠结的状态。在古典文学中，"结"一直象征着青年男女的缠绵情思，人类的情感有多么丰富多彩，"结"就有多么千变万化。

"结"在漫长的演变过程中，被多愁

◆ 中国结

善感的人们赋予了各种情感愿望，托结寓意。在汉语中，许多具有向心性聚体的要事几乎都用"结"字作喻，如结义、结社、结拜、结盟、团结等。男女之间的婚姻大事，也均以"结"表达，如结亲、结发、结婚、结合等。结是事物的开始，有始就有终，于是便有了"结果""结局""结束"。"同心结"自古以来就成为男女间表示海誓山盟的爱情信物，又如"绣带合欢结，锦衣连理文"，结饰已被民间公认为表达情感的定情之物。而"结发夫妻"也源于古人洞房花烛之夜，男女双方各取一撮长发相结以誓爱情永恒的行为，有诗云："交丝结龙凤，镂彩结云霞，一寸同心缕，百年长命花。"

服饰之结

从先民用绳结盘曲成"S"形饰于腰间始，历经了周朝的"绶带"，南北朝的"腰间双绮带，梦为同心结"，到盛唐的"披帛结绶"、宋代的"玉环绶"，直至明清旗袍上的"盘扣"及传世的荷包（香囊）、玉佩、扇坠、发簪等，无不显示了"结"在中国传统服饰中被应用的历时之久、包罗之广。

吉祥中国结

中国结的取意如同其他中国艺术，多利用形态、谐音而取其意，如用"吉字结""馨结""鱼结"结合就成为"吉庆有余"的结饰品，以"蝙蝠结"加上"金钱结"，可组成"福在眼前"等。以此类推又延出了"长寿安康""财物丰盛""团圆美满""幸福吉祥""喜庆欢乐"等祈福的内涵，被作为民间祝祷的符号，成为世代相传的吉祥饰物。

中国结中还有一类被认为是通神灵的法物，可达到驱邪避灾、镇凶纳吉、却阴护阳等功效，如"吉祥结""盘长结"等，这类"结"作为凝聚着神秘宗教观念的护身符，在民间得以广泛应用，并形成一定的传承机制。

延伸阅读

中国结的10种结法

目前中国结的基本结法有10多种，分别为：
双钱结：形状像两个中国古铜钱半叠的式样。
纽扣结：常用以扣紧衣服，因其功能而命名。
酢浆草结：其三个外耳就像是酢浆草的叶片。
团锦结：结形圆满，变化多端，外形似花形。
十字结：结之两面，一为"口"字，一为"十"字。
吉祥结："十"字结之延伸，有吉利祥瑞之意。
万字结：其结体的线条走向像佛门的标志。
盘长结：基本形状就如佛教八宝之一的盘长。
藻井结：结构紧凑、华丽，形如古时的天井。
平结：以一线或一物为轴，将另一线的两端绕轴穿梭而成。